"十四五"职业教育国家规划教材

U0648883

城市轨道交通车站设备

（配实训考核单）

曲秋莳　许　波　主　编

李俊辉　张　磊　副主编

赵静秋　主　审

（第4版）

人民交通出版社

北　京

内 容 提 要

本教材是"十四五"职业教育国家规划教材。全书根据教育部发布的城市轨道交通相关专业教学标准进行修订。采用校企合作编写模式,注重教学过程的系统性和可操作性。其主要内容包括:城市轨道交通车站设备概述、电扶梯系统设备、站台门系统设备、自动售检票系统设备、乘客信息与广播系统设备、低压配电与照明系统设备、车站消防系统设备、车站给排水系统设备、车站暖通空调和环境与设备监控系统设备的认知和简单操作运用。

本教材可作为职业教育城市轨道交通运营管理专业的核心课程教材,也可作为城市轨道交通机电技术等其他相关专业的拓展课教材,亦可作为企业岗前培训用书。

* 本教材配套多媒体教学课件和丰富的习题及参考答案,任课教师可通过加入"职教轨道教学研讨群"(QQ 群号:129327355)获取。

图书在版编目(CIP) 数据

城市轨道交通车站设备/曲秋蒔,许波主编.

4 版. —北京:人民交通出版社股份有限公司,2025.

8. —ISBN 978-7-114-20432-6

Ⅰ. U239.5

中国国家版本馆 CIP 数据核字第 2025BN6868 号

Chengshi Guidao Jiaotong Chezhan Shebei

书　　名:	城市轨道交通车站设备(第 4 版)
著 作 者:	曲秋蒔　许 波
责任编辑:	司昌静
责任校对:	赵媛媛　魏佳宁
责任印制:	张　凯
出版发行:	人民交通出版社
地　　址:	(100011)北京市朝阳区安定门外外馆斜街 3 号
网　　址:	http://www.ccpcl.com.cn
销售电话:	(010)85285911
总 经 销:	人民交通出版社发行部
经　　销:	各地新华书店
印　　刷:	北京市密东印刷有限公司
开　　本:	787×1092　1/16
印　　张:	19.5
字　　数:	447 千
版　　次:	2016 年 5 月　第 1 版
	2019 年 9 月　第 2 版
	2022 年 2 月　第 3 版
	2025 年 8 月　第 4 版
印　　次:	2025 年 8 月　第 4 版　第 1 次印刷　总第 21 次印刷
书　　号:	ISBN 978-7-114-20432-6
定　　价:	56.00 元(含主教材和实训考核单)

(有印刷、装订质量问题的图书,由本社负责调换)

第4版 前言

【课程定位】

本教材根据教育部最新发布的城市轨道交通相关专业教学标准,结合编写人员多年教学实践和教改研究成果,针对职业教育发展和城市轨道交通行业发展的实际情况进行修订。本教材主要适用于城市轨道交通运营管理专业的专业核心课教学,也适用于其他有实际需要的相关专业拓展课教学。

【主要特色】

(1)内容上注重理论与实际操作相结合,采用了理论知识+实训工作页的形式。教材采用项目式编写形式,充分体现专业人才培养与产业需求对接、课程内容与职业标准对接、教学过程与生产过程对接、理论实践一体化。增加实训考核单内容,强调以学生为中心,突出职业教育教学的特点。

(2)通过较先进的设备和典型案例来介绍知识点,并配有大量的实物图片、教学视频,运用信息化素材丰富教学内容,便于实现校内校外、线上线下学习模式的有机结合,提升信息化教、学、训水平。

(3)为方便教学,每个项目结束后学生可通过实训练习及知识巩固进行自我考核,从而及时检查学习效果。

(4)本书编写全程体现了"工学结合、校企合作"的理念,由行业专家、学者全面参与编审。

(5)教材内容围绕企业相关岗位主要工作内容展开。本书主要面向城市轨道交通运营管理专业、城市轨道交通机电技术专业的学生与城市轨道交通相关工作人员和兴趣爱好者,为了与企业更贴近,体现职业教育的特点,在内容设计上调研和参照了相关企业的工作流程。如对教学内容有更深层次需求,推荐参考城市轨道交通专业国家教学资源库。

在编写过程中,我们发现不同城市轨道交通企业的管理制度与具体的设备应急处理流程略有不同,设备类型也有差异,面对这样的问题,本书求同存异,以让学生学到知识为出发点,选择具有代表性的设备与管理方法展开讲解。在此,提醒读者与任课教师,在学习过程中可以适当补充您所在城市轨道交通企业的相关内容,以增强知识的针对性和学生的岗位适应性。

【编写分工】

具体编写分工如下:项目 1 由北京交通运输职业学院曲秋莳、吴晓华共同编写;项目 2 由黑龙江第二技师学院沈坤、梁汉军共同编写;项目 3 由北京交通运输职业学院曲秋莳、胡经纬共同编写;项目 4 由北京交通运输职业学院刘金梅编写;项目 5 由北京交通运输职业学院王小娟编写;项目 6 由陕西交通职业技术学院王建堂、北京交通运输职业学院闫亚娜共同编写;项目 7 由黑龙江第二技师学院许波、李秀泉共同编写;项目 8 由北京交通运输职业学院朱晓晨编写,项目 9 由北京交通运输职业学院张磊、广东交通职业技术学院李俊辉共同编写。全书由曲秋莳统稿。

由于城市轨道交通车站设备发展、更新速度快,加之编写人员水平和实践经验的局限性,书中谬误及疏漏之处在所难免,敬请读者给予批评指正。

作　者
2025 年 5 月

数字资源索引

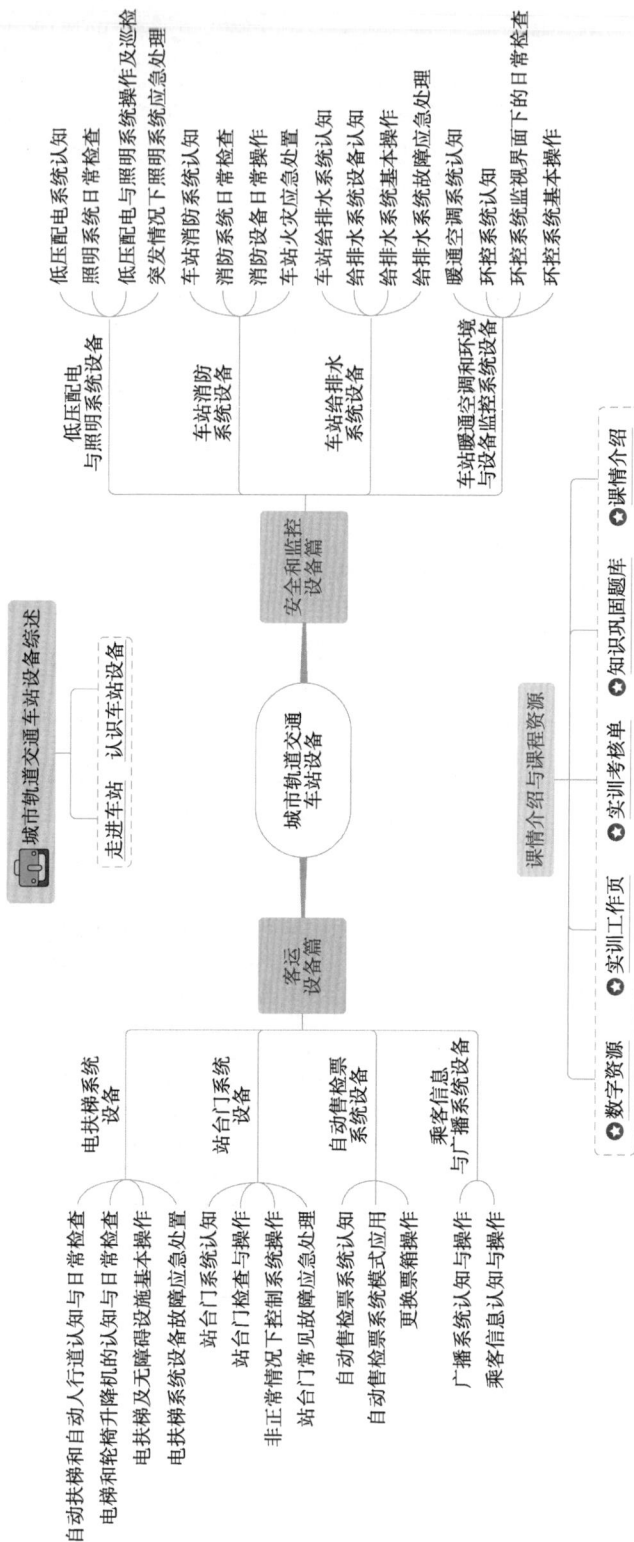

知识与技能导图

安全和监控设备篇

低压配电与照明系统设备
- 低压配电系统认知
- 照明系统日常检查
- 低压配电与照明系统操作及巡检
- 突发情况下照明系统应急处理

车站消防系统设备
- 车站消防系统认知
- 消防系统日常检查
- 消防设备日常操作
- 车站火灾应急处置

车站给排水系统设备
- 车站给排水系统认知
- 给排水系统设备认知
- 给排水系统基本操作
- 给排水系统故障应急处理

车站暖通空调和环境与设备监控系统设备
- 暖通空调系统认知
- 环控系统认知
- 环控系统监视界面下的日常检查
- 环控系统基本操作

城市轨道交通车站设备综述

城市轨道交通车站设备

走进车站 认识车站设备

客运设备篇

电扶梯系统设备
- 自动扶梯和自动人行道认知与日常检查
- 电梯和轮椅升降机的认知与日常检查
- 电扶梯及无障碍设施基本操作
- 电扶梯系统设备故障应急处理

站台门系统设备
- 站台门系统认知
- 站台门检查与操作
- 非正常情况下整制系统操作
- 站台门常见故障应急处理

自动售检票系统设备
- 自动售检票系统认知
- 自动售检票系统模式应用
- 更换票箱操作

乘客信息与广播系统设备
- 广播系统认知与操作
- 乘客信息认知与操作

课情介绍与课程资源
- 数字资源
- 实训工作页
- 实训考核单
- 知识巩固题库
- 课情介绍
- 课程介绍

目 录
CONTENTS

客运设备篇

安全和监控设备篇

实训考核单(独立装订成册)目录

客运设备篇

城市轨道交通车站设备

（第4版）

项目 1
城市轨道交通车站设备概述

🏵 知识目标

1. 了解车站的作用、分类和组成。

2. 了解车站的主要设备。

🏵 能力目标

1. 能识别车站的设备设施。

2. 能对车站设备设施组成及功能进行说明。

♻ 素养目标

1. 具有良好的心理素质，能够冷静分析设备设施的异常状况。

2. 具备学习能力，能够及时了解和学习专业相关新技术、新工艺、新规范，不断提高技能水平。

🏵 建议学时

2 学时

🏵 知识体系与技能要求

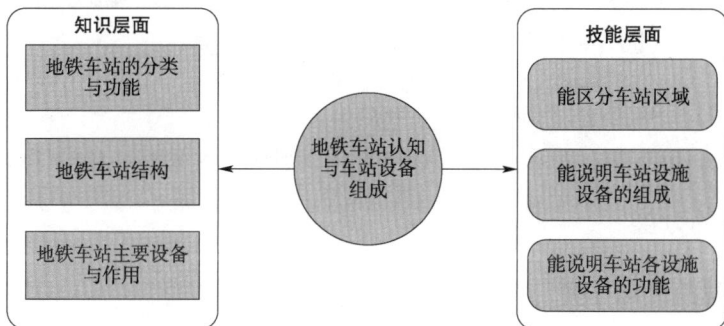

```
┌─────────────────────────┐          ┌─────────────────────────┐
│       知识层面          │          │       技能层面          │
│  ┌───────────────────┐  │          │  ┌───────────────────┐  │
│  │ 地铁车站的分类     │  │          │  │  能区分车站区域    │  │
│  │ 与功能            │  │   ┌──────┐ │  └───────────────────┘  │
│  └───────────────────┘  │   │地铁车站认知│ │  ┌───────────────────┐  │
│  ┌───────────────────┐  │←─│与车站设备  │→│  │ 能说明车站设施     │  │
│  │   地铁车站结构     │  │   │组成      │ │  │ 设备的组成        │  │
│  └───────────────────┘  │   └──────┘ │  └───────────────────┘  │
│  ┌───────────────────┐  │          │  ┌───────────────────┐  │
│  │ 地铁车站主要设备   │  │          │  │ 能说明车站各设施   │  │
│  │ 与作用            │  │          │  │ 设备的功能        │  │
│  └───────────────────┘  │          │  └───────────────────┘  │
└─────────────────────────┘          └─────────────────────────┘
```

任务 1-1　走进车站

城市轨道交通是城市公共交通的重要组成部分。按照《城市轨道交通分类》(GB/T 44413—2024),城市公共交通分类如图 1-1 所示。

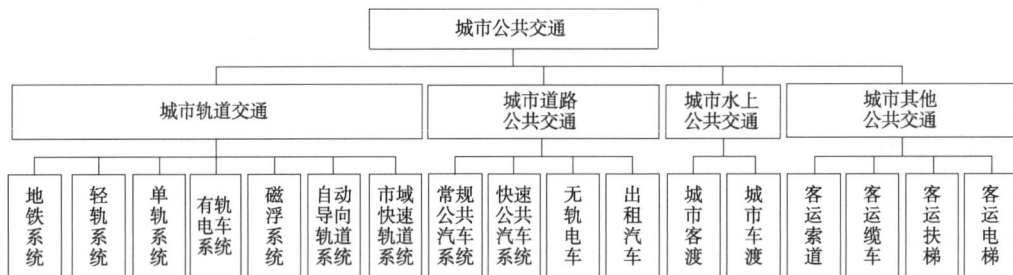

图 1-1　城市公共交通分类

在城市轨道交通各类型系统中,涉及的车站设备虽然类型多,但功能大同小异。因此,本书主要以地铁车站设备为例进行介绍。

车站是供乘客上下车、换乘和候车的场所,也是列车到发、通过、折返、临时停车的地点。一些车站还具有购物、集散和作为城市景观等功能。车站需具有良好的照明、通风、防火设施,给乘客提供安全、便捷、舒适的环境。图 1-2 为北京地铁 2 号线某车站示意图,图中将车站提供乘客服务的各个区域均明确地标注出来。

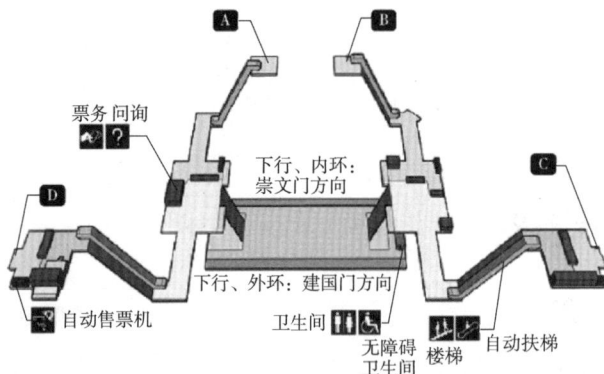

图 1-2　北京地铁 2 号线车站示意图

注:C 口(东南口)仅用于出站,D 口(西南口)仅用于进站,D 口处自动扶梯长期关闭。

一、车站的分类

1. 按照车站的位置分类

按照车站的位置,可将车站分为地下车站、地面车站和高架车站。这些车站虽然略有不同,但是具备的功能和区域划分基本相同,如图 1-3 所示。

a)地下车站　　　　　　　　b)地面车站　　　　　　　　c)高架车站

图 1-3　按照车站的位置分类

2. 按照车站的运营功能分类

按照车站的运营功能,可将车站分为终点站(折返站)、中间站、换乘站等,如图 1-4 所示。

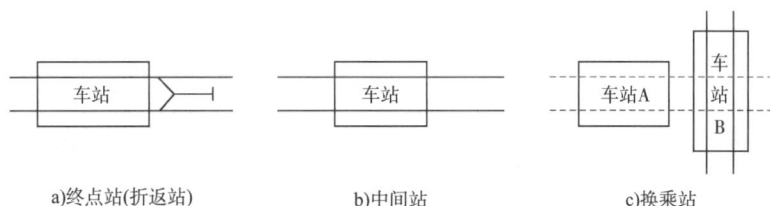

a)终点站(折返站)　　　　　b)中间站　　　　　　c)换乘站

图 1-4　按照车站的运营功能分类

(1)终点站(折返站):指线路两端或列车交路两端的车站,除供乘客上下车外,通常还具有列车折返、停留或临时检修等运营功能。

(2)中间站:指行车线路两终端站之间的沿途车站,其主要作用是供乘客上下车。但有些中间站还设有折返线、渡线、存车线等。

(3)换乘站:设在不同线路的交会地点,除供乘客上下车外,还供乘客由一条线路换乘到另一条线路,其最大的特点是节省乘客出站、进站及排队购票的时间,为乘客换乘提供方便。图 1-5 为一换乘站的三维结构图。

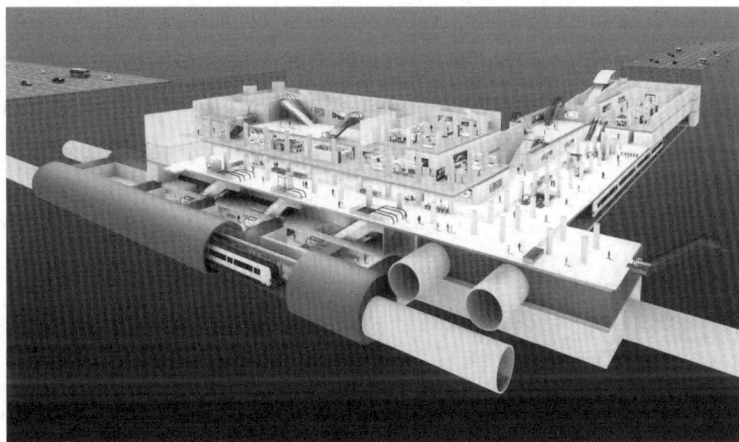

图 1-5　换乘站的三维结构图

注:图片来自网络。

思考

车站类型各异、功能各异,从图1-2中可以大致看出车站的整体结构。那么车站结构只有我们在图中看到的这些区域吗? 车站还应该具备哪些区域呢?

二、车站的组成

车站由车站主体、出入口及通道、通风道及地面通风亭三大主要部分及其他附属建筑组成,如图1-6所示。

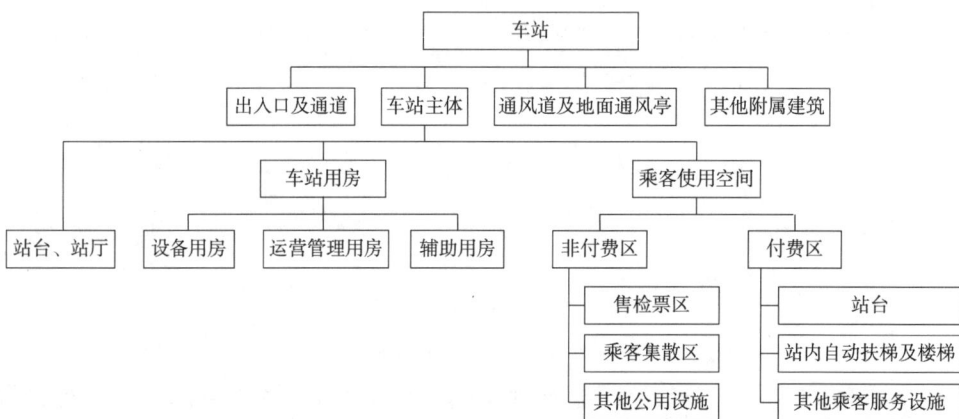

图1-6 地铁车站组成

1. 车站主体

车站主体是列车在线路上的停车点,其既是供乘客集散、候车、换乘及上下车之处,又是地铁运营设备设置的中心和办理运营业务的地方。它由站台、站厅、设备用房、运营管理用房和辅助用房等部分组成。

(1)车站站台由乘降平台、楼梯(自动扶梯)、站台门、运营管理用房、轨行区等组成,是供乘客上下车及候车的场所。站台计算长度应采用列车最大编组数的有效长度与停车误差之和。在无站台门的站台,有效长度应为列车首末两节车辆驾驶室门外侧之间的长度;在有站台门的站台,有效长度应为列车首末两节车辆尽端客室门外侧之间的长度。当无站台门时,停车误差应取1~2m;有站台门时应取±0.3m之间。

(2)车站站厅是换乘列车的中转层,其主要作用是集散客流,为乘客提供售检票等服务。因此,站厅内需要设置售检票、问询等为乘客提供服务的设施。站厅层一般分为付费区和非付费区。站厅层内设有设备用房、运营管理用房等,根据客流的大小在不影响客流集散的同时还可以设置商业用房。

站厅付费区
与非付费区的划分

车站站厅的作用是将由出入口进入的乘客迅速地、安全地引导到站台乘车,或将下车的乘客引导至出入口出站。

（3）设备用房主要是安置各类设备、进行日常维修及保养设备的场所。

主要设备用房包括：环控室、变电所、综合控制室、通信设备室、信号设备室、通信测试房、消防泵房、配电室等。

（4）运营管理用房是车站工作人员的办公场所，包括车站控制室、站长室、票务室、值班室及警务室等。

车站平面布置

（5）辅助用房是车站工作人员的日常生活场所，包括更衣室、休息室、茶水间、厕所等。设计时，辅助用房一般只考虑给工作人员使用，空间较小，不对外开放。

将上述区域平铺，如图1-7所示，从左侧依次为车站站厅的非付费区、付费区以及其他不对乘客开放的设备与管理用房区。以地下车站为例，站厅层的两端均有大量设备用房服务于整个车站的运营。

站台层平面布置

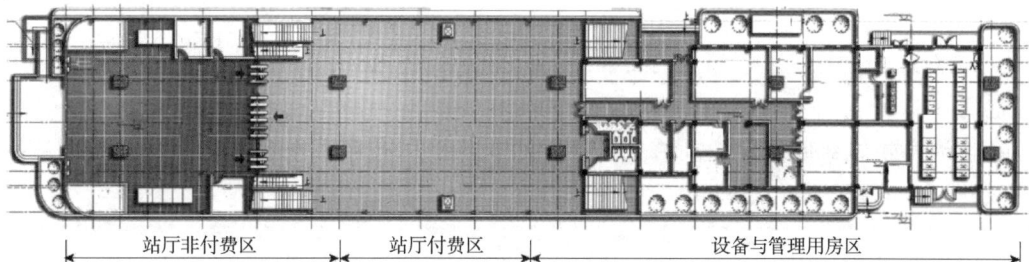

图 1-7　地铁车站布局图

2. 出入口及通道

出入口及通道是车站的门户，其主要作用是集散客流、供乘客换乘其他交通工具或供城轨线路之间的换乘之用。有些出入口及通道，还兼有行人过街的功能。为方便乘客乘车及疏散客流，一个车站设有多个出入口，一般不少于2个。

出入口及通道可分为地道式和天桥式，通道宽度根据客流量计算确定，净高一般为2.6m。地下车站宜采用地道式出入口及通道，高架车站多采用天桥式出入口及通道。

3. 通风道及地面通风亭

地下车站需设置环控系统。地面车站和高架车站都修建在地面以上，原则上采用自然通风。地下车站一般设1~2个通风道，区间隧道中部设区间隧道通风道。

地面通风亭是地铁隧道、车站通风及设备维修的地面出口，通常通风口高于地面2m。进风口与出风口水平距离应大于5m，合建时出风口高于进风口5m，地面通风亭在设计时可与地面建筑合建。

信息提示

城市轨道交通车站看似平常，其内部却集合了各种各样的设备，分布在车站内部的各个角落，为车站的正常运营提供保障，为乘客乘降提供舒适的环境。下个任务我们将近距离走进城市轨道交通车站，认识车站设备。

任务 1-2 认识车站设备

按照乘车及换乘的顺序,我们一般会经历如图 1-8 所示的进出站流程。

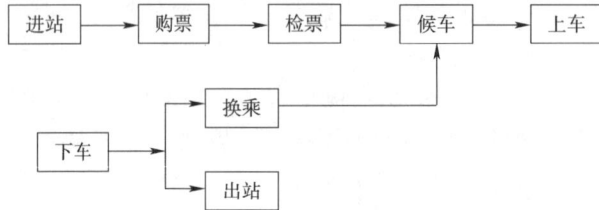

图 1-8　进出站流程

> **思考**
>
> 　请同学们参照图 1-8,回忆一下从进站开始分别有哪些为我们提供服务的车站设备?

当进站后,我们见到的车站设备大体分为客运设备、安全设备、监控设备三大类,具体如下。

一、客运设备

客运设备主要包括电梯、自动扶梯、其他无障碍设备、自动售检票系统、站台门系统和乘客信息与广播系统,起到引导客流、辅助客运的作用。客运设备关乎客流运行,大多与乘客直接接触,是地铁车站非常重要的设备。

1. 电梯、自动扶梯、其他无障碍设备

电梯、自动扶梯等相关设备,是考虑乘客的舒适性和疏散的速度而设置的。近年来,电梯故障事件较多,电梯安全问题越来越受到重视。一般规定:越层超过 6m 的空间必须安装自动扶梯。

2. 自动售检票系统

自动售检票系统用于实现售票和检票等功能,闸机将车站的公共区域分隔为付费区与非付费区。

3. 站台门系统

在站台层的两侧,一般会设有保障乘客安全的玻璃幕门,称为站台门。

4. 乘客信息与广播系统

乘客信息与广播系统能即时发布行车信息,有效疏导高峰时段的客流。

二、安全设备

安全设备主要用于保证地铁车站运行安全,往往设置在我们不是特别关注的地方,但是却有着重要的作用,这类设备如果出现故障,可能会直接影响乘客安全。

1. 低压配电与照明系统

照明系统提供光亮,保证安全与舒适。低压配电是照明的电力源头,也是其他机电设备的电力源头。

思考

家里和教室中是否有低压配电设备?

2. 给排水系统

车站的卫生间、空调、工作人员日常用水等均离不开给排水系统的支持。

3. 消防报警系统

当发生火灾时,会触发消防报警系统,此时就到了车站里的灭火器等相关设备发挥作用的时候。

4. 暖通空调系统

城市轨道交通车站冬暖夏凉,并且空气清新,这就是暖通空调系统所起的作用。

三、监控设备

随着车站集成度和智能化程度越来越高,城市轨道交通监控系统集成功能不断完善。监控系统已经将车站设备、通信信号设备以及列车自动监控系统(ATS)实现了全集成。本书将对环控系统和综合监控系统进行具体介绍。

综合监控系统是普通乘客无法看到的系统,它隐藏在车站内部,像一根根神经一样,将所有的车站设备有机地联系在一起。设备正常运行和任何异常都受综合监控系统的监视和掌控。

以上三部分组成了车站的主要机电设备,这些设备通过正常工作确保车站的正常运营,作为城市轨道交通工作人员,要具有良好的心理素质,遇设备设施异常状况,应能够冷静分析。后续项目将对上述设备设施系统的操作与维护进行全面的讲解。

思考

如本项目所述,车站设备作为保障城市轨道交通车站运行的重要组成部分,在车站中无处不在。下面请思考这些设备布置在哪里呢?图 1-7 中主要体现设备用房的布置,一些管道、照明设备设置在车站内部,无法一一体现,在学习时应加以明确。

城市轨道交通车站设备

（第4版）

项目 2
电扶梯系统设备

知识目标

1. 掌握自动扶梯的构造、原理及控制方式。
2. 掌握自动扶梯开启前的准备工作。
3. 掌握电梯的基本结构、原理及控制方式。
4. 掌握电梯开启前的准备工作。

能力目标

1. 能按规定操作自动扶梯。
2. 能按规定操作电梯。
3. 掌握电梯发生故障时的救援方法。
4. 能按规定对不同的电梯事故及故障进行处理。
5. 能按规定操作电梯、自动扶梯及轮椅升降机并通过考核。

素养目标

1. 具有良好的沟通能力，能够与其他专业人员高效沟通处理现场情况。
2. 具有安全意识，能够准确判断设备的安全风险，并及时有效避免。
3. 坚持职业操守，作风严谨。
4. 具有合作意识和大局意识，认真对待设备检查检验。

建议学时

10 学时

知识体系与技能要求

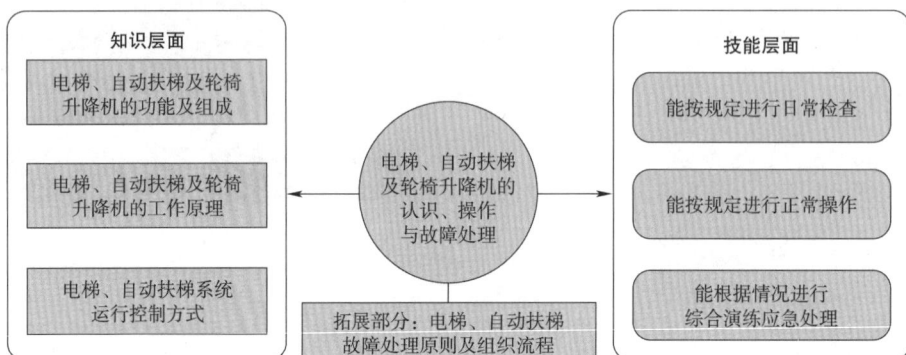

知识层面

- 电梯、自动扶梯及轮椅升降机的功能及组成

- 电梯、自动扶梯及轮椅升降机的工作原理

- 电梯、自动扶梯系统运行控制方式

电梯、自动扶梯及轮椅升降机的认识、操作与故障处理

拓展部分：电梯、自动扶梯故障处理原则及组织流程

技能层面

- 能按规定进行日常检查

- 能按规定进行正常操作

- 能根据情况进行综合演练应急处理

思考

乘客如何进出城市轨道交通车站？你见过何种形式的辅助乘客进出站设备？它们设置在哪里？

电扶梯系统由电梯、自动扶梯和轮椅升降机组成。电梯是以电动机为动力的垂直升降机,装有箱状吊舱,用于多层建筑乘人或载运货物。自动扶梯以台阶式踏步板装在履带上连续运行,主要设置于站厅与站台间或出入口与站厅间。轮椅升降机一般设置于车站出入口与站厅间,方便行动不便的乘客乘车出行。电扶梯系统是城市轨道交通系统的重要组成部分,每天担负着运送大量乘客的任务。电扶梯系统作为城市轨道交通车站内疏散乘客的重要工具,对及时疏散客流和满足乘客对乘降舒适度的要求起到了至关重要的作用。车站应根据预期客流量及提升高度配备足够数量的上下行自动扶梯,以保证车站的正常运作。为保证残疾人乘客或其他行动不便者(如携带大件行李者)的正常出行,车站内还应设置电梯、轮椅升降机,以满足特殊人群的需要。

电扶梯系统属于特种设备,直接面向乘客,是乘客经常使用的交通工具,设备的安全可靠性至关重要。

任务 2-1　自动扶梯和自动人行道认知与日常检查

一、自动扶梯和自动人行道认知

自动扶梯是带有循环运行梯级,向上或向下倾斜运送乘客的固定电力驱动设备。城市轨道交通车站内,自动扶梯的用途主要是解决乘客的快速疏散,即列车到达后,将大量的乘客从候车站台向地面站厅疏散。车站的候车站台一般离地面5～7m（浅埋式），甚至7～10m（深埋式），自动扶梯则提供了一种自动运送乘客的功能。相对于楼梯而言，自动扶梯满足了乘客对乘降舒适度的要求。车站配有多部自动扶梯时，其布置排列方式有平行排列、连续交叉排列、连贯排列和"X"小交叉排列四种。自动扶梯如图2-1所示。

图2-1　自动扶梯

自动人行道是指带有循环运行的步道和扶手带沿水平或坡度小于12°的方向运送乘客的电力驱动设备。其结构与自动扶梯相似，主要由活动路面和扶手两部分组成。其活动路面在倾斜的情况下也不形成阶梯状。自动人行道适用于火车站、商场、码头、机场和部分地铁站换乘较远的通道，如图2-2所示。

图2-2　自动人行道

二、自动扶梯的分类

常见的自动扶梯分类见表2-1。

自动扶梯分类　　　　　　　　　　　　　　　　　　　　　表2-1

序号	特征	类别
1	按驱动装置位置分类	端部驱动自动扶梯 中间驱动自动扶梯
2	按扶手外观分类	全透明扶手自动扶梯 半透明扶手自动扶梯 不透明扶手自动扶梯

续上表

序号	特征	类别
3	按扶梯路线形式分类	直线型自动扶梯 螺旋型自动扶梯
4	按使用条件分类	普通型自动扶梯 公共交通型自动扶梯
5	按提升高度分类	小提升高度(最大至8m)扶梯 中提升高度(最大至25m)扶梯 大提升高度(最大可达65m)扶梯
6	按运行速度分类	恒速扶梯 变频扶梯

表2-1中第2~6类自动扶梯类别划分比较容易理解,在此不做解释。以下对端部驱动自动扶梯和中间驱动自动扶梯进行简要介绍。

端部驱动自动扶梯的驱动装置位于自动扶梯的顶端,并以链条为牵引构件。

中间驱动自动扶梯的驱动装置位于扶梯中部,并以齿条为牵引构件。

一部自动扶梯可以装多组驱动装置,也称多级驱动组合式自动扶梯。运行时,电动机通过减速器将动力传递给两侧传动链条,每侧的传动链条之间铰接一系列的轮轴,轮轴与牵引齿条啮合,驱使自动扶梯运行。

三、地铁车站自动扶梯布置

1.《地铁设计规范》(GB 50157—2013)相关规定

地铁应采用公共交通型自动扶梯和自动人行道,站内选择室内型。自动扶梯应采用不大于30°的倾角,自动人行道的倾角不应大于12°,额定速度宜采用0.65m/s。作为事故疏散用的自动扶梯,应采用一级负荷供电。

自动扶梯的踏面至顶部建筑物底面垂直净高度不应小于2300mm,如图2-3所示。

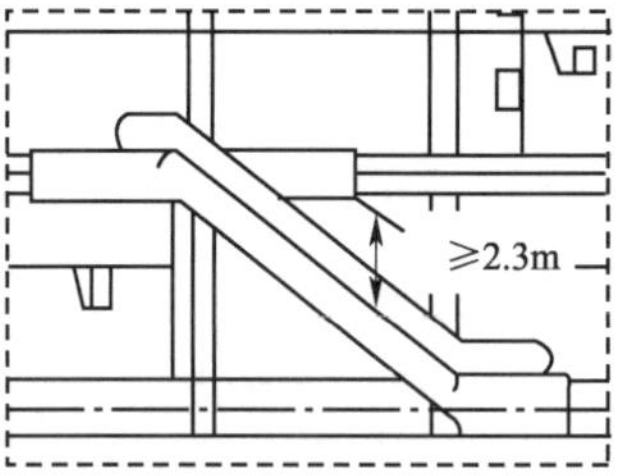

≥2.3m

图2-3 自动扶梯踏面至顶部建筑物底面垂直净高度

2. 自动扶梯布置的有关规定(图2-4)

(1)自动扶梯相对布置时,两自动扶梯工作点间距不小于16m。

(2)自动扶梯工作点至前面影响通行的障碍物间距不得小于8m。

(3)自动扶梯与楼梯相对布置时,自动扶梯工作点至楼梯第一级踏板的间距不得小于12m。

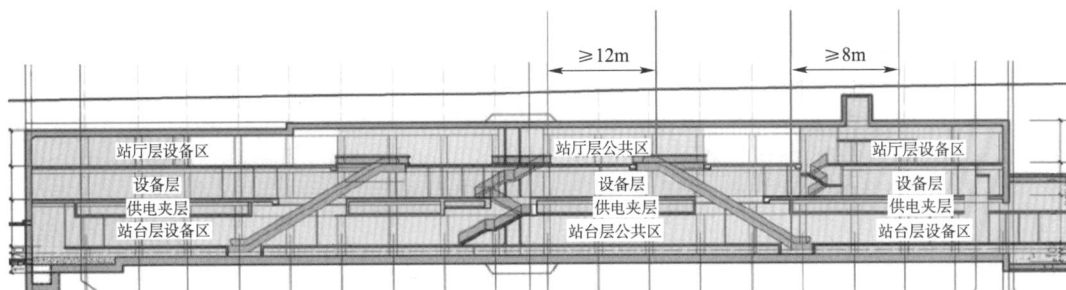

图 2-4　自动扶梯布置

3. 自动扶梯设置

（1）当车站出入口的提升高度超过 6m 时,应设上行自动扶梯;超过 12m 时,应考虑上下行均设自动扶梯。出入口扶梯除承担车站乘客从站厅到地面的乘降外,还可兼顾市政过街功能。

（2）站厅与站台间应设上行自动扶梯,高差超过 6m 时,上下行均应设自动扶梯,如图 2-5 所示。站内自动扶梯位于付费区,乘客通过自动扶梯在站厅与站台间乘降,为提高服务标准,多数地铁车站均设上下行自动扶梯。

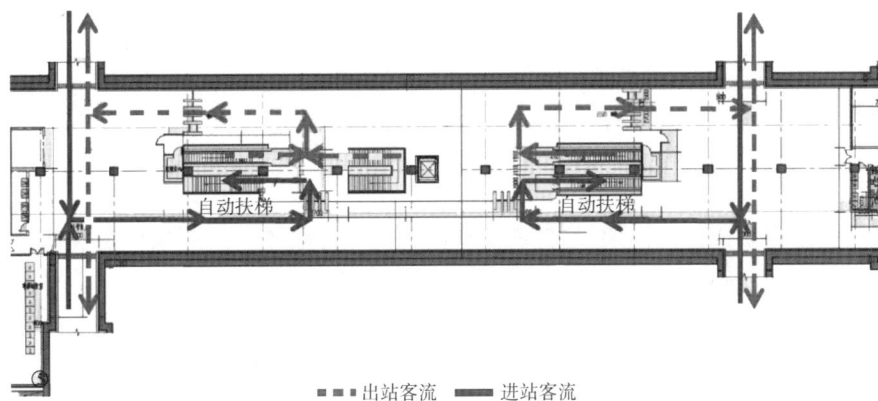

■■■出站客流　■■■进站客流

图 2-5　站内扶梯设置

（3）自动扶梯的设置,应根据提升高度（H,单位为 m）而定。对于 $12m < H \leqslant 19m$,应分别设置上下行扶梯;$H > 19m$ 时,还要有备用扶梯。

自动扶梯设置原则见表 2-2。

自动扶梯设置原则　　　　　　　　　　　　　　　　　　　　　　　　表 2-2

提升高度（m）	上行	下行	备用
$H \leqslant 6$	自动扶梯	—	—
$6 < H \leqslant 12$	自动扶梯	△	—
$12 < H \leqslant 19$	自动扶梯	自动扶梯	△
$H > 19$	自动扶梯	自动扶梯	自动扶梯

注:—表示不需要设置,△表示重要的车站也可设置。

15

四、自动扶梯的基本构造

自动扶梯主要由支撑部分、驱动系统、运载系统、扶手系统、电气控制系统和安全保护系统组成。自动扶梯结构如图2-6所示。

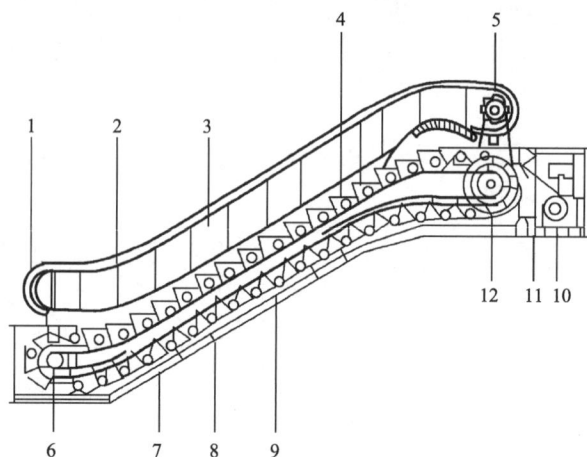

图2-6　自动扶梯结构

1-扶手传动滚轮;2-扶手带;3-栏板;4-梯级;5-扶手驱动轮;6-从动张紧轮;7-金属构架;8-导轨;9-牵引链条;10-驱动装置;11-机房盖板;12-梯级牵引轮

1.支撑部分

桁架是整部自动扶梯的构架,是自动扶梯其他构件的载体。按照扶梯的设计,桁架至少分为三段,根据提升高度的增加,桁架需要分更多段,如图2-7所示。此外,由于每个地铁车站的埋深不一样,所以自动扶梯的提升高度也不同,特别是在一些换乘站,提升高度更大,所以还要求有额外的土建支撑结构,即中间支撑。

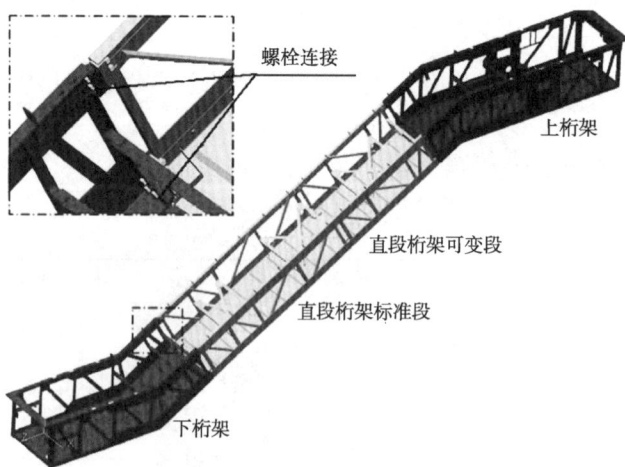

图2-7　自动扶梯桁架结构

2.驱动系统

驱动系统由驱动主机、主驱动轴、主驱动链、扶手带驱动链、扶手带驱动轴、工作制动器、辅助制动器等组成,是自动扶梯的核心系统。驱动主机如图2-8所示。

图2-8 驱动主机

3.运载系统

运载系统由梯级、梯级链、导轨、梳齿板等组成,其功能是运送乘客。

(1)梯级

梯级是直接与乘客接触的运动部件,是乘客站立的移动平台,如图2-9所示。它是一种特殊结构形式的四轮小车,有两只主轮和两只辅轮,主轮轴与牵引链条铰接在一起,而辅轮轴则不与牵引链条铰接。

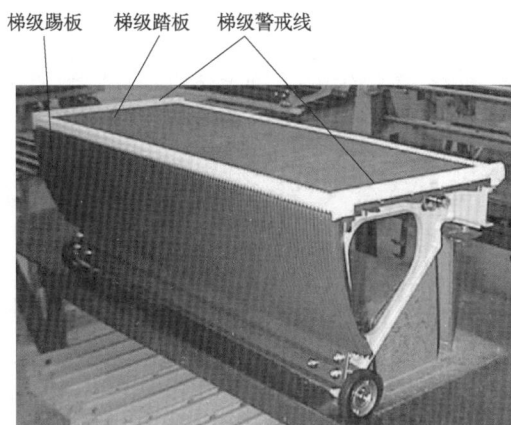

图2-9 梯级

①梯级踏板:梯级上供乘客站立的地方。

②梯级踢板:梯级的垂直部分。

③梯级警戒线:梯级两侧的黄线,用来警戒正确的站立区域,从而防止乘客接触围裙板而被绊倒。

（2）梯级链

梯级链位于自动扶梯两侧,连接梯级并由梯级链轮驱动。梯级链将主机的动力传递给梯级,使梯级沿着导轨运动,如图2-10所示。

图2-10　梯级链

（3）梳齿及梳齿板

①机房盖板:具有防滑功能的可拆卸钢板,通常位于登梯和出梯区域的自动扶梯桁架结构上方。

②梳齿:带有梳齿的部分或钢板,在登梯和出梯区域与踏板齿啮合,防止乘客的手、脚或其他异物夹到移动梯级和楼层板之间。

③梳齿板:楼层板上安装梳齿的部分。

4. 扶手系统

扶手系统主要由扶手带、扶手带驱动装置等组成。

扶手系统主要供乘客乘坐扶梯时手扶用,同时起到护栏的作用。扶手带是供乘客手扶的运动部件,扶手带的速度一般比梯级的速度稍快(0~2%)。

5. 电气控制系统

电气控制系统实现对扶梯的运行控制,主要由控制柜、控制按钮、电气元件等组成。控制柜一般位于扶梯机房里,如图2-11所示。

图2-11　控制柜

6. 安全保护系统

安全保护系统的作用是,当自动扶梯处于不安全状态时,安全装置使其自动停止。

自动扶梯是直接面向乘客的设备,直接关系到乘客的安全,所以必须设置各种安全装置。安全装置主要有超速保护装置、防逆转保护装置、扶手带速度检测装置、裙板安全保护装置、防攀爬智能识别系统等,具体如图2-12所示。

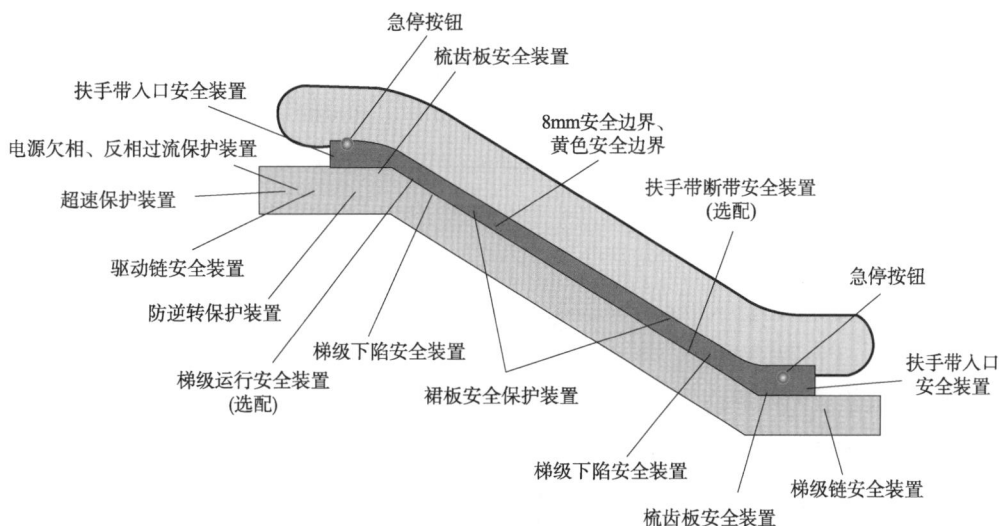

图2-12　自动扶梯安全装置

(1)超速保护装置:从安全的角度出发,自动扶梯应配置超速保护装置。当扶梯超速至1.2倍时,工作制动器动作,当扶梯超速至1.4倍时,附加制动器动作,以防止扶梯在发生驱动链断裂、电机损坏等情况时超速下滑。

(2)防逆转保护装置:从安全的角度出发,自动扶梯应配置附加制动器。其作用是保证制动重载下行的扶梯能可靠制停,上行的扶梯在制停前不会出现逆转。在扶梯速度降低至额定速度的20%时,工作制动器动作;当扶梯出现逆转方向运行时,在速度为0前,附加制动器动作。

即使扶手带的破断力足够大(大于25000N),也应配置防逆转保护装置,当扶手带发生破断时使扶梯停止运行。

(3)扶手带速度检测装置:对于重载公共交通型自动扶梯,由于客流量大、提升高度高,配置扶手带速度检测装置以控制扶手带的速度偏差是必需的。当扶手带速度超出允许偏差2%时,应发出报警信号;超出设定值(可设定为 −5% ~ +5%)时,停止扶梯运行。

(4)裙板安全保护装置:由于裙板与梯级间存在缝隙,必须防止脚或裤子夹入缝隙。虽然在裙板后面安装有裙板开关,但这个开关只是安装在扶梯上下转弯处,当两对开关之间的距离超过10m时,才在倾斜段加装一对。开关只能保护有限的位置,一旦在远离开关的地方被夹,开关就起不了保护作用。因此,必须在裙板上安装毛刷等进行防护,防止乘客无意接触裙板。

五、自动扶梯的规格

自动扶梯的规格见表2-3。

自动扶梯的规格   表 2-3

项目	输送能力 （人/h）	运行速度 （m/s）	提升高度 H （m）	梯级宽度 W （mm）	倾斜角度	装饰板	排列方式
规格	6000～9000	0.50～0.75	3～8	800～1200	≤30°	全透明 有支撑	平行或交叉

六、自动扶梯工作原理

一系列的梯级与两根牵引链条铰接在一起,在沿一定线路布置的导轨上运行即形成自动扶梯的梯路。牵引链条绕过上牵引链轮(即主轴)、下张紧装置,并通过上、下分支的若干直线、曲线区段构成闭合环路。这一环路的上分支中的各个梯级(也就是梯路)应严格保持水平,以供乘客站立。上牵引链轮通过减速器等与电动机相连以获得动力。扶梯两旁装有与梯路同步运行的扶手装置,以供乘客手扶之用。扶手装置同样由上述电动机驱动。为了保证乘客的绝对安全,要求自动扶梯装设多种安全装置。

自动扶梯与升降电梯的比较如下。

(1)自动扶梯的优点。

①输送能力强;

②能连续运送人员,人流均匀;

③自动扶梯可以改变运行方向;

④当停电或重要零件损坏需要停用时,可作普通扶梯使用。

(2)自动扶梯的缺点。

①自动扶梯结构有水平区段,有附加的能量损失;

②对于大提升高度的自动扶梯,人员在其上停留时间长;

③造价较高。

七、自动扶梯的控制方式及日常检查

1.自动扶梯的控制方式

(1)正常情况下自动扶梯控制方式。

正常情况下,自动扶梯一般采用就地控制方式,在上下梯头的位置设置钥匙开关直接启动和停止自动扶梯,同时还设有正常运行和节能运行两种模式可供选择。正常运行模式是指自动扶梯以额定的速度恒定运行。节能模式是指自动扶梯在无人时以低速运行,达到节能的目的。

自动扶梯运行还有一种维修模式,是在自动扶梯进行正常维修保养时的低速运行模式,一般通过插接专门的维修控制盒进行人工控制。

(2)紧急情况下自动扶梯控制方式。

紧急情况下,一般通过安装在车控室的远程紧急停止按钮来控制自动扶梯,对所有出入口的自动扶梯设置一个紧急停止按钮,在紧急情况下将所有出入口自动扶梯停止。对于站内的自动扶梯,每台自动扶梯设置一个紧急停止按钮,可根据需要停止相应的自动扶梯。开启紧急停止按钮后,一般上行的自动扶梯保持上行,下行的自动扶梯停止,同时可根据需要使停止的下行自动扶梯改为上行。

(3)远程操作模式。

在车站及控制中心也可控制自动扶梯的运行。这种控制模式要求比较严格,一般很少采用。开启和停止自动扶梯时需保证扶梯上无任何人或物。如需采用远程操作模式,可以在扶梯周边加装摄像头,监视整个扶梯的运行情况,实现远程控制。

2.日常检查

(1)在自动扶梯每次投入正常运行时,应按照操作规程对自动扶梯进行检查,在检查过程中与其他工作人员高效沟通。

(2)在自动扶梯运行中应巡查自动扶梯运行状态,发现问题应及时报告,采取应急措施,并做好记录,增强安全意识,有效避免风险。

(3)车站操作人员应每日不少于 1 次对自动扶梯进行日常检查,应作风严谨,认真记录检查结果。

任务 2-2 电梯和轮椅升降机的认知与日常检查

一、电梯

地铁设计中应充分体现以人为本的设计理念。根据《地铁设计规范》(GB 50157—2013)中关于无障碍设计要求,车站应设置无障碍电梯。地铁车站应选用无机房电梯,当无法满足无机房电梯布置要求时,宜选用液压电梯。在车站站厅层至站台层之间宜设垂直电梯,以方便残疾人乘客及携带重行李乘客的通行。电梯如图 2-13 所示。

1.电梯的分类

(1)按速度分为低速(1m/s 以下)、快速(1~2m/s)、高速(2m/s 以上)和超高速电梯(5m/s 以上)。

(2)按用途分为载客、载货、住宅、消防、观光及其他电梯。

(3)按驱动方式分为交流、直流、液压、齿轮齿条、螺杆式及直线电机驱动电梯。

图 2-13　电梯

（4）按操纵方式分为手柄开关操纵、按钮控制、信号控制、集选控制、并联控制及群控电梯。

（5）按有无机房分为有机房和无机房电梯。地铁车站应选用无机房电梯，当无法满足无机房电梯布置要求时，宜选用液压电梯。

①无机房电梯。

传统的电梯都是有机房的，主机、控制屏等设置在机房。无机房电梯是相对于有机房电梯而言的，是在不设机房的条件下，一般将轿厢、对重装置、驱动主机、控制柜、限速器等关键部件布置在电梯井道内。

②液压电梯。

液压电梯靠液压传动，采用柱塞侧置方式，其油缸设置在轿厢侧面，借助曳引绳使滑轮组与轿厢连接，利用电动泵驱动液体流动，由柱塞使轿厢升降。其运行全程通过电控和液控集成技术实现可靠、准确运行。液压电梯的传动系统主要由液压泵站、阀组、管路、油温过热保护装置组成。

2. 电梯结构

城市轨道交通车站一般采用无机房电梯。无机房电梯主要由轿厢、门系统、对重装置、导轨、牵引装置、控制系统及多种安全装置等组成。电梯的基本结构如图 2-14 所示。

（1）轿厢：由轿厢架和轿厢体组成。

为方便残疾人乘坐，电梯轿厢两侧各设 1 个操纵箱，分为主副操纵箱。地铁中的电梯主要是满足无障碍通行的需求，所以其设计有一定的特殊性，要求有副操纵箱。副操纵箱离地高度较低，供轮椅使用者使用，操纵箱上的各种按钮均便于残疾人（包括轮椅使用者和盲人，盲文符合相关规定）使用，如图 2-15 所示。

（2）门系统：由轿厢门、层门、开门机、门锁等组成。客梯通常采用中分式开门，如图 2-16所示。

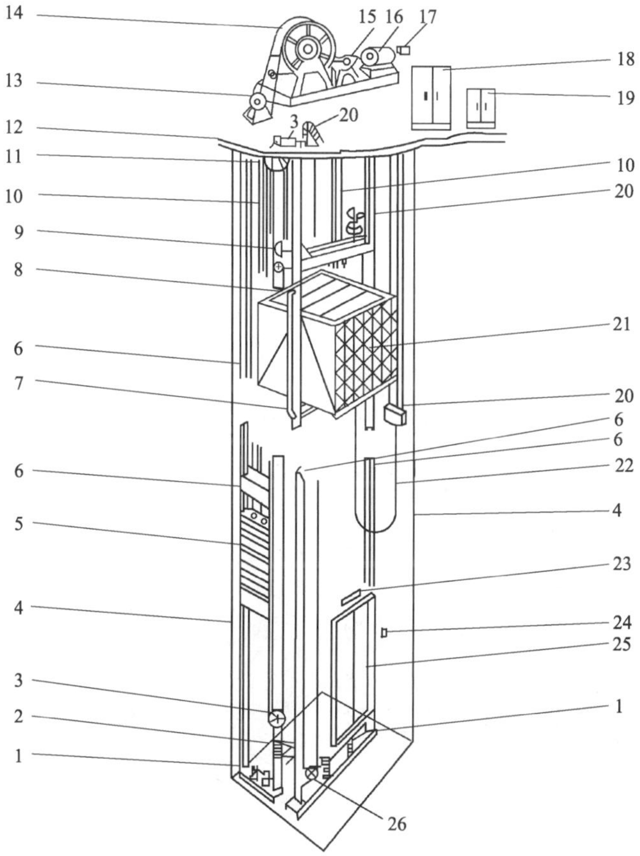

图 2-14　电梯的基本结构

1-缓冲器;2、9-限位开关(包括向上限位、向下限位);3-极限开关(包括转紧绳轮、传动绳索);4-电梯井道;5-对重装置;6-导轨;7-安全钳及开关;8-限位器挡块;10-牵引钢丝绳;11-导向轮;12-顶层地坪;13-楼层指示器;14-曳引机;15-制动器;16-主传动电动机;17-球形速度开关;18-控制屏;19-选层器;26-限速器(包括转紧绳轮、传动绳轮);21-轿厢;20-接线盒及线管;22-供电电缆;23-厅外指示灯;24-召唤灯;25-厅门

图 2-15　电梯操纵箱

（3）导轨：是电梯轿厢和对重装置运行的轨道。电梯运行的质量主要取决于导轨的安装质量。导轨分为轿厢导轨和对重块导轨。

（4）对重装置：分为对重与重量平衡装置，电梯底坑下如果人能到达，对重侧必须增加对重安全钳。

（5）控制系统：控制系统通过电梯的厅门外召和轿厢内召等按钮将指令传递给电机、门机，实现电梯的运行和停层功能，如图2-17所示。

| 图2-16 电梯门系统 | 图2-17 厅门外召按钮及钥匙孔 |

（6）安全装置：主要包括限速器、安全钳、缓冲器及速度保护、过载保护、端站保护装置、轿厢意外移动保护（UCMP）等。

3. 曳引式电梯工作原理

曳引式电梯的曳引传动关系如图2-18所示。安装在机房的电动机通过减速器、制动器等组成的曳引机，使曳引钢丝绳通过曳引轮，一端连接轿厢，另一端连接对重装置，轿厢与对重装置的重力使曳引钢丝绳压紧在曳引轮绳槽内产生摩擦力，这样电动机一转动就带动曳引轮转动，驱动曳引钢丝绳，拖动轿厢和对重装置做相对运动。于是，轿厢在井道中沿导轨上下往复运动，电梯就能执行垂直升降任务。电梯曳引原理如图2-19所示。

4. 电梯的功能

（1）安全保护功能

①应急照明：当电梯在运行中发生故障、电源被切断或中途停电时，应急照明自动启动，照明时间大于1h。

②安全停靠：当断电或电梯发生故障停止在非停靠位置时，自动进行故障诊断，自动运行至最近层站，平层后开门放人。

③门光幕保护:以装在轿门上的红外线光幕作为关门安全保护,光幕线数不低于48线。

④超载保护和满载直驶:轿厢超载时电梯不能起动,并在轿厢操纵箱上以声光信号警示,当轿厢已满载运行时,不应答层门信号。

⑤五方通话:可实现轿厢内、轿顶、井道底坑、控制柜及车站综合控制室之间的五方通话。

⑥警铃:按下轿厢内的警铃开关,安装在轿厢外顶部的警铃鸣响,并与对讲电话联动。

⑦过载保护:电梯应有灵敏的称重装置,当工作荷载达到100%时,电梯处于满载直驶状态;当荷载达到110%时,电梯会发出声光警示,不能关门及运行,直至荷载降至额定载重以下为止。

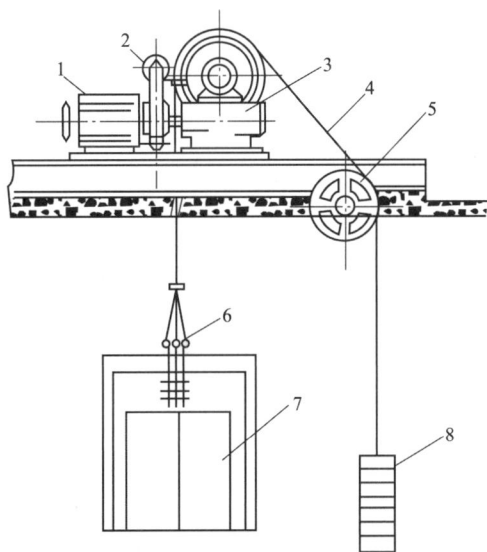

图2-18 曳引式电梯的曳引传动关系
1-电动机;2-制动器;3-减速器;4-曳引钢丝绳;5-导向轮;6-绳头组合;7-轿厢;8-对重装置

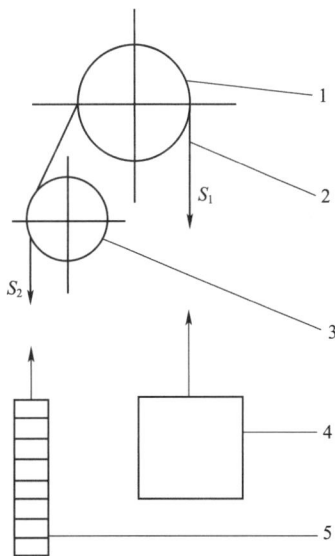

图2-19 电梯曳引原理
1-曳引轮;2-曳引钢丝绳;3-导向轮;4-轿厢;5-对重装置

(2)控制和操作功能

电梯除具有自动平层、自动开关门、顺向截停、层站召唤等一般运行控制操作功能外,还应有如下功能:运行偏差大于10mm时,在开门前自动以低速找正至偏差不大于5mm;按下轿厢操纵箱上的开门按钮,能使正在关闭中的门转为开门,按住开门按钮能使电梯(在一定时间内)保持开门状态;按下操纵箱上的关门按钮,能使门提前关闭;按下层门上的召唤按钮,能使正在关闭中的门重开。

(3)显示功能

在轿厢内操纵箱上或在门楣上能显示电梯运行方向和位置(楼层)信息;在各层召唤盒上,能显示电梯运行方向和位置。召唤盒一般安装在厅门右侧。轿厢到站时,在开门前,能对层站和轿厢内发出报站语音(中英文)。

（4）自动开关门功能

电梯除具有平层自动开门、预设定时间自动关门等一般自动开关门功能外，还有如下功能：当正在开或关的门受到外力阻止时，门自动转为反向运动，或保持静止并报警，等待维修；电梯到站平层后门打不开时，自动运行至另一层站开门放人，之后停止运行。

5. 电梯运行控制方式

（1）在正常情况下，电梯对外操作模式是完全开放的，由使用者进行操作。

（2）在紧急情况下，电梯接收 FAS 信号，自动运行到基站（一般设在站厅），开门后停止运行，此时电梯所有按钮功能失效，同时将信号反馈给 FAS 系统。只有在 FAS 系统将紧急情况解除信号发送给电梯后，电梯才能重新投入使用。

6. 电梯的日常检查

在电梯每次投入正常运行时，应按照操作规程对电梯进行检查。在电梯运行中要巡查电梯运行状态，发现问题应采取应急措施，并做好汇报和记录。通过传感器网络和 IoT 平台，可实现运行状态实时监测、故障预警和预测性维护。

二、轮椅升降机

轮椅升降机也称楼梯升降机，如图 2-20 所示。它安装在车站站台到站厅和地面到站厅步行楼梯一侧，供坐轮椅的乘客上下楼梯使用。这弥补了车站现有垂直电梯不能到达地面的不足。轮椅升降机能沿着楼梯连续做上升、水平和 90°转角运行，运行倾角不大于 35°。

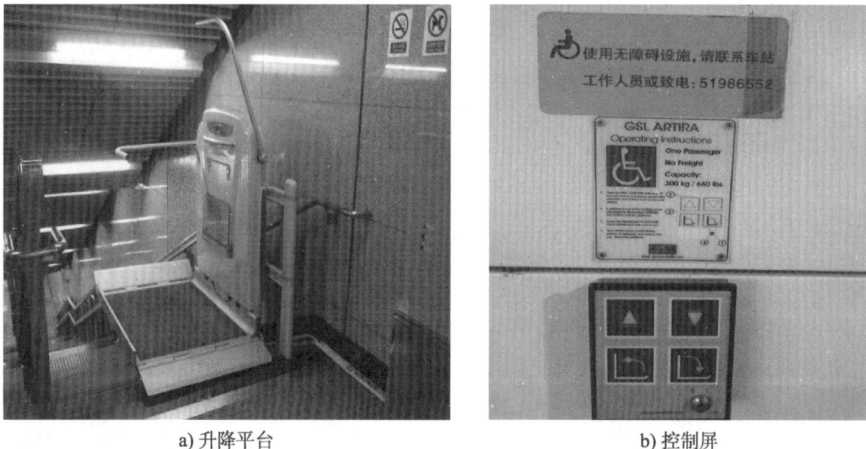

a) 升降平台　　　　　　　　　　b) 控制屏

图 2-20　轮椅升降机

轮椅升降机的主要设备包括升降平台、驱动机、导轨、控制柜、充电指示装置、低电源蜂鸣器、安全装置等。

1. 升降平台

轮椅升降机采用自动平台，故可通过操作外召唤盒的向上或向下按钮来控制平台的收放。在升降机到达端点位置后,只要持续按住上或下按钮,底板便会自动向上折放,护栏会向下折放。在平台折叠或张开过程中,如果遇到故障,也可通过手动方式完成。

2.驱动机

驱动机采用直流电动机。

3.导轨

导轨固定在楼梯侧面。

4.控制柜

控制柜设置在轮椅升降机内部,包括直流电动机、蓄电池、主电源开关、上下行继电器、时间继电器、电动及辅助继电器等。

5.充电指示装置

绿色指示灯长亮表示供电正常;黄灯显示充电情况,当黄灯快速闪动时表示正在充电,慢速闪动或长亮表示蓄电池充满电。

6.低电源蜂鸣器

低电源蜂鸣器发出的声音信号用于电池需要充电时的提醒。

7.安全装置

安全装置包括限速开关、侧板开关、底板开关、护栏开关、限位开关、抱闸装置、旁通装置等。有些型号的安全装置装有障碍物智能检测(激光/红外)、运行状态自诊断、远程监控(可选配)等新功能,提升了安全装置的安全性和维保效率。

知识拓展

电扶梯系统要与城市轨道交通车站内其他相关设备协同配合。与电扶梯系统相关的接口如下。

1.与环控设备监控系统(BAS)接口

自动扶梯和电梯应接受车站 BAS 的监控。

2.与通信系统接口

(1)电梯轿厢内安装求救电话或可与车控室通话的紧急对讲装置。

(2)电梯轿厢内安装监视摄像头,可在车控室或运营控制中心(OCC)进行视频观察。

(3)轮椅升降机具有连接到对讲主机和各个分机的视频对讲系统。

3.与消防系统(FAS)接口

对电梯:在火警情况下,可控制所有电梯自动返回基站。

对自动扶梯:当检测到火警信号后,可通过视频监视系统监视此时扶梯上是否有乘客,当扶梯上无乘客时,通过急停开关发出停止指令,扶梯接到指令即停。

任务 2-3 电扶梯及无障碍设施基本操作

【工具准备】 相关钥匙及实训设备。

【知识准备】 任务一、任务二中的理论知识。

【实施方式】 本任务先由教师示范操作,然后学生分组实操。分组实操完毕后,每组选一名学生进行实操检验,记录平时成绩。

一、电扶梯操作基本规定

(1)电扶梯设备必须由取得电梯操作证的电扶梯使用管理人员进行操作,操作时必须严格按规程执行。

(2)操作人员必须使用电扶梯设备专用钥匙对设备进行操作,操作完毕后应将钥匙交由专人保管,不得留在开关上,除指定的电扶梯设备操作、维修人员之外,不得借出。

(3)操作人员接班时应了解上一班电扶梯设备运行情况,每日必须填写电扶梯设备运行情况记录。

(4)发现不安全因素时,应立即关停设备,并通知维修人员。

(5)电扶梯设备故障或维修时必须在施工地点放置警示牌或护栏。

(6)爱护设备,保持清洁,为电扶梯设备正常运转创造良好环境。

二、自动扶梯操作

1. 自动扶梯使用注意事项

(1)在开启自动扶梯之前,所有梯级上不允许有异物。

(2)必须由经过专业培训的人员操作,且必须是空载启动。

(3)在扶梯上站立时,应面向运行方向,手扶住扶手带。

(4)儿童在乘坐自动扶梯时,必须由大人牵领。

(5)赤脚者不准使用自动扶梯,不允许使用自动扶梯运送笨重物体。

(6)若需改变自动扶梯的运行方向,应当在自动扶梯完全停止后,才能转换运行方向。

2. 自动扶梯操作规定

(1)正常情况下,在进行启动、停止、换向操作前,必须确保梯级和扶手带上无人无物。

(2)自动扶梯运行期间,操作人员应经常巡查设备状况,发现问题及时报告,如无把握可先关停设备,询问专业维保人员后再行处理。

(3)停运后必须清洁自动扶梯外观,特别是梯级周边和扶手带周边。

(4)清洁时,标识和警示牌板只需轻轻擦拭即可,尽量保护字体及底色。

3.启动前的准备工作

自动扶梯启动前的准备工作,即"一检查五确认"。

"一检查"即检查自动扶梯踏板、扶手带、梳齿板和裙板、裙板与梯级间的间隙。"五确认"即:

(1)确认上下出入口踏板及不锈钢装饰板位置正确,无破损。

(2)确认梳齿板和梯级无缺齿,梯级凹槽内及梯级周边缝隙内无杂物,如有则除去(图2-21)。

图 2-21　检查异物

(3)确认自动扶梯周围的安全设施(三角区护板,防止进入自动扶梯的围栏、隔板及防护网)有无破损等异状,如图2-22、图2-23所示。

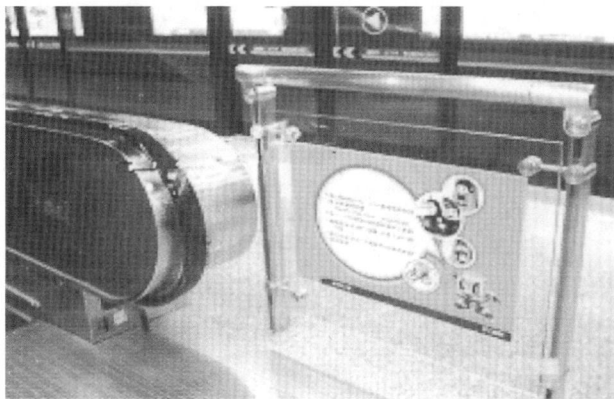

图 2-22　防止进入自动扶梯的围栏

图 2-23　三角区护板

（4）确认粘贴在自动扶梯出入口的检验合格证、使用说明（示意图）清晰明确无破损，警示标志牌完好，位置正确，如图 2-24 所示。

图 2-24　检验合格证、使用说明

（5）确认紧急停止按钮（紧停按钮）处于正常状态。如果处于被按压状态，必须将其恢复到正常状态，如图 2-25 所示。

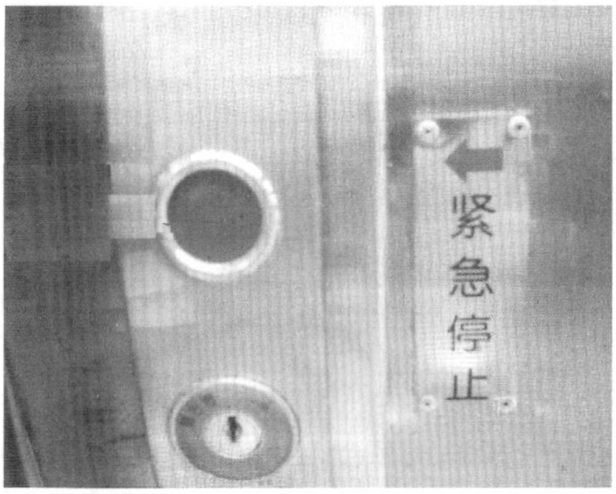

图 2-25　紧急停止按钮

实训工作页 2-1 自动扶梯操作

作业项目	操作步骤
开启自动扶梯	(1)将钥匙插入操作盘上的报警停止开关,鸣响警铃,发出信号后开始运转,放手后钥匙回到中央位置,将其拔出。 (2)确认自动扶梯的踏板和梯级上没有乘客,将钥匙插入运行开关,向需运行方向(上或下)旋转,自动扶梯开始运转,待运行稳定后放手,钥匙自动回到中央位置,即可将其拔出(启动时一只手旋转钥匙,另一只手轻按在紧急停止按钮上,当出现异常时,及时按住紧急停止按钮)。 (3)启动后确认自动扶梯踏板和扶手带是否正常,如有异常声响或振动,要立即按动紧急停止按钮,使自动扶梯停止运行,同时通知维修人员。 (4)确认正常运转后,再试运转 5～10min。 (5)如果试运转中按动紧急停止按钮,在问题处理完毕后,必须将红色罩复原。 开启自动扶梯操作如图 2-26 所示  图 2-26 开启自动扶梯操作
正常关闭自动扶梯	(1)确认有无异常声响或振动,如有问题则关闭自动扶梯。 (2)停止之前,不允许乘客进入自动扶梯的梯口。 (3)将钥匙插入报警停止开关,鸣响警铃。 (4)确认自动扶梯踏板和梯级上无人后,用钥匙开启停止开关,自动扶梯停止运转。 自动扶梯正常关停操作如图 2-27 所示。

续上表

作业项目	操作步骤
正常关闭 自动扶梯	 图 2-27　自动扶梯正常关停操作 （5）一天的正常运行结束后须认真检查并清扫自动扶梯踏板、扶手带、梳齿板、裙板以及自动扶梯下部专用房。 （6）正常停止自动扶梯后，应采取措施，设置停止使用牌等挡住乘梯口，防止乘客将其当作楼梯使用。 自动扶梯防护设置如图 2-28 所示  图 2-28　自动扶梯防护设置
紧急停梯	正常情况下，必须使用钥匙开关自动扶梯，严禁非紧急情况使用紧急停止按钮停梯。 运行期间，如有下列一种或多种情况出现，必须立即关停自动扶梯：

作业项目	操作步骤
紧急停梯	①扶手带、梯级不同步； ②运行状态不正常或声音异常； ③梳齿损伤，相邻的两个或多个梳齿折断； ④扶梯突然反向运行； ⑤运行过程中乘客摔倒，发生乘客推挤； ⑥自动扶梯大量浸水； ⑦其他异常情况。 必须使用紧急停止按钮时，应大声警示乘客"紧急停止，请抓稳扶手"，然后再进行操作，确认人员及设备状况，采取相应应急措施。 （1）现场操作： ①正常状态：平时红色罩呈向外膨胀凸出状。 ②操作时状态：用手指按压，凸起状态变塌陷状态。 ③操作后状态：用手指按压红色罩的周围，使其中部恢复正常状态。 （2）车站控制室操作： ①敲破玻片。 ②按压按钮。 ③复位：拔起按钮。 紧急停梯操作如图 2-29 所示  在出现异常情况必须使用紧急停止按钮时，应大声通知乘客，"紧急停止，请抓稳扶手"，然后再按下紧急停止按钮 紧急停止 图 2-29 紧急停梯操作
扶梯转换 运行方向	（1）将钥匙插入报警停止开关，鸣响警铃。 （2）确认梯级上无人后再用钥匙开启停止开关，自动扶梯停止运行并将钥匙拔出。 （3）待完全停止后，将钥匙插入运行开关，开启需运行方向的开关（上或下），确认正常运转后，将钥匙拔出

三、电梯操作

1.电梯开放使用前的准备

(1)检查电梯各层站有无漏水漏电现象,如有则通知维修人员检查后方可使用。

(2)确认乘客须知清晰,报警电话号码明确清晰。

(3)确认警铃功能完好,报警电话畅通、声音清晰。

(4)用钥匙将开关旋至正常运行位,试乘电梯至所有层站。如有异常应通知维修人员检查修复后方可使用。

(5)检查内外控制按钮功能是否正常,各类显示是否正确。

(6)确认轿厢及层门地槛清洁无异物。

(7)观察开门、防夹光幕、照明、通风、启动、平层等各项功能是否正常,有无异响异味。

2.电梯开放使用期间及关停电梯时的注意事项

电梯开放使用期间,操作人员应经常巡检试乘电梯。关停电梯时,将钥匙开关旋至锁梯位置,轿厢会自动运行至基站并开门,然后自动关门进入锁梯状态,操作人员必须确认轿厢内无人方可离开。

3.电梯操作要求

(1)严禁乘客吸烟、乱丢杂物、乱按控制按钮、倚靠轿厢门、携带危险品、携带超重超长物品。在工作过程中,应与乘客良好沟通。

(2)电梯受控层必须在被控楼层用受控层钥匙开启后方可使用。操作过程中应细致认真,提高安全意识。

(3)清洁电梯时须使用较干的洁具,以免设备部件受潮损坏。

(4)发生火灾时,乘客疏散完毕后按下车控室控制台上的电梯消防开关(红色蘑菇头),进入消防模式。旋转蘑菇头可使开关复位。

(5)如需长时间开门,可按轿厢内的开门按钮或本层的外呼按钮。如长时间站在门中间挡门,易导致死机。工作过程中应作风严谨,有良好的服务意识与安全意识。

4.轿厢内的按钮介绍

轿厢内的按钮一般有报警按钮、楼层选择按钮、开门按钮和关门按钮等,如图2-30所示。

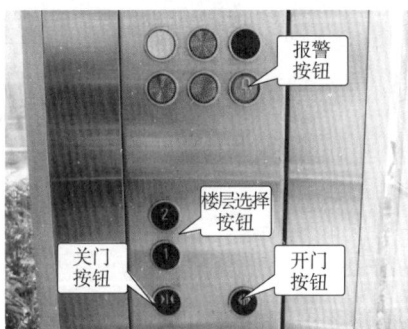

图2-30 轿厢内的按钮

实训工作页 2-2　电　梯　操　作

作业项目	操作步骤	备注
电梯的开启	用钥匙将开关旋至"运行位",试乘电梯至所有层站。如有异常应通知维修人员检查,修复后方可使用。电梯的开启关闭如图 2-31 所示。 电梯开启后,对电梯状态进行检查的主要内容如下: (1)确认外呼盒显示正常(显示轿厢所在楼层); (2)确认乘客须知清晰,报警电话号码明确清晰; (3)确认警铃功能完好,报警电话畅通、声音清晰; (4)试乘电梯至所有层站,确认电梯正常运行	 图 2-31　电梯的开启关闭
电梯的关闭	按压呼梯按钮,轿厢到指定楼层,层门打开,确认轿厢无人,按压楼层按钮选择基站楼层,轿厢运行至基站开门后出梯,并将锁梯钥匙插入钥匙开关转到"停止"位置,出现"暂停"字样后,电梯重新开关门一次;当电梯再次关好门,最后拔出钥匙,操作完毕	

四、轮椅升降机操作

1. 使用注意事项

(1)使用前仔细阅读使用说明。

(2)切勿超载使用,以免发生意外或损坏设备。确认楼梯或导轨上无障碍物,且人员坐稳后,方可开动。

(3)当轮椅升降机运行中发生故障时,乘客可按下黄色召援按钮,此时会响起警报声,请求站务人员帮助。

(4)尽量不要手拉脚踩活动护栏和平台板,当其放置不到位时可手动轻微调整。

(5)当平台开至楼梯中间不能运行时,先按简单故障诊断方法检查,仍无法恢复的须联系专业设备调试人员进行检修,切勿硬推硬拉平台。

(6)清洁导轨时(兼楼梯扶手),不要触摸导轨两端头下方的充电接触块,以防发生意外。

2. 运行前检查

(1)检查平台所在端站附近的电源盒,有一绿一黄两个指示灯,绿灯表示供电正常,黄灯显示充电情况。当黄灯快速闪动表示正在充电,慢速闪动或长亮表示电充满。

(2)确认导轨及楼梯上无障碍物。

实训工作页 2-3　轮椅升降机操作

作业项目	操作步骤
正常操作	【安全提示】操作前务必确认乘客状态及周边环境安全,操作中全程监护,安全责任重大。 【职业能力】增强安全操作意识、乘客服务意识,提高规范执行能力。 (1)接到乘客要求开梯后,将钥匙插入楼层召唤平台控制屏锁控开关并打开,利用控制屏,在上端和下端均可召唤升降平台。操作方法是将控制屏上的钥匙旋转到 I 位置,按住向上或向下键,大约 2s 后,升降平台启动,进行试运行并确认紧急键有效,利用控制屏控制升降平台来到乘客乘坐地点。 (2)如升降平台不在本层,应按住控制屏运行键将平台召唤至本层,松开运行键,按下平台打开键,平台打开。平台放不到位时可轻微手动调整到位,但不可硬拉硬踩。当平台在上端上客时,楼梯侧的护栏会停在水平位置,以防将轮椅推出平台摔下楼梯。 【设计理念】此设计细节体现了对乘客(尤其是轮椅使用者)安全防护的人性化理念。 (3)翻下平台折凳供无轮椅人员使用。对于使用轮椅的,应将轮椅停放在平台中间,确保轮椅和踏脚板不靠近平台的挡板或边缘,开启轮椅制动器,关闭动力源。 【规范操作】此步骤是防止设备滑动引发危险的关键,必须严格执行。 【人文关怀】主动询问乘客需求(如是否需要协助固定轮椅、告知注意事项),操作过程中保持耐心、友善沟通。 (4)轮椅锁定放置在平台上后,运行前提示乘客不要将松散衣物及手脚靠近导轨、不要放置在护栏上或平台外。 【安全提示】操作员须牢记"生命至上"原则,确保乘客肢体远离机械运动部件,体现轨道交通服务的人文关怀与职业素养。 (5)观察平台运行方向,确保无影响安全的人和物,按住控制屏方向运行键(或由乘客自主操纵平台上的上/下绿色键控制平台运行),如图 2-32 所示。到达目的地后释放按钮。平台运行中会有蜂鸣声以提示楼梯上的其他人员注意。 【公共安全】运行警示是保障其他乘客安全的重要措施。 a)升降平台运行键　　b)乘客自主使用运行键情景 图 2-32

续上表

作业项目	操作步骤
正常操作	 c) 车站工作人员协助使用 图 2-32 轮椅升降机 (6) 到达端站时须持续按住运行按钮,待坡板和扶手自动打开后,乘坐人员离开平台,关闭折凳。 (7) 在楼层召唤平台控制屏上,按下平台收起键将底板及护栏完全收起合拢。 (8) 不用时应把平台放置在上端或下端站,并确认电源盒上黄灯闪亮,保持蓄电池电量充足,保证随时可以使用。 【设备保障】设备良好的备用状态是服务连续性的基础。 (9) 当蓄电池电量不足时,低电量蜂鸣器会报警,此时应立即将平台开至端站充电

任务 2-4 电扶梯系统设备故障应急处置

【工具准备】 相关钥匙、实训设备。

【知识准备】 任务一、任务二中理论知识以及任务三基本操作内容。

【实施方式】 分组演练,6 人一组,分别扮演站务员、客运值班员、行车值班员、值班站长、乘客、维修人员。

一、故障处理原则

在运营期间对电梯故障的处理要求是"先修复后分析"。维修人员接到故障报告后应在 30min 内赶到现场并进行处理。当维修人员无法处理故障而需要由技术人员处理时,技术人员应在接到通知后 1h 内赶到现场协助处理。故障处理完毕后,维修人员向维修调度员汇报消除故障号并填写故障处理记录。重大设备故障由技术人员进行分析并提供故障处理分析报告,以避免出现同类故障,同时制定故障处理工艺。故障分析报告存入资料档案。

二、抢修组织流程

（1）车站系统设备发生故障后，由维修调度员判断是否为重大故障，是否需要立即进行抢修。

（2）若为车站系统设备一般故障，在故障接报后，由工班长根据实际情况及当日的排班情况，派遣维修人员进行故障维修。若维修人员不能解决，工班长或技术人员必须到场协助解决。

（3）若为重大故障，维修调度员通知上级生产调度员进行抢修组织，生产调度员接报后按就近原则组织电力、电扶梯系统维修人员第一时间赶赴故障现场。同时通知维修工班长、专业工程师等专业维修人员参加抢修。

（4）首先到场的专业维修人员应向控制中心维修调度员申请进行抢险作业。

（5）原则上专业工程师或工班长为现场抢修负责人，抢修人员必须服从现场抢修负责人的命令，不得各自为政。

（6）抢修作业完成后，由现场抢修负责人报告抢修情况，同时向维修调度员报告抢修结束。

实训工作页2-4　常见故障应急处理

故障设备	故障现象	操作步骤
自动扶梯	不能启动	（1）看扶梯运行指示灯是否亮。 （2）检查上下端梳齿板有无卡夹杂物，扶手带上下出入口有无卡夹杂物，清理后可试开。 （3）扶梯试开必须开上行，需开下行的可用钥匙停梯后再开下行。 （4）不能启动的或启动后在1h内再次停止的，需报修。 （5）如临时出现故障须先停梯后报修
	突然停梯	现场工作人员应及时切断自动扶梯控制电源，及时报修，做好相应的防护措施和告知
	夹入异物	应立即按下紧停按钮或切断总电源开关，根据夹入异物的情况和程度，对异物进行取出处理；如能顺利取出，对扶手带装置、安全保护开关等有关部位进行检查，确认正常后重新启动自动扶梯；如果异物不能顺利取出，做好相应的防护措施和告知，等维修人员进行处理
	运行异常	自动扶梯在行驶中有异常声响、异味、不正常振动和摩擦、梯级或踏板有较大跳动、扶手装置及裙板有"麻电"感觉现象，应立即按下紧停按钮，停止自动扶梯运行，如按下紧停按钮仍无法停止，应切断供电总电源开关，做好相应的防护和措施告知，并立即通知专业维修人员进行检查维修
电梯	不能运行	（1）看电梯楼层显示是否亮，显示什么内容。 （2）确认电梯受控层(可通向付费区的楼层，一般为站台)开关是否打开。 （3）电梯门有无常开，检查地槛槽内及门边有无卡夹杂物。 （4）确认车控室控制台上电梯消防按钮(黄底红蘑菇头)没有被按下。 （5）报修

故障设备	故障现象	操作步骤
轮椅升降机	平台无反应	(1)如平台上钥匙开关没旋至 I 位,将钥匙旋至 I 位。 (2)如钥匙未插在控制盒上,将钥匙插在平台的控制开关上。 (3)看紧停开关是否动作;轻旋紧停使之复位。 (4)检查操作控制器是否损坏;更换或修理操作控制器
	平台底板展开但不能启动	(1)看护栏是否放置到水平位置。如不平,则轻微手动帮助护栏放置在水平位置。 (2)看左右侧板动作是否灵活。如不灵活,则轻微转动侧护板
	平台底板及护栏不能自动折叠和展开	(1)检查是否有其他控制钥匙在控制盒的 O 位。正确使用钥匙。 (2)检查控制盒电池电量是否充足。如电量不足,则更换电池

实训工作页 2-5　典型事故应急处理

设备	应急情况	操作步骤
自动扶梯	车站火灾或地震	(1)火灾时操作人员应使扶梯朝方便站内人员疏散的方向运行,如不能换向运行就关停扶梯充当固定楼梯使用。 (2)人员疏散完毕后立即关停扶梯,并切断电源。 (3)发生地震时应立即通过车控室内 IBP 盘上的紧停开关关闭所有扶梯
	紧急情况下的应对	(1)发生紧急情况时(例如乘客摔倒或手指、鞋跟被夹住),应立即呼喊梯级出入口处的人员按动红色紧急按钮,关停扶梯。正常情况下勿按此按钮,以防扶梯突然停止使其他乘客因惯性而摔倒。 (2)自动扶梯造成客伤时,应立即关停扶梯,报维修人员,确认修复后方可启用。 (3)发生火灾、地震、水淹事故(例如水管破裂)时,请勿搭乘扶梯,应通过消防楼梯疏散人员
	自动扶梯机舱火灾	(1)按下自动扶梯"紧急停止"按钮,关停扶梯。 (2)断开自动扶梯电源。 (3)一人使用专用钥匙缓慢打开机舱盖板,另一人做好扑救准备。 (4)灭火、保护现场,及时汇报火情
电梯	车站火灾或地震	(1)轿厢内的乘客应就近到达安全楼层,尽快撤离。 (2)电梯操作人员尽快按动"消防开关",使电梯进入消防运行状态。当电梯到达基站且乘客全部撤离轿厢后,切断电梯电源。 (3)火灾或地震发生后,应请电梯维修人员严格检查或修理电梯后方可重新投入运行
	当电梯井道内进水时	(1)电梯操作人员应将电梯开至高于进水的楼层后立即切断电梯电源。 (2)如水已经将轿厢淋湿,应立即就近停靠电梯,切断电梯电源,并悬挂警示牌;组织人员堵水源,清理现场。 (3)水灾过后,应请电梯维修人员严格检查或修理电梯后方可重新投入运行

续上表

设备	应急情况	操作步骤
电梯	电梯火灾	(1)电梯操作人员尽快按动"消防开关"，使电梯进入消防运行状态。用专用钥匙将无障碍电梯停用。 (2)当电梯到达基站且乘客全部撤离轿厢后，切断电梯电源。 (3)一人使用专用钥匙缓慢打开无障碍电梯轿厢门及楼层门，另一人做好扑救准备。 (4)如电梯轿厢着火，应使用层门附近的绝缘灭火器灭火，保护现场并及时汇报火情
轮椅升降机	碰撞障碍物	当有障碍物碰撞左右侧护板时，会触动安全开关使平台急停，在清除障碍物后，需向反方向开行一小段距离，使保护程序复位，再向需开行方向运行
轮椅升降机	途中故障	(1)在运行中发生停车或不能自动打开扶手的故障时，启动手动打开扶手和坡板功能。在平台控制屏背后有应急释放按钮，按住应急释放按钮并抬起扶手，坡板同时降低，扶手保持打开状态。 (2)帮助乘客离开平台。 (3)用同样方法将另一扶手打开。 (4)抬起平台外边缘的底部，手工折叠平台底板到垂直位置，报告维修调度员通知电梯维保单位抢修

实训工作页2-6　事故及故障时各岗位应急处理程序

事故设备	作业岗位	处理程序
自动扶梯	站务员 （或首先赶到的员工）	(1)自动扶梯现场发现或接收到扶梯发生人员伤亡事故的信息后，立即到现场处理。 (2)视情况按下紧急停止按钮（按下前大声通知乘客"紧急停止，请站稳扶好"）。 (3)请现场的其他乘客协助救助当事人，将当事人平抬出扶梯，并挽留至少两名目击者做证人。 (4)报告车控室。 (5)将目击证人移交给客运值班员。 (6)协助值班站长处理现场
自动扶梯	行车值班员	(1)通知值班站长、客运值班员到现场处理，安排人员到现场维持秩序，封锁现场。 (2)报行车调度员、维修调度员、地铁公安、120（视现场情况定）。 (3)暂停使用扶梯，并做好防护，未得到事故处理负责人的允许，严禁任何人动用该扶梯
自动扶梯	客运值班员	(1)到现场负责专项跟进目击证人工作，并将目击证人带到会议室记录目击经过。 (2)请目击证人写下个人的真实资料并保管好。 (3)需要时移交给公安处理
自动扶梯	值班站长	(1)担任事故处理负责人，负责现场事故的处理，协调各岗位工作。 (2)确认当事人的伤势情况，进行紧急救助（简单地包扎等），用担架将其送到出口外等候救护车。 (3)组织进行物证、人证的取证工作

事故设备	作业岗位	处理程序
电梯	站务员	(1)当在使用中发生事故时,应保持镇定,安抚好乘客,及时利用警铃、对讲设备等报警。 (2)发现电梯发生安全事故时,应立即到梯前确认梯内是否有乘客(人数、有无受伤等),并通过对讲设备安抚乘客,使乘客保持镇定,严禁擅自采取行动。 (3)报告车控室。 (4)等候车站派人救助
	行车值班员	(1)立即通知值班站长、客运值班员到现场处理。 (2)报维修调度员、行车调度员、地铁公安、120(视现场情况定)。 (3)安排人员做好现场防护,严禁任何人操作该电梯。 (4)保持与现场的联系
	客运值班员	(1)协助值班站长处理。 (2)安抚电梯内的乘客,防止乘客采取不恰当的自救,以免事态扩大。 (3)维持好现场秩序
	值班站长	(1)到现场实施救助。 (2)当事人被解救出后,对伤者进行救助;当事人没有受伤的,带到会议室记录情况。 (3)车站无法救助时,求助专业人员进行救助
轮椅升降机	站务员	(1)报告车控室。 (2)安抚乘客保持镇定。 (3)和其他工作人员一起抬乘客到乘坐终点
	行车值班员	(1)通知值班站长到现场处理。 (2)报告维修调度员
	客运值班员	(1)协助值班站长处理。 (2)维持好现场秩序
	值班站长	(1)现场指挥处理,确保当事人安全的情况下组织人力抬当事人上去或下来。 (2)向当事人表示歉意

实训工作页 2-7 电梯关人时的救援

当电梯发生故障停止(或停电)时,首先通过轿厢监视器或车控室内电梯紧急电话确认电梯是否关人,同时通知维修人员,尽快到现场检修处理。如确定有人被困,站务人员处理程序如下。

处理步骤	救援方法
第一步	通过车控室内控制台上的紧急电话安抚受困人员,通过询问和轿厢内的监视器了解现场情况,并安抚受困人员保持冷静,耐心等待维修人员,不要自行扒撬轿门,应手握扶手靠轿壁站立
第二步	在安抚受困人员的同时,另一站务人员拨打电梯公司报警电话或维保人员电话,并记录时间
第三步	站务员通知设备维修调度员,由其通知电扶梯工区,派人尽快赶到现场

续上表

处理步骤	救援方法
第四步	站务员携带全套电梯专用钥匙(包括三角钥匙、控制柜钥匙、锁梯钥匙及受控层钥匙),在关人电梯的顶层厅门处等待
第五步	先到达的持电梯操作证人员向现场站务员询问情况后,按电梯控制柜中张贴的紧急救助程序进行操作,尽快将被困人员救出
第六步	如站务员使用电梯控制柜中张贴的紧急操作不能救出乘客,应继续安抚受困人员,等待电梯公司维修人员赶到后配合解救
第七步	被困人员被救出后,要求电梯公司维保人员全面检修电梯及提供全面详细的事故分析报告

注:1. 只有通过专门培训的持电梯操作证人员方可对电梯执行紧急放人操作,如电扶梯专业操作人员或维保人员。

2. 轿厢内,长按黄色报警按钮可呼叫车控室内控制台上的紧急电话,按钮上方多孔处为话筒。

知 识 巩 固

一、填空题

1.按驱动装置位置的不同,自动扶梯可分为＿＿＿＿＿＿自动扶梯和＿＿＿＿＿＿自动扶梯。

2.在出现异常情况下,必须使用自动扶梯紧急停止按钮时,应大声通知乘客＿＿＿＿＿＿,然后再按下紧急停止按钮。

3.电梯轿厢内的按钮一般有＿＿＿＿＿＿按钮、＿＿＿＿＿＿按钮、＿＿＿＿＿按钮和＿＿＿＿＿按钮等。

4.＿＿＿＿＿是带有循环运行梯级,向上或向下倾斜运送乘客的固定电力驱动设备。

5.自动扶梯的控制方式包括正常情况下控制方式、紧急情况下控制方式和＿＿＿＿＿模式。

6.在运营期间对电梯故障的处理要求是:＿＿＿＿＿＿＿＿＿＿＿＿。

7.站厅与站台间应设上行自动扶梯,高差超过＿＿＿＿＿时,上下行均应设自动扶梯。

8.自动扶梯紧急停止按钮正常状态为:平时红色罩呈＿＿＿＿＿状。

9.关停电梯时,操作人员必须确认轿厢内＿＿＿＿＿方可离开。

10.轮椅升降机切勿＿＿＿＿＿使用,以免发生意外或损坏设备。

二、选择题

1.根据无障碍设计要求,在车站站厅层至站台层之间宜设(   ),以方便残疾人乘客及携带重行李乘客的通行。

　　A.垂直电梯　　　B.轮椅升降机　　　C.楼梯　　　D.自动扶梯

2. 当车站出入口的提升高度超过( )时,除设上行自动扶梯外,宜设下行自动扶梯。

    A. 5m   B. 6m   C. 8m   D. 12m

3. 在紧急情况下,电梯接收( )信号,电梯自动运行到基站,开门后停止运行。

    A. BAS   B. FAS   C. IBP   D. PSD

4. 自动扶梯额定速度宜采用( )。

    A. 0.50m/s   B. 0.55m/s   C. 0.65m/s   D. 0.75m/s

5. 自动扶梯相对布置时,两自动扶梯工作点间距离不小于( )。

    A. 12m   B. 16m   C. 8m   D. 19m

6. 自动扶梯的踏面至顶部建筑物底面垂直净高度不应小于( )。

    A. 1500mm   B. 2300mm   C. 2050mm   D. 1900mm

7. 自动扶梯安全保护系统的作用是,当自动扶梯处于( )状态时,安全装置使其自动停止。

    A. 不安全   B. 运行   C. 启动   D. 停止

8. 电梯运行的质量主要取决于( )的安装质量。

    A. 轿厢   B. 对重   C. 导轨   D. 安全钳

9. 下面哪些乘客可以使用自动扶梯( )。

    A. 赤脚者   B. 携带大件行李者

    C. 儿童独自一人   D. 穿裙子的乘客

10. 正常停止自动扶梯后,应采取措施,设置( )等挡住乘梯口,防止乘客将其当作楼梯使用。

    A. 告示   B. 广播   C. 人员   D. 停止使用牌

三、判断题

1. 在曳引式电梯中,轿厢与对重能做相对运动是靠曳引绳和曳引轮间的摩擦力来实现的,这种力称为曳引力。 ( )

2. 正常情况下,自动扶梯在进行启动、停止、换向操作前,必须确保梯级和扶手带上无人无物。 ( )

3. 紧急停止按钮正常状态为:平时红色罩呈向外膨胀凸出状。 ( )

4. 正常情况下可以使用紧急停止按钮停梯。 ( )

5. 电梯正常情况下操作模式是完全对外开放的,由使用者进行操作。 ( )

6. 作为事故疏散用的自动扶梯,应采用一级负荷供电。 ( )

7. 梯级两侧的毛刷用来警戒正确的站立区域,从而防止乘客接触到裙板被绊倒。 ( )

8. 地铁车站应采用无机房电梯,当无法满足无机房电梯布置要求时,宜采用液压电梯。 ( )

9. 电梯开放使用期间,操作人员应经常巡检试乘电梯。 ( )

四、简答题

1. 自动扶梯的整体结构主要由哪几部分组成？
2. 无机房电梯主要由哪几部分组成？
3. 电梯运行控制有哪几种方式？
4. 简述曳引电梯工作原理。
5. 运营期间,遇哪些情况,必须立即关停自动扶梯？
6. 电梯启动后,需对电梯状态进行哪些检查？
7. 简述自动扶梯启动前的准备工作。
8. 简述自动扶梯的开启操作步骤。
9. 简述自动扶梯的关闭操作步骤。

项目 3
站台门系统设备

知识目标

1. 掌握站台门系统的概念、分类及其功能。
2. 掌握站台门系统的门体结构,了解门机驱动系统。
3. 明确站台门控制系统的等级关系与基本功能。

能力目标

1. 能够对站台门进行快速实际操作。
2. 能够对站台门常见故障进行应急处理。
3. 能够完成站台门的实操考核。

素养目标

1. 具备良好的安全意识与职业责任意识。
2. 具备应变能力,高效处理异常情况。
3. 具备团队合作与沟通能力,以便协同作业。

建议学时

12 学时

知识体系与技能要求

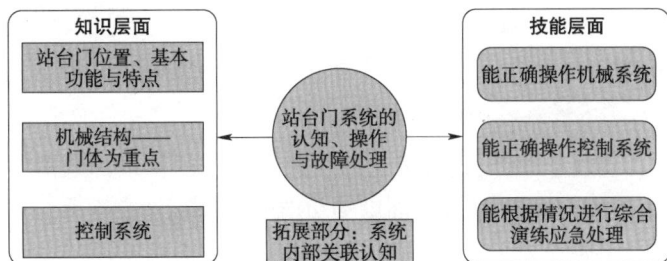

知识层面		技能层面
站台门位置、基本功能与特点		能正确操作机械系统
机械结构——门体为重点	站台门系统的认知、操作与故障处理	能正确操作控制系统
控制系统	拓展部分:系统内部关联认知	能根据情况进行综合演练应急处理

提示:站台门品牌不同,设备的名称与形式略有差别,因此不同的公司对设备的处理流程略有差异。请同学们在学习过程中抓住重点,无须纠结于具体样式。本项目主要以北京地铁某品牌站台设备为例。

任务3-1 站台门预备知识学习

一、站台门概述

思考

站台门位于车站的什么位置? 你见过何种形式的站台门? 它的作用有哪些?

如图3-1所示,根据《地铁设计规范》(GB 50157—2013),站台门是安装在车站站台边缘,将行车的轨道区与站台候车区隔开,设有与列车门相对应、可多级控制开启与关闭滑动门的连续屏障。站台门有时也称站台屏蔽门。

二、站台门系统分类

站台门系统分为封闭式站台门和开放式站台门。

1.封闭式站台门

封闭式站台门是安装于地铁车站,具有全封闭密封性能的站台门系统,如图3-2所示。

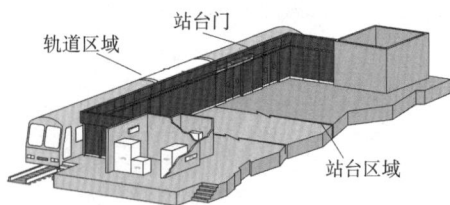

图3-1 站台门的位置

图3-2 封闭式站台门系统

2.开放式站台门

开放式站台门分为全高站台门和半高站台门。

(1)全高站台门,安装于地铁、轻轨等轨道交通车站。门体顶部距离站厅顶面之间有一段不封闭空间,不具有密封性能,其总体高度为2050mm,如图3-3所示。

(2)半高站台门,主要安装于地铁、轻轨等轨道交通地面站或高架站,不具有密封性能。其总体高度为1500mm,如图3-4所示。

图 3-3　全高站台门

图 3-4　半高站台门

三、站台门功能

> **知识探索**
>
> 　　在保证乘客安全的前提下，为了降低地铁的运营管理成本，东京地铁在南北线上安装了开放式站台门。在东京地铁南北线上，站台几乎都设在 400～500m 半径的曲线上。车辆远期编组是 8 辆（初期 4 辆），每节车辆长度 20m，列车长度为 160m。为保证乘客安全需配大量站务人员。自从设置了站台门之后，一般情况下只需司机一人操作就可保证乘客安全。站台上无须站务人员接发列车，进行监视，从而减少了站台上的工作人员，大大降低了地铁的运营管理成本。
>
> 　　在我国香港特别行政区，站台门一般为封闭式站台门。封闭的站台门能够大大降低冷源的流失。北京有几条线路从原来的全高站台门改为封闭式站台门。
>
> 　　设置站台门的意义重大。北京地铁 13 号线等线路虽然面临施工的巨大困难，但仍然增设了站台门，以保证乘客的安全。
>
> 　　通过以上描述，请同学们总结出站台门最重要的三个功能。

根据以上介绍，我们发现站台门最重要的功能有以下三个方面：

（1）保证站台设施和人员的安全，包括乘客安全和运营公司的运营安全。

（2）降低运营管理成本，包括夏季空调的运行成本与人力成本。

（3）保持良好的站台环境，在美观、降噪等方面起改善作用。

南北方站台门有一定的差别，比如南方大都是封闭式站台门，主要考虑车站站台与隧道内冷热气流交替，而北方通常不采用全高站台门；高架站、地面站与地下站也有区别，前两者基本都采用半高站台门。

> **练一练**
>
> 　　如果你对以上内容已经深入了解，请结合身边实际地铁线路介绍你见过的不同类型的站台门。

四、站台门机械结构

站台门系统一般由机械和电气两大部分构成。机械部分主要包括门体结构和门机驱动系统。电气部分包括控制系统、监视系统及电源系统。具体构成如图 3-5 所示。

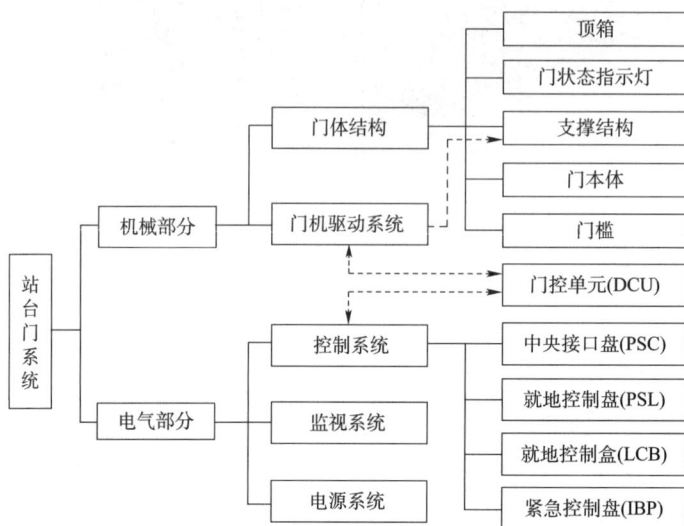

图 3-5　站台门系统结构

门体为乘客所见的机械部分,门机驱动系统则是使门体运转的机械驱动系统。

1.门体结构

门体结构为乘客在站台可直观看见的部分,主要由顶箱、门状态指示灯、支撑结构、门本体、踢脚板、门槛等部分组成,如图 3-6 所示。

图 3-6　站台门门体结构

（1）顶箱。顶箱上可装设一些导向标识,但其主要功能是对内部部件进行密封保护,并采用防电磁干扰措施。此外,顶箱内装有重要的机械部件,保证门体的自动开关。

（2）门状态指示灯。在顶箱的上侧方有一个用于照明的设备灯带,灯带可以帮助乘客更好地识别顶箱表面内容。其具体位置如图 3-7 所示。灯带是站务员巡检的内容之一,当发现有灯源损坏,应及时通知相关人员进行维护和更换。

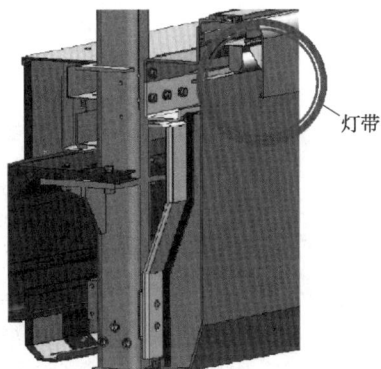

灯带

图3-7 站台门灯带位置

知识拓展

门状态指示灯的大作用

门体上的状态指示灯是一个看起来不起眼却具有重要作用的设备。它能够帮助工作人员快速辨别各个门的状态。以某品牌的站台门为例:

①执行开门命令:在滑动门开门过程中,门状态指示灯闪烁,在滑动门全开后常亮。

②执行关门命令:在滑动门关门过程中,门状态指示灯闪烁,在滑动门关闭后熄灭。

③当滑动门内部有故障时,门状态指示灯闪烁(快速闪烁)。

练一练

请同学们课后观察所在城市地铁线路上的站台门状态指示灯,留意不同内涵,并记录在表3-1中。

课后调研 表3-1

线路(品牌)	闪烁	亮	灭	其他
_____号线				
_____号线				

【职业素养】准确快速识别各类状态灯信息,是值班人员应具备的专业能力,也是高度责任心的体现。

---

(3)支撑结构。站台门的支撑结构包括立柱、底座以及支撑组件。底座通过绝缘件与站台板进行螺栓连接,既保证牢固可靠,又可以保证站台门系统与站台板地面绝缘隔离。

（4）门本体。它是站台门机械结构中最重要的组成部分，按照结构和功能一般可分为滑动门（ASD）、固定门（FIX）、应急门（EED）、端门（MSD）四种，部分站台包含司机门（DSD）。具体如图3-8所示。

图3-8　站台门门本体

（5）踢脚板。它采用的是不锈钢材料，主要是用来提高站台门的强度，防止乘客有意或无意地踢脏或踢碎门体玻璃。

（6）门槛。它采用铝合金材料，表面用一种凸凹结构作防滑处理，门槛位于所有能够滑动的门体下端，这些地方是乘客最有可能踩踏的区域。门槛主要用以避免乘客经过时发生不必要的摔倒，同时它与站台板进行绝缘固定，以防止乘客触电。

四种门本体在站台上的布置如图3-9所示。

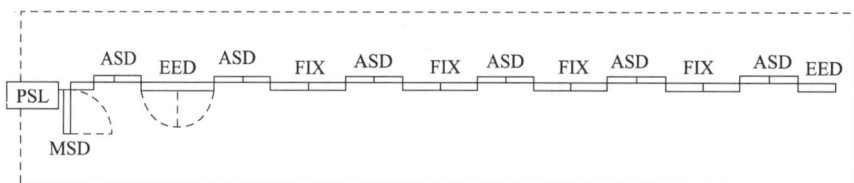

图3-9　站台门门本体布置

滑动门（ASD）：滑动门的数量应与列车一侧客室门数量一致，位置对应。正常情况下，滑动门的开与关应由门机总承的驱动机构操作，由门控器DCU（Door Control Unit）控制。在紧急情况下应能实现如下功能：在轨行区侧乘客可操作设置在门扇上的把手手动开门，在车站站台侧车站乘务员可用专门钥匙手动开门。

站台门障碍物探测

滑动门一般设有障碍物探测功能，其能探测到的最小障碍物一般为5mm（厚）×40mm（宽）。

当滑动门关门受阻时，门操作机构能通过探测器检测到有障碍物并立即释放关门力，停顿2s后门全开，然后再次关门。重复关门三次仍不能关闭，则滑动门全开并进行报警，等待工作人员处理。

思考

站台门夹人事件屡有发生,你知道原因有哪些吗? 这些案例警示了什么?

固定门(FIX):它设置在双扇滑动门之间,根据滑动门的间距,在满足门本体结构强度、刚度的前提下,根据轨行区边墙侧灯箱广告的可视性及视觉观感的要求,可将固定门进行分块或不分块处理。

应急门(EED):在门本体结构中应设置应急门,不带动力。每节车厢至少对应一扇应急门,在应急情况下使乘客能在轨行区侧手动打开逃生,如图3-10、图3-11 所示。

应急疏散门
手动开门

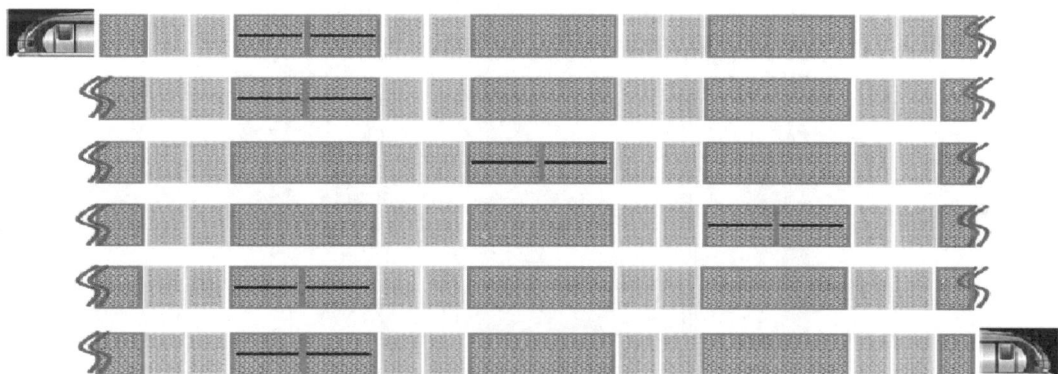

图3-10 应急门布置图

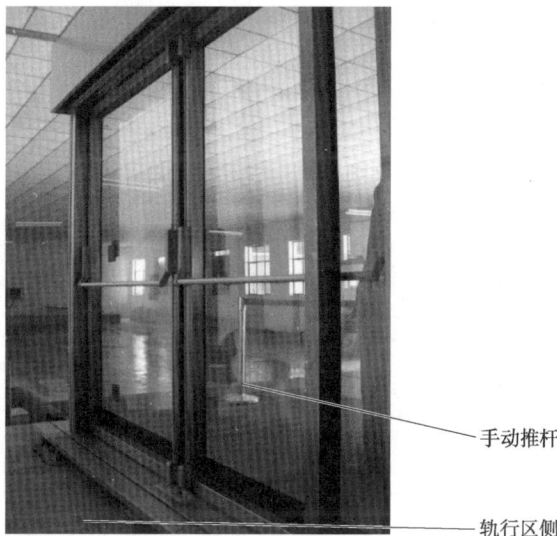

手动推杆

轨行区侧

图3-11 应急门结构图

端门(MSD):它设置在站台端头,正常情况下由列车司机或车站站务员手动打开。其位置如图3-12 所示。

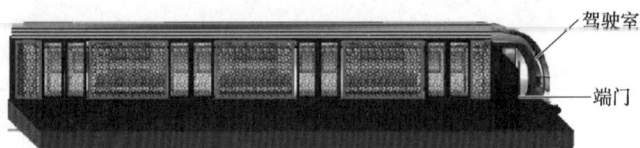

图 3-12　端门的位置

端门手动开门

司机门(DSD):它布置在加长的站台处。当列车不行驶到站台端头即正常停车时,为保证司机能够正常下车完成相关操作,在站台门门体上设置司机门,如图 3-13 所示。

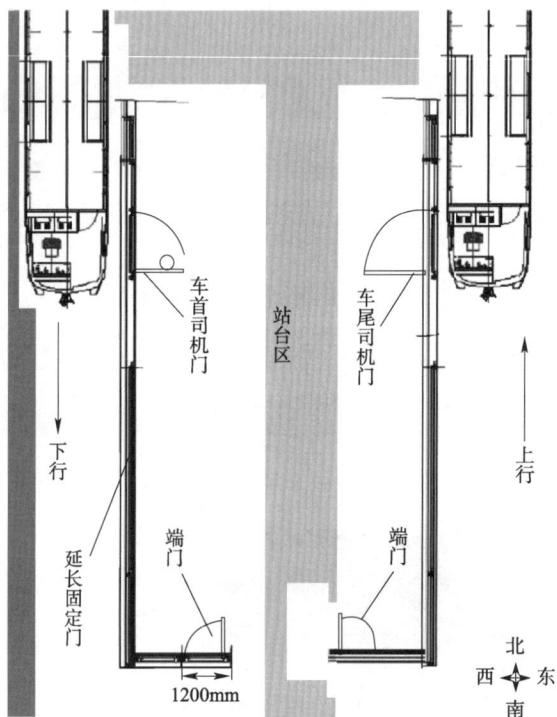

图 3-13　司机门的位置

信息提示

　　此部分内容重要,请同学们牢记各种门本体的名称、英文缩写、基本功能与位置。掌握后,与本项目任务二联系起来进行学习。

2.门机驱动系统

　　站台门的门机驱动系统设置在顶箱内,它由驱动电机(直流电机)、传动装置(皮带或螺杆)、自动锁紧装置及门体悬挂装置组成。其中传动装置分为皮带传动装置和螺旋副传动装置两种。门机驱动系统的结构如图 3-14、图 3-15 所示。

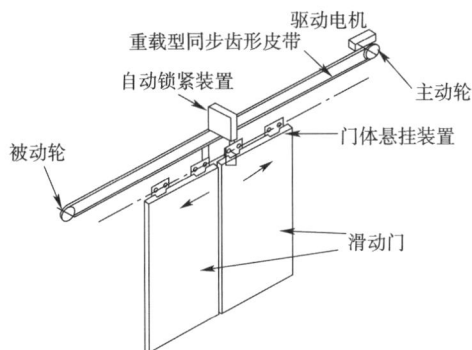

图 3-14 门机驱动系统结构(皮带传动)

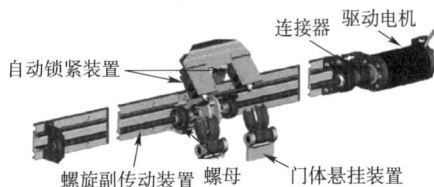

图 3-15 门机驱动系统结构(螺旋副传动)

滑动门(ASD)利用不同类型的门机驱动系统实现门体自动开关。当滑动门收到开关门指令时,电机动作带动传动装置,以门体悬挂装置为基础带动门体开关。

思考

结合图 3-16 两幅实物图,试说明不同类型的门机驱动系统是如何保证门体向不同方向运行的。

a)

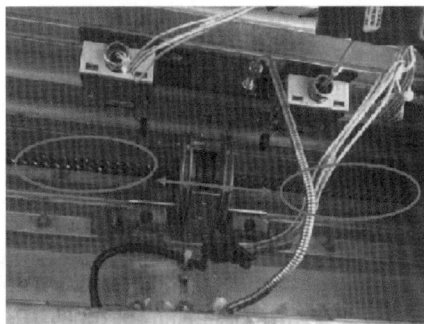

b)

图 3-16 门机驱动系统实物图

五、站台门电气控制系统

站台门的控制模式分为正常运营模式和故障运营模式。正常运营模式分为系统级控制、站台级控制和紧急控制三种级别。故障运营模式分为单挡门就地级和手动级。手动级并非电气操作,但却是控制方式中级别最高的。总的来说,控制系统由中央控制盘(PSC)、就地控制盘(PSL)、综合后备盘(IBP)、就地控制盒(LCB)、门控器(DCU)、通信介质及通信接口等设备组成。

一般来说,除线路两端车站之外,每个车站均设有一套中央控制盘(PSC)控制站台两侧所有的站台门,并且每侧站台门都由一套独立的逻辑控制子系统组成,确保一侧站台门的故障不影响另一侧站台门的正常运行。

站台门控制系统设备在车站的分布情况及各控制单元之间的关系如图 3-17 所示。中央控制盘(PSC)及监控主机一般设在车站站台门设备室内,站台门远程监视系统(PSA)、综合后备盘(IBP)设在车站综控室,就地控制盘(PSL)一般安装在非公共区与轨行方向平行的设备房墙壁上,在站台监控亭里还设有站台门状态报警盘。

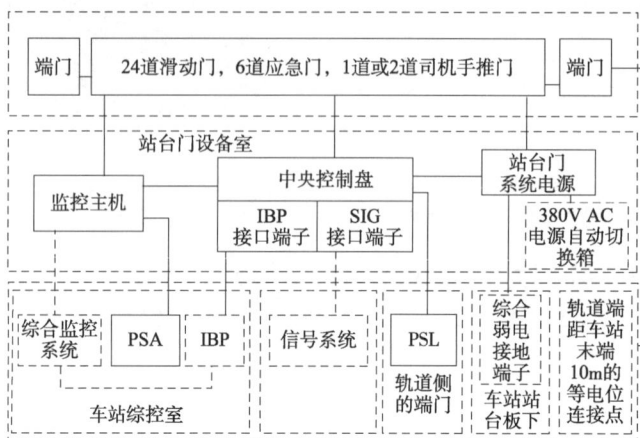

图 3-17　站台门控制系统配置

思考

请根据以上关于站台门电气控制系统的描述,将下面所列的标签画在图 3-18 上的正确位置。

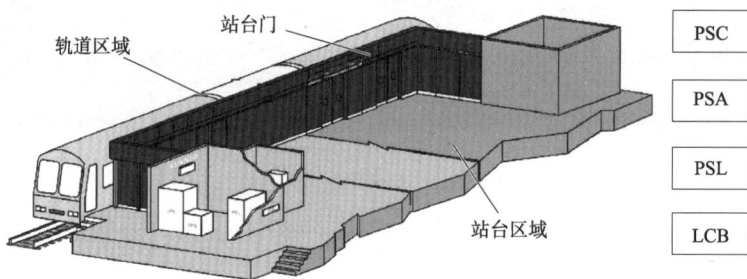

图 3-18　站台门控制系统布局

站台门系统级控制为正常运营模式下站台门采用的控制方式,当列车进站时,经由信号系统通过中央控制盘(PSC)控制站台门,站台级控制则由两侧站台的就地控制盘(PSL)进行控制。

站台门紧急控制通过 IBP 盘上的站台门操作开关对站台门施行紧急控制。

站台门手动级控制通过每个门单元的就地控制盒(LCB)进行开关门操作,或者由工作人员通过三角钥匙进行开关门操作。

各系统的安全等级与控制等级如图 3-19 所示。

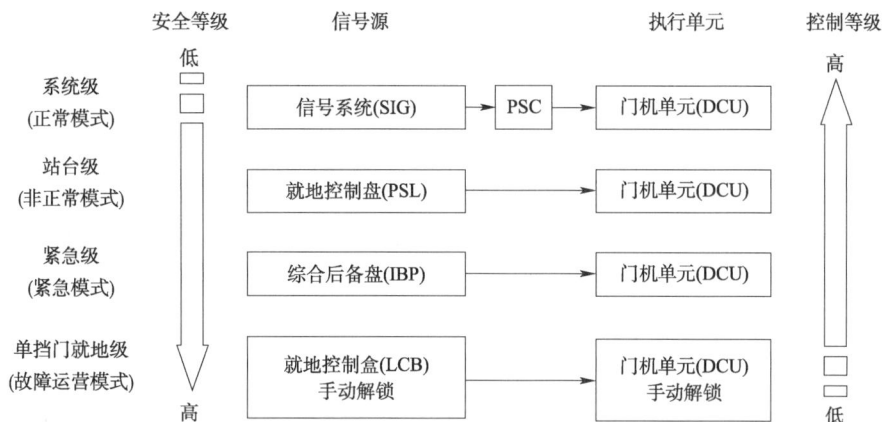

图 3-19　站台门控制系统

（一）正常运营模式下的站台门控制模式

1. 站台门系统级控制——中央控制盘（PSC）

正常情况下通过系统级对滑动门进行控制，PSC 柜安装在站台层端门里的站台门设备间内，由上下行单元控制器和监视系统构成，如图 3-20 所示。每个单元控制器各控制一侧站台的站台门，各单元控制器都配有与相应侧信号系统进行接口的设备。

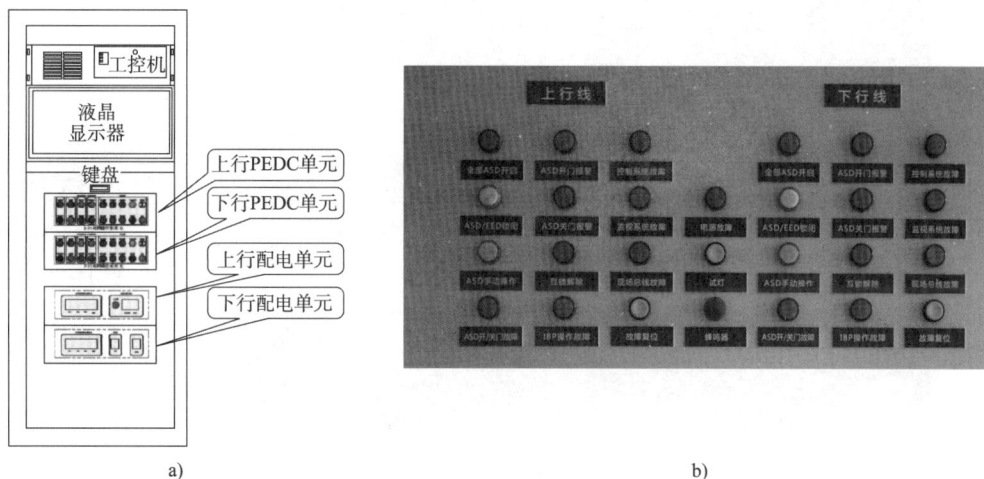

图 3-20　中央控制盘（PSC）

PSC 柜作为站台门的控制核心，对外接收信息系统的指令，对内向 DCU 传达自动开关门命令，无法进行手动操作。站台门的开关均由信号系统通过 PSC 来控制两侧站台门DCU，具体开关门过程如图 3-21、图 3-22 所示。

图 3-21　站台门系统级控制——开门过程

图 3-22　站台门系统级控制——关门过程

除站台门开关门命令外,中央控制盘(PSC)内部能完成与其他系统接口间的联系,如将两侧站台门的状态信息集成,并将信息以每个车站为单位与综合监控系统(ISCS)或环控系统(BAS)进行数据传送。

> **思考**
> 　　根据站台门控制系统的示意图分析,如果 PSC 发生故障,车站工作人员能否通过就地控制盘(PSL)操作两侧的站台门?

2.站台门站台级控制——就地控制盘(PSL)

当站台门出现异常、系统级控制出现故障、信号系统出现故障时,列车司机或站务人员可在就地控制盘上进行开门、关门操作,实现站台门的 PSL 控制操作。

就地控制盘设置在端门里面的墙壁上,具有两方面功能,分别为:一侧门开关门功能与互锁解除功能。就地控制盘如图 3-23 所示。

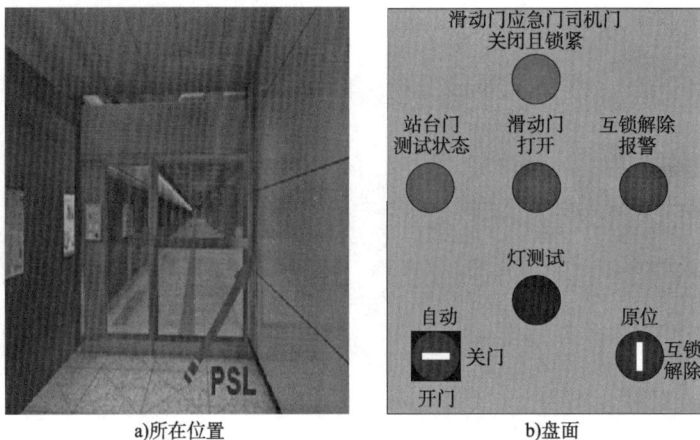

a)所在位置　　　　　　　b)盘面

图 3-23　就地控制盘

PSL 具体操作过程如下:

(1)开门操作:列车司机或站务人员将 PSL 开/关门钥匙开关打到开门位发出开门指令,滑动门开始打开,PSC 面板、PSL 盘、IBP 盘、整合屏上的所有"关闭锁紧"状态指示灯熄灭,滑动门完全打开后,PSC 面板"开门"状态指示灯点亮。

(2)关门操作:列车司机或站务人员将 PSL 开/关门钥匙开关打到关门位发出关门指令,滑动门开始关闭,当站台门全部关闭且锁紧后,PSC 面板、PSL 盘、IBP 盘所有"关闭锁紧"状态指示灯点亮。

(3)互锁解除:门关闭后无法发车或当滑动门全部关闭后,所有"关闭锁紧"信号丢失或信号系统无法确认站台门是否锁闭而不能发车时,列车司机或站务人员在就地控制盘上对"互锁解除"开关进行互锁解除操作,"互锁解除"状态指示灯点亮。

转动互锁解除钥匙可将"互锁解除"信号送到信号系统,当转动的力释放后,钥匙通过自复位功能回到正常位置。

3. 站台门紧急控制——紧急控制盘(IBP)

IBP 盘的控制模式是以每侧站台门为独立的控制对象,在车站紧急情况下(如火灾),在车站控制室操作 IBP 盘上的开门钥匙,打开滑动门。滑动门完全打开后,PSC 面板、PSL 盘、IBP 盘上的"开门"状态指示灯点亮。本控制属于紧急状态下的开门命令,优先级高于站台级控制和系统级控制。

IBP 盘站台门控制盘面如图 3-24 所示。

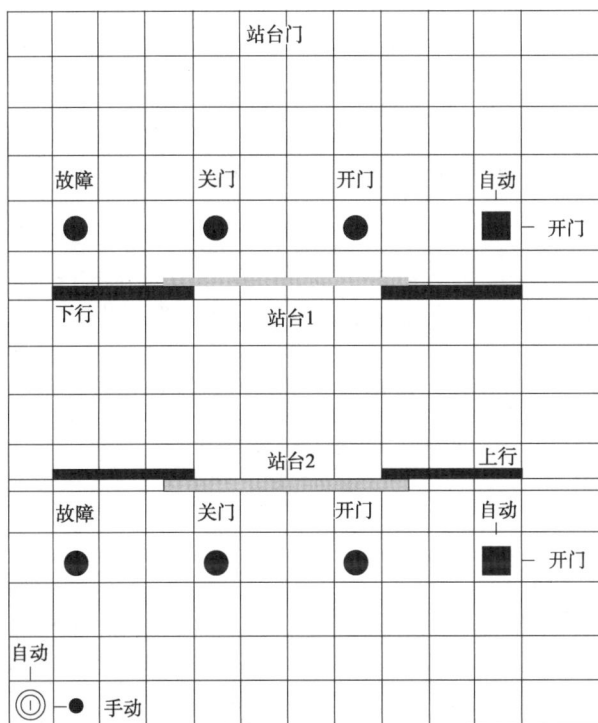

图 3-24　IBP 盘站台门控制盘面

在 IBP 盘上设置开门钥匙、关门钥匙、开门状态指示灯、关门状态指示灯、关门锁紧指示灯。开门、关门状态指示灯能实时反映门状态,其显示功能与 PSL 的状态指示灯一致。

(二)故障运营模式下的站台门控制模式

1. 单挡门就地级——就地控制盒(LCB)

LCB(图 3-25)是对单个门体发生故障时的控制设备,设置在滑动门的门框上,有 4 个挡位,分别是自动、开门、关门与隔离,钥匙只有在"自动"位时可取出。

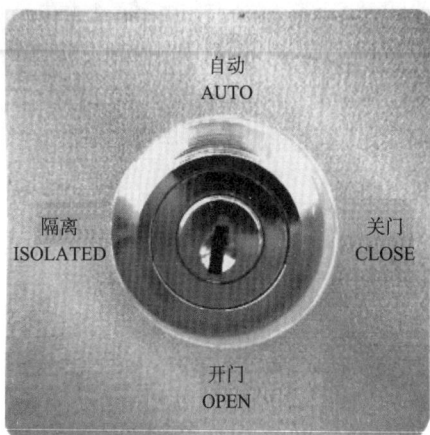

图 3-25　就地控制盒 LCB

不同挡位门体的状态不同,用于应急、维修时使用。具体功能说明如下:

(1)自动位功能:当转换开关处于"自动"位置时,允许门控器接收中央控制盘的"开门命令"与"关门命令"。

(2)开/关门挡功能:开关处于"开门"或"关门"位置时,不执行来自中央控制盘的命令,门扇通过就地控制盒上的"开门"或"关门"进行操作。此道门的关闭锁紧回路被旁路,也就是说门体的开关门情况并不影响整侧门体与信号系统之间的锁定关系,一般在应急情况下使用。每个门单元无论发生网络通信故障、电源故障、DCU 故障、门机故障,还是其他故障,均可通过就地控制盒 LCB 使此单元不影响整个系统的正常工作,不影响列车运行。

(3)隔离挡功能:当门体发生故障时,开关打到隔离位置,隔离位置为常开点,将电源回路断开,起到断电的作用。此功能一般在维修时使用,也可起到单元滑动门系统重启的作用。

2.手动级控制

手动级控制是指站台工作人员或乘客对站台门进行的手动操作,当系统电源或个别站台门操作机构发生故障,以上控制系统均无法很好地起作用时,站台工作人员可在站台侧用钥匙打开站台门,或者乘客在轨道侧操作站台门开门把手打开站台门。此时,PSC 面板、PSL盘、IBP 盘、整合屏上的所有"关闭锁紧"状态指示灯熄灭。

回顾总结

描述站台门的各种控制方式。

任务 3-2 站台门检查与操作

【工具准备】 开关站台门的三角钥匙、LCB 钥匙。

【知识准备】 本项目任务一中"站台门机械结构"部分。

【实施方式】 本任务由教师示范操作,学生分组实际操作练习,分组实际操作完毕后,每组抽选一名学生进行实际操作检验,记录平时成绩。手动开启站台门请扫二维码。

手动开启站台门

实训工作页 3-1　站台门检查

操作项目	操作内容	操作步骤	查看结果
站台门检查	接到任务后,到达指定站台	到位并登记	
	站台门外观检查	(1)门体玻璃、指示标志是否有损坏。 (2)门槛是否有异物。 (3)各门体是否有未完全关闭情况。 (4)灯带是否点亮	有/无
	站台门功能检查	(1)综控室开关门两次,查看是否有异样,检查门状态指示灯亮灭是否正常。 (2)综控室 PSA 系统是否有报警项目	有/无
	PSL 检查	到达指定位置,试灯试验查看指示灯是否有异常	有/无

任务 3-3　非正常情况下控制系统操作

【工具准备】　站台门的 PSL 钥匙(2 把)、IBP 盘钥匙。
【知识准备】　本项目任务一中"站台门电气控制系统"部分。

实训工作页 3-2　非正常情况下的控制系统操作

操作项目	操作原因	操作步骤
滑动门 ASD	手动操作滑动门:若某道滑动门在关闭锁紧的状态下发生故障,使该滑动门不能执行信号系统的开门命令或 PSL、IBP、LCB 的开门命令,可使用专用钥匙将滑动门打开	(1)将钥匙插入故障滑动门(以左侧为例)锁眼内,逆时针旋转30°,透过门玻璃可看到门内方把手同步转动,直到不能转动为止,此时门已解锁到位,如图3-26所示。

操作项目	操作原因	操作步骤
滑动门 ASD	手动操作滑动门:若某道滑动门在关闭锁紧的状态下发生故障,使该滑动门不能执行信号系统的开门命令或PSL、IBP、LCB 的开门命令,可使用专用钥匙将滑动门打开	 图 3-26 站台侧滑动门开门钥匙孔 (2)握住钥匙柄继续向左拉开滑动门门扇,露出一定缝隙,如图 3-27 所示。 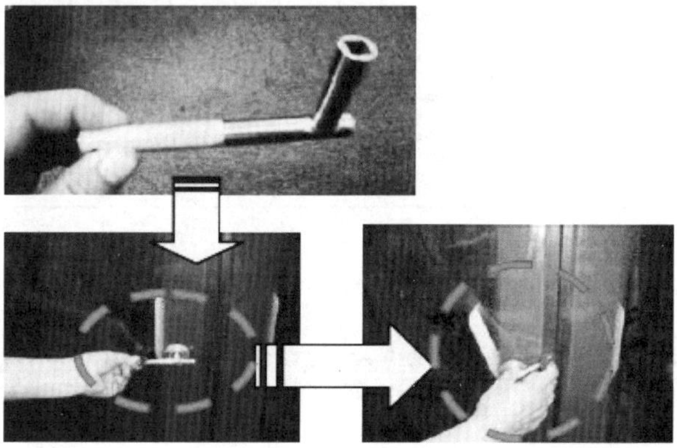 图 3-27 滑动门手动开门 (3)双手握住左/右玻璃门扇,向左/右推开玻璃门扇到全开门位
	乘客手动操作滑动门方法:乘客遇到突发情况,从轨道行车一侧打开滑动门	(1)找到轨道侧开门把手,位于滑动门中间。 (2)向一侧扳动把手,拉开滑动门,如图 3-28、图 3-29 所示 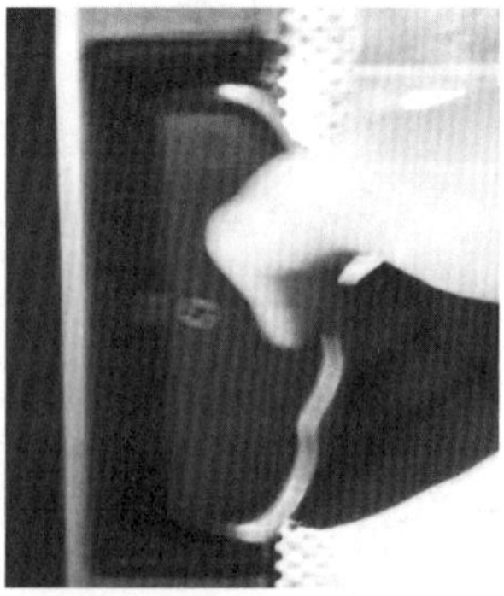 图 3-28 轨道侧开门把手(一) 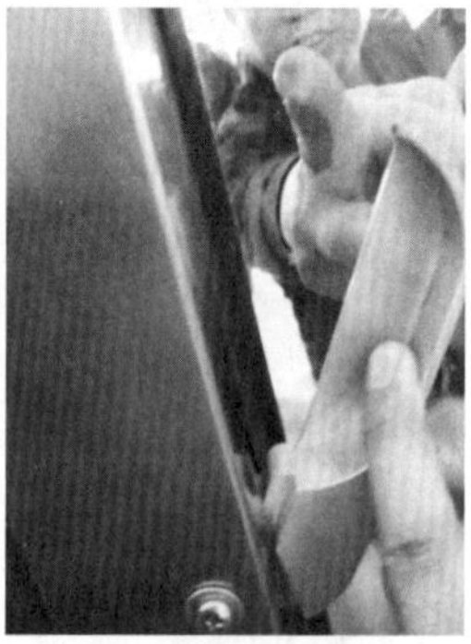 图3-29 轨道侧开门把手(二)

操作项目	操作原因	操作步骤
滑动门 ASD	用 LCB 操作滑动门：当某滑动门在自动模式下不能执行开门或关门命令时，就地电动开关站台门	(1)准备好钥匙(图 3-30)。 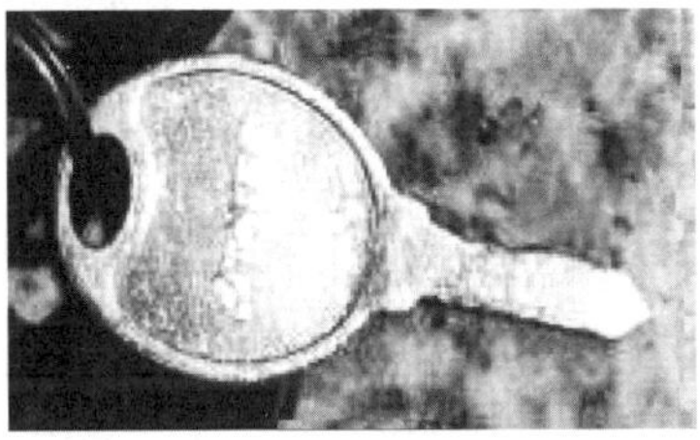 图 3-30　钥匙 (2)到达滑动门处，找到 LCB 位置(有的 LCB 在门上方，需借用梯子，有的在滑动门门柱侧面下方)。 (3)将钥匙拧到手动位(图 3-31)。注意：如 LCB 在上方，需用梯子，注意安全和身体重心。LCB 的钥匙只有在自动位才可取下，操作结束后务必取下收好。在手动状态下，滑动门不再受系统开关门的控制。隔离位一般为维修人员使用，隔离状态下的滑动门依然向监视系统上传门状态信息  图 3-31　滑动门 LCB 转换
	用 PSL 操作滑动门：滑动门不能正常开关，由于有异物所致，需重新开关一次	(1)站务员到达指定位置或通过手台通知司机用 PSL 开关一次(端门的开启方式同滑动门手动开门方式)，如图 3-32 所示。  图 3-32　PSL 所在位置

续上表

操作项目	操作原因	操作步骤
滑动门 ASD	用 PSL 操作滑动门:由于有异物所致,滑动门不能正常开关,需重新开关一次	(2)准备好钥匙,插入钥匙孔打到相应位置,打开或关闭站台门,如图 3-33 所示。注意:观察 PSL 上指示灯的情况,当绿色"关闭锁紧"指示灯点亮时,说明滑动门恢复正常 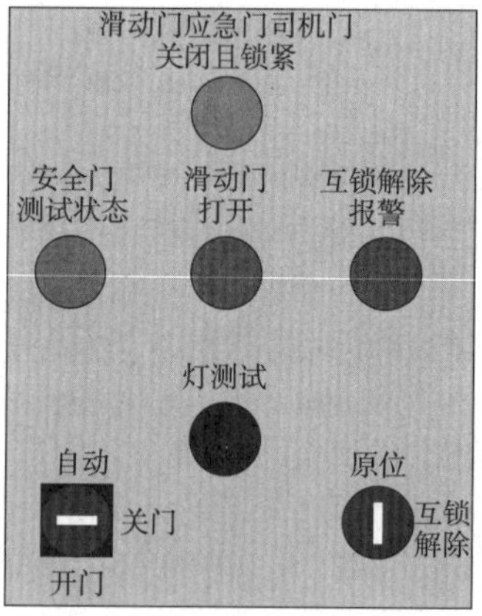 图 3-33 PSL 界面示意图
应急门 EED	当列车停车过程中没有对准滑动门,并且无法移动,需要疏散乘客时,手动打开应急门	(1)到达所在位置,站务人员通过开门钥匙打开应急门,轨行区应急门结构如图 3-34 所示。  图 3-34 轨行区应急门 (2)乘客通过下压推杆打开应急门。注意:应急门为纯机械结构,不能自动恢复

注:端门、司机门开关门方式同应急门。

任务 3-4 站台门常见故障应急处理

【工具准备】 站台门钥匙、实训设备。

【知识准备】 本项目任务一至任务三的理论知识部分与基本操作内容。

【实施方式】 分组演练,6 人一组,分别扮演站台站务员、司机、值班站长、车站督导员、行车调度员(行调)、综控室人员。

实训工作页 3-3 单对站台门不能开启处理办法

(说明:以下操作以某地铁公司为例,其他公司在具体岗位上可能有所不同。)

步骤	负责人	处理办法
1	站务员	(1)发现故障或接到通知后立即赶到现场。 (2)处理: ①立即到站台引导故障站台门处的乘客上下车,并用专用钥匙将该故障站台门 LCB 打到"手动"位; ②贴上"此门故障"告示
2	车站督导员	(1)将信息报行车调度员和故障报警中心。 (2)跟进站台门维修情况,将站台门的故障和修复情况报行车调度员

实训工作页 3-4 多对站台门不能关闭处理办法

步骤	负责人	处理办法
1	站务员	(1)收到故障信息后,在司机关闭车门、站台门后须逐个确认不能关闭的站台门与列车间的空隙安全。 (2)按照"没有连续的不能开启的门"的原则切除部分站台门上下乘客,加强对未关闭站台门的监控,确保安全。 (3)维护好站台秩序,防止乘客落轨
2	车站督导员	(1)接到故障信息后,到站台处理。 (2)到故障侧头端操作 PSL 进行"互锁解除"
3	值班站长	(1)将故障信息报行车调度员和故障报警中心。 (2)督促、跟进站台门维修情况,并将站台门的故障和修复情况报行车调度员。 (3)安排巡视岗监控处于"打开"状态站台门处的乘客,防止乘客落轨

注:列车进站或停在车站时须停止维修站台门。

实训工作页 3-5 多对站台门不能开启处理办法

步骤	负责人	处理办法
1	站务员	(1)发现故障或接到通知后立即赶到现场处理。 (2)手动打开部分门(确保没有连续不能开启的门即可)上下乘客,待司机关闭车门、站台门后,查看站台关闭情况,如无法关闭,处理程序按多对站台门不能关闭程序处理
2	值班站长	(1)接到站台门故障信息后,及时通知巡视岗和车站督导员到站台处理。 (2)将信息报行车调度员和故障报警中心。 (3)跟进站台门维修情况,并将站台门的故障和修复情况报行车调度员
3	车站督导员	(1)接到值班站长站台门故障的通知后,立刻到站台协助处理。 (2)手动打开部分门(确保没有连续不能开启的门即可)上下乘客

实训工作页 3-6 一对站台门不能关闭处理办法

步骤	负责人	处理办法
1	站务员	(1)若故障信息是司机关门时发现的,须到故障站台门处确认是否有物体阻碍其关闭: ①若有则取出,告知司机重新关闭站台门; ②若站台门仍不能正常关闭,则用专用钥匙将该站台门 LCB 打到"手动"位,手动关闭站台门后通知司机。 (2)客流高峰期可保持该车门为"常开"
2	车站督导员	(1)报告行车调度员和故障报警中心。 (2)安排巡视岗在故障门处监控候车乘客,防止乘客落轨

实训工作页 3-7 单侧门不能开启/关闭

步骤	负责人	处理办法
1	司机	(1)通知乘客,做好引导与情绪疏导工作。 (2)操作 PSL 手动开门,如操作成功,向站台岗报告。 (3)如 PSL 操作不成功,告知站台岗,使用 IBP 操作门体开门
2	站务员	(1)及时与司机沟通,尝试用 PSL 开门失效后,告知值班站长,使用 IBP 开启站台门。 (2)以上操作均无效时,请示后操作"互锁解除"离站。此时,其他站务人员须做好防护工作。 (3)若仍失效,则在值班站长安排下尝试手动开启/关闭门体,并根据指令配合甩站相关事宜

续上表

步骤	负责人	处理办法
3	值班站长	(1)将故障信息报行车调度员和故障报警中心,并配合司机与站务员使用IBP开启门体。 (2)无效后,安排站务员"互锁解除"放行列车。安排其他站务员到现场做好安全保护工作,防止乘客跳下轨道。 (3)督促、跟进站台门维修情况,并将站台门的故障和修复情况报行车调度员。 (4)短时间内无法修复的报请行调甩站通过,或采用间隔"手动"开启站台门的方式,每节车厢开至少一对滑动门(参照具体地铁公司规定),保持并粘贴故障纸或使用隔离装置防护站台门

注:列车进站或停在车站时须停止站台门维修。

实训工作页3-8 站台门玻璃破碎或破裂处理办法

要求:明确区别破碎和破裂的处理。

破碎情况下,及时清理碎片,防止列车进出站时破碎玻璃对乘客产生影响,或碎玻璃掉入轨行区;破裂情况下,用封箱胶纸粘贴破裂玻璃,防止爆裂。

站台门玻璃破碎的处理

步骤	负责人	处理办法
1	站务员	(1)站务员应使故障门处于"常开"状态,并指派站务员在故障站台门站岗监护,以防止乘客或物品掉入轨道。 (2)将破裂玻璃用封箱胶纸粘贴,防止突然爆裂,已破碎应马上进行清理,同时防止玻璃碎片掉入轨行区,使用"U"形铁马扎放于破碎门前做好防护。 (3)站务员应保护好现场
2	综控室人员	(1)综控室告知控制中心并要求列车进出站时进行相应的限速。 (2)通知故障报修中心

知识拓展

1.门控器

门控器(Door Control Unit,DCU),是滑动门电机的控制装置。为控制每一对站台门门扇的开关动作,每个滑动门单元都配置一个DCU(图3-35),通过控制无刷直流电机,进行滑动门的开关门动作,并采集站台门的各种状态、故障信息,发送至PSC。

全高站台门的DCU安装在顶箱内,由控制单元、驱动单元、接口单元及相关软件等组成。控制单元采用的是16位微处理器,具有高速数字处理能力,驱动单元用于驱动电机并处理门锁的开启锁闭功能。接口单元包括开关门信号输入、电磁锁信号输入、电机霍尔传感器信号输入、LCB信号输入、应急门信号输入、电磁锁控制信号输出、电机驱动输出、声光报警输出、RS485 总线接口。DCU 软件一般采用 C 语言进行编写,不同品牌站台门的程序各不相同。

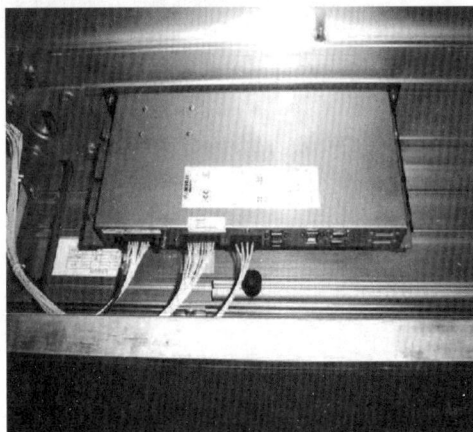

图 3-35　DCU 装置

　　DCU 还需要执行系统级和站台级等级别设备发来的控制命令,所有的控制命令要作用于门扇均须通过 DCU 的指令才可传达,当个别门 DCU 故障时,不影响同侧其他站台门的正常工作。

2. 常用缩略语(表3-2)

常用缩略语　　　　　　　　　　　　　　　　　　　　　表 3-2

缩写	中文名称	备注
PSD	站台门	包括全高站台门和半高站台门
ASD	滑动门	
FIX	固定门	
EED	应急门	
MSD	端门	站台两端位置的门体,分隔公共区与设备区
DSD	司机门	
PSC	中央控制盘	控制柜包括单元控制器和配电盘单元
PSA	远程监视设备	
PSL	就地控制盘	用于操作所有的站台门
PEDC	单元控制器	两个单元控制器分别控制上下行站台门,相互独立
DCU	门控器	
LCB	就地控制盒	
UPS	不间断电源	
SIG	信号系统	
IBP	综合后备盘	

缩写	中文名称	备注
ODI	门状态指示灯	
MCBF	平均无故障周期	
MDT	平均停机时间	
MTTR	平均维修时间	
LPSU	就地供电单元	
ISCS	主控系统	
PDP	配电盘	包括控制系统与门体系统的配电设备
ERM	紧急释放机械装置	
RTU	前端处理机	
SMT	系统维护工具	便携式手提电脑
LRU	可快速更换单元	

3.站台门系统主要参数

(1)站台门无故障使用次数不少于 100 万次。

(2)站台门总高度(自由高度):2550mm。

(3)每侧滑动门的数量:32 道(2 扇一道)。

(4)滑动门的净开度(自由幅度):2000mm(首末滑动门除外)。

(5)每侧端门数量:2 扇。

(6)端门活动门的净开度:1200mm。

(7)每侧应急门数量:6/8 道(与车辆编组有关,一般对应每节车厢各设一道,2 扇一道)。

(8)每扇应急门净开度:不小于 1100mm。

(9)司机手推门净开度:1200mm。

(10)滑动门、应急门、端门、司机手推门的净高度:2050mm。

(11)滑动门开门行程时间:(2.0±0.1)s～(3.5±0.1)s 范围内无级可调。

(12)滑动门关门行程时间:(2.5±0.1)s～(4.0±0.1)s 范围内无级可调。

(13)PSC 发出命令至站台门动作时间:≤0.3s。

(14)门已关闭信号反馈到 PSC 的时间:≤0.3s。

(15)一侧站台所有滑动门的启闭时间差:≤0.3s。

(16)设计寿命:正常维护条件下,系统整体使用寿命≥30 年。

(17)自动关门力:<150N(门在起始点上 200mm)。

(18)手动开门力:<133N。

(19)开关门速度:0.1～0.75m/s。

(20)障碍探测:任何 >5×40mm 的物休,都会启动障碍物探测系统。

(21)最大人群荷载:1500N/m,施加在 1.2m 高、100mm×100mm 的板块上。

(22)运行电压范围:DC100V±10%。

(23)站台门应满足地铁线路、车辆、限界、信号及行车组织要求,满足列车停车精度 ±300mm 的要求。

(24)在最大叠加荷载工况下,全高站台门门体最大变形量不能超过 10mm,站台门轨侧外沿在任何情况下均不得侵入列车动态包络线,以保证列车的行车安全。直线站台门横向限界暂定为有效站台内距离线路中心线:1565mm+10mm,最终限界尺寸在设计联络阶段确定。

(25)站台板设计有 2‰ 的坡度,站台门顶线、底线与站台装修完成面的坡度应保持一致。

(26)车站站台门安装范围内均有结构变形缝,站台门底座在变形缝处采用不穿透土建结构的螺栓固定,保证变形缝的伸缩不会对门体造成影响。

(27)系统机械结构的设计具备三维调节能力,除满足安装调整以外,还应考虑吸收车站土建结构形变量不少于 ±35mm。

(28)站台门设备室温度为:5~27℃;最大相对湿度:90%;站台侧温度:5~30℃;轨道侧温度:0~45℃;最大相对湿度:95%。

(29)站台门安装中心至轨道中心线的安装误差不得超出 0~10mm 范围,立柱中心线和站台平面垂直(站台纵向坡度 2‰),不垂直度应小于 1.5mm。

(30)每侧站台门门体应保证整体等电位,并与钢轨可靠等电位连接,以保证乘客的舒适度及安全。进行门体接轨处理,每侧站台上的门体应在系统内部采用等电位连接,然后每侧站台的单列门体设置一个与钢轨的连接点,保证钢轨到站台门门体上任何一点的总电阻都小于 1Ω。全线车站站台边缘应做绝缘处理,门体结构对地绝缘值应大于或等于 0~5MΩ(使乘客正常候车时或上下列车时的安全性得到保证)。

知 识 巩 固

一、填空题

1.站台门的控制系统有_____、站台级、紧急级、_____四种形式,其中_____为最高优先级。

2.站台门按照是否封闭主要分为_____、_____两类。

3.以北京地铁为例,一个供 B 型车 6 节编组列车停靠的中间站站台一侧的站台门包含_____道滑动门、_____道应急门、_____道端门。

4.站台门常见的传动装置有_____和_____两种形式。

二、不定项选择题

1. 滑动门的 LCB 有三个挡位,在以下哪个挡位可以将钥匙取出( )。
    A. 隔离　　　　　　 B. 自动　　　　　　 C. 手动　　　　　　 D. 遥控

2. 全高站台门系统的电源为( )级负荷。
    A. 一　　　　　　　 B. 二　　　　　　　 C. 三　　　　　　　 D. 四

3. 当整侧站台 SIG 信号无法开门,为了不影响运营,司机首先是( )。
    A. 使用 PSL 打开互锁解除　　　　　　 B. 使用 PSL 开门
    C. 使用 LCB 打开站台门　　　　　　　 D. 使用手动解锁钥匙打开站台门

4. 站务员可通过( )来操作滑动门。
    A. IBP　　　　　　　 B. PSL　　　　　　 C. PSC　　　　　　 D. LCB

5. 下列站台门系统的门本体各组成门使用手动方式开门时,向站台侧旋转90°推开的有( )。
    A. 固定门　　　　　 B. 滑动门　　　　　 C. 端门　　　　　　 D. 应急门

6. 站台门门本体按照结构和功能可分为固定门和( )。
    A. 应急门　　　　　 B. 滑动门　　　　　 C. 端门　　　　　　 D. 司机门

7. 下列选项中,哪些是应急门的特征( )。
    A. 不带动力　　　　　　　　　　 B. 乘客在轨行区侧手动打开逃生
    C. 带动力　　　　　　　　　　　 D. 设在双扇滑动门之间

8. 站务员可通过( )来操作完成站台一侧整列站台门的开启和关闭。
    A. IBP　　　　　　　 B. PSL　　　　　　 C. PSA　　　　　　 D. LCB

三、写出下列设备的英文缩写

中央控制盘_____　　滑动门_____　　固定门_____

就地控制盘_____　　应急门_____　　端门_____

就地控制盒_____

四、识图题

1. 下图为站台门的三种控制设备,请写出各设备的中文名称和英文缩写。

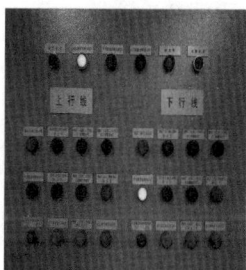
(1)

(2)

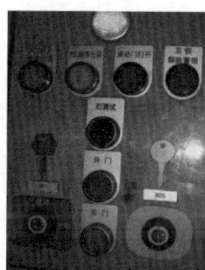
(3)

（1）_____　　（2）_____　　（3）_____

2.请写出站台门门体各部分的名称。

1-_____ 2-_____
3-_____ 4-_____
5-_____ 6-_____

五、简答题

1.请绘制站台门系统级控制开门过程示意图。

2.简述站台门的五种控制方式。

3.根据所学知识完成下表。

门类型		固定门	滑动门	应急门	端门	司机门
英文缩写						
位置		站台门上方不能打开的门	正常停车时与列车车门一一对应	每节车厢对应一道,具体位置视站台实际情况而定	位于站台两端头,垂直于站台边线布置	站台加长端
数量/每侧站台		—	24 道	6 道	2 扇	个别车站
手动开门装置	站台侧					
	轨行侧					

项目 4
自动售检票系统设备

🌀 知识目标

1. 了解城市轨道交通自动售检票系统的特点。
2. 掌握城市轨道交通自动售检票系统的车票知识。
3. 掌握城市轨道交通自动售检票系统的基本架构。
4. 掌握城市轨道交通自动售检票系统各类设备的功能。

🌀 能力目标

1. 具备自动售检票系统设备安全操作规程知识,能够做好自身防护。
2. 可独立操作城市轨道交通自动售检票系统终端设备。
3. 具备自动售检票系统故障应急处理能力。

🌀 素养目标

1. 树立自身安全防护意识,能够准确操控设备。
2. 关注新技术对行业的影响,加强可持续发展能力。
3. 能够提出合理化建议,培养创新思维和创新意识。

🌀 建议学时

6 学时

🌀 知识体系与技能要求

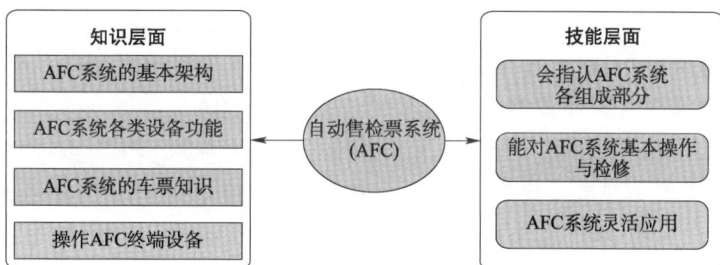

知识层面		技能层面
AFC系统的基本架构		会指认AFC系统各组成部分
AFC系统各类设备功能	自动售检票系统 (AFC)	能对AFC系统基本操作与检修
AFC系统的车票知识		AFC系统灵活应用
操作AFC终端设备		

任务 4-1 自动售检票系统预备知识学习

自动售检票系统(Automatic Fare Collection,AFC)是城市轨道交通运行中普遍应用的现代化联网收费系统。

它基于计算机、通信、网络、自动控制技术,实现轨道交通售票、检票、计费、收费、统计、清分、管理等全过程的自动化,直接面向乘客与日常运营、票务收入、乘客的乘车费用等。

一、AFC 系统功能及特点

随着自动售检票系统的应用,乘客可以通过各入口处的自动售票机购买车票。北京、上海、广州、天津、深圳、南京等城市的轨道交通车站都广泛使用了 AFC 系统。AFC 系统集成了多项先进技术,实现了城市轨道交通车票发售、车票验证、车票管理、客流控制、收入管理、设备监控、设备管理等功能。

AFC 系统具有如下特点。

(1)网络结构清晰,数据及时上传与清算。

(2)集中控制和统一的票务管理。

(3)各线设备独立运营,也能实现无障碍换乘和信息互联互通。

(4)各线路系统应用兼容,预留系统扩展的条件。

(5)紧急情况下能实现乘客快速通行和疏散。

二、AFC 系统层次结构

AFC 系统经过多年发展,已经形成了成熟的层次结构。其层次结构是按照全封闭的运行方式,以计程收费模式为基础,根据各层次设备和子系统各自的功能、管理职能及其所处的位置进行划分的。AFC 系统包括车票媒介(读卡器)、车站终端设备、车站计算机系统、线路中央计算机系统、中央计算机清分系统五个层级,如图 4-1 所示。

信息提示

上述五层结构形式,具有一定的弹性。例如,第二层线路中央计算机系统,随着计算机运算速度与处理能力的不断提高,其功能也可由第一层清分系统兼并处理,尤其是多元化支付技术的广泛应用,此类需求越发明显。目前,我国已经有城市建立了云清分平台,该平台利用虚拟化、集群及云计算等技术将票务清分系统与线路中央计算机系统合并,实现 AFC 系统扁平化,大幅提升系统的效能。

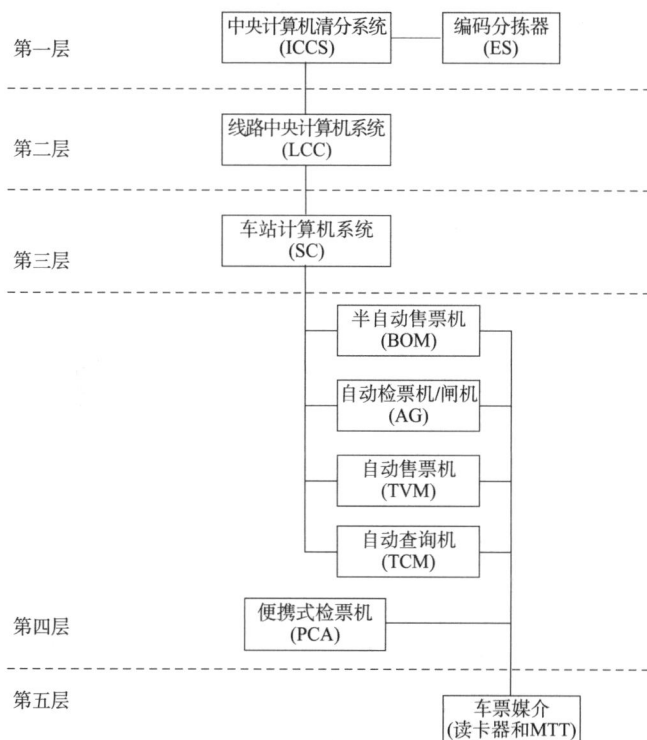

图 4-1　AFC 系统层次结构

各层次必须实现的功能和要求如下。

第一层——中央计算机清分系统（ICCS）。中央计算机清分系统的主要功能是统一城市轨道交通 AFC 系统内部的各种运行参数，收集城市轨道交通 AFC 系统产生的交易和审计数据并进行数据清分和对账，同时负责连接城市轨道交通 AFC 系统和城市票卡清分系统，规定了对车票管理、票务管理、运营管理和系统维护管理的技术要求。

第二层——线路中央计算机系统（LCC）。线路中央计算机系统的主要功能是收集本线路 AFC 系统产生的交易和审计数据，并将此数据传送给城市轨道交通清分系统与其进行对账，规定了对该线路的车票管理、票务管理、运营管理及系统维护的技术要求。

第三层——车站计算机系统（SC）。车站计算机系统的主要功能是对第四层车站终端设备进行状态监控以及收集本站产生的交易和审计数据，规定了系统的数据管理、运营管理及系统维护管理的技术要求。

第四层——车站终端设备（STE）。车站终端设备安装在各车站的站厅，是直接为乘客提供售检票服务的设备。车站终端设备及其运营管理应符合相关的技术要求。

第五层——车票媒介（读卡器和 MTT）。车票是乘客所持的车费支付媒介，规定了储值卡和单程票两种类型的物理特性、电气特性、应用文件组织以及安全机制等技术要求。

想一想

在乘坐地铁时，乘客怎样购票？可以采用哪些方式？

AFC 系统多元化支付包括互联网购票、互联网过闸、金融 IC 卡、地铁云卡和地铁乘车码等多种方式,其改变了传统购票过闸模式,为乘客提供了多样的购票和过闸体验,乘客支付变得更加快捷,随时随地能购票,也能省去兑零钞的时间,避免排长队购票,同时也可以省去车站人员对自动售票机定期补充钱币、回收钱币等工作,避免收到伪币。

在多元化支付的背景下,地铁车票除了兼容传统的实体车票,也陆续出现了手机二维码(地铁乘车码)、人脸识别等虚拟车票,乘客不用直接购买实体车票就能进出站搭乘地铁。

知识拓展

车票分为单程票、储值票、出站票、乘次票、测试票和纪念票等。单程票采用简易式非接触式 IC 卡。单程票一次使用有效,由出闸机检票回收。储值票采用非接触式 IC 卡,不回收,在有效期内可反复充值,长期使用。

三、AFC 系统组成

AFC 系统按结构功能分为系统软件和系统设备两部分。系统软件包括中央计算机清分系统(ICCS)、线路中央计算机系统(LCC)和车站计算机系统(SC)。系统设备一般包括自动售票机(TVM)、自动检票机/闸机(AG)、自动查询机(TCM)、半自动售票机(BOM)、编码分拣机(ES)、边门检票机(SDG)、有轨电车自动售票机、有轨电车自动检票机、有轨电车车载检票机(TTM)、云购票机(M-TVM)、云自动检票机(M-AGM)、人脸识别闸机等。

AFC 系统按安装位置、实现功能等区分,可分为车站级 AFC 设备与中央级 AFC 设备。车站级 AFC 设备主要包括车站计算机、自动检票机(含云闸机)、自动售票机(含云购票机)、票务售票机(含自助客服中心)等。中央级 AFC 设备包括中央计算机清分系统(ICCS)、线路中央计算机系统(LCC)、编码分拣机(ES)和系统工作站等。AFC 设备架构如图 4-2 所示。

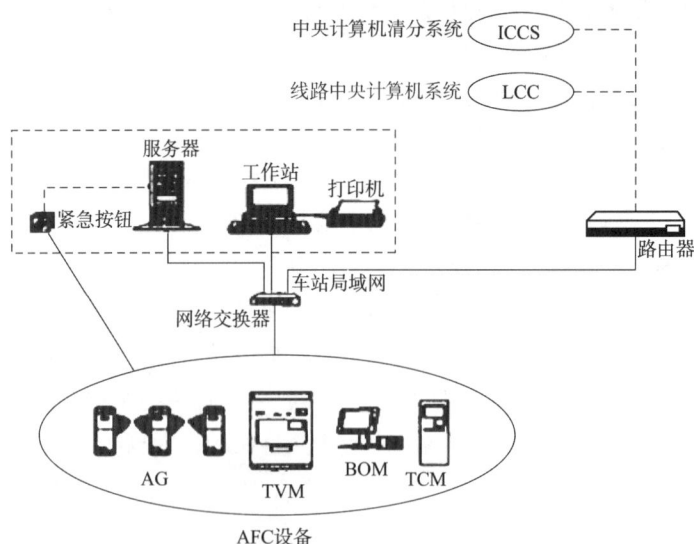

图 4-2　AFC 设备架构

（一）车站级 AFC 设备

车站级 AFC 设备包括车站计算机、自动售票机、半自动售票机、自动检票机和便携式检票机等。

1. 车站计算机

车站计算机（Station Computer, SC），是 AFC 系统中的重要设备。车站计算机一般安装在车站控制室或 AFC 设备室内，实现监控客流、监控站级设备、收集汇总站级设备数据并将数据上传至线路中央计算机做进一步处理等功能。车站计算机由服务器、工作站、不间断电源（UPS）、网络交换机组成。

2. 自动售票机

自动售票机（Ticket Vending Machine, TVM）设在非付费区，由乘客自行操作。自动售票机出售单程票并可对储值车票进行加值，具有验票功能，设有硬币、纸币接收模块，能同时接收中华人民共和国发行并正在流通的各种硬币、纸币，并预留识别新币种和接收银行卡的条件，也具有识别伪币的功能。

（1）自动售票机外部结构

自动售票机外部部件主要包括乘客显示屏、状态显示屏、硬币投入口、纸币投入口、取票及找零出口、储值卡投入口，如图 4-3 所示。这些部件的主要功能如下：

①乘客显示屏（触摸屏）：乘客与自动售票机交互的窗口，通过触摸屏进行选择购票线路、购票车站、购票数量、确认购票、取消购票等操作。

②状态显示屏：显示自动售票机的工作状态，以单行格式进行中英文的滚动显示。状态显示屏显示的信息主要包括正常运行、仅能使用硬币、暂停服务等。

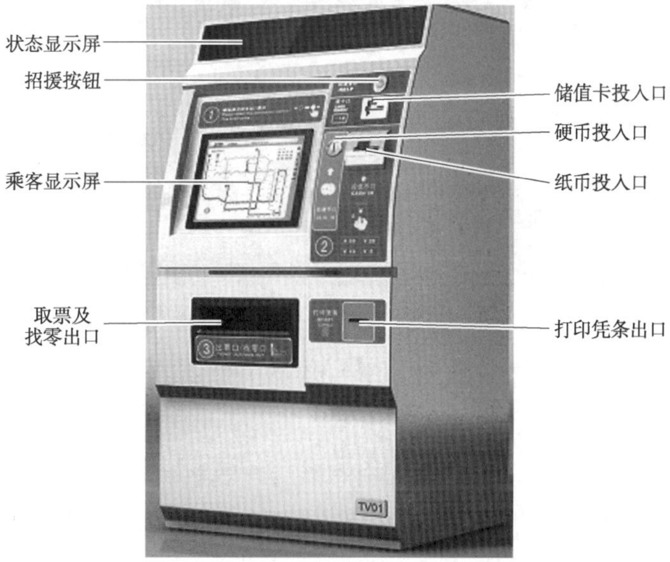

图 4-3 自动售票机外部结构

③硬币投入口:乘客可通过这个入口将硬币投入自动售票机,自动售票机会根据售票流程自动识别硬币,若为不可识别的硬币,则将其通过找零出口退还给乘客。

④纸币投入口:乘客可将规定面值的纸币插入纸币投入口,自动售票机会根据售票流程自动识别纸币,若为不可识别的纸币或不符合面值的纸币,则退回给乘客。

⑤储值卡投入口:乘客通过这个入口放入储值卡,自动售票机会进行储值卡充值。

⑥取票及找零出口:乘客可在这里取票、硬币或纸币找零。不被识别的硬币也在此找零通道内取出。

⑦打印凭条出口:当乘客的交易需要打印凭条时,自动售票机会从该口打印凭条。

⑧招援按钮:在购票过程中,若发生卡票、卡钱、少找零等异常情况,可按下这个按钮,等候工作人员前来解决。

(2)自动售票机内部结构

自动售票机内部部件主要包括主控单元(工控机)、维护面板、读写器、IO控制板、票据打印机、操作员打印机、硬币处理模块、纸币处理模块、单程票发售模块、电源模块、电源开关、报警器、手持维修灯、风扇等,如图4-4所示。

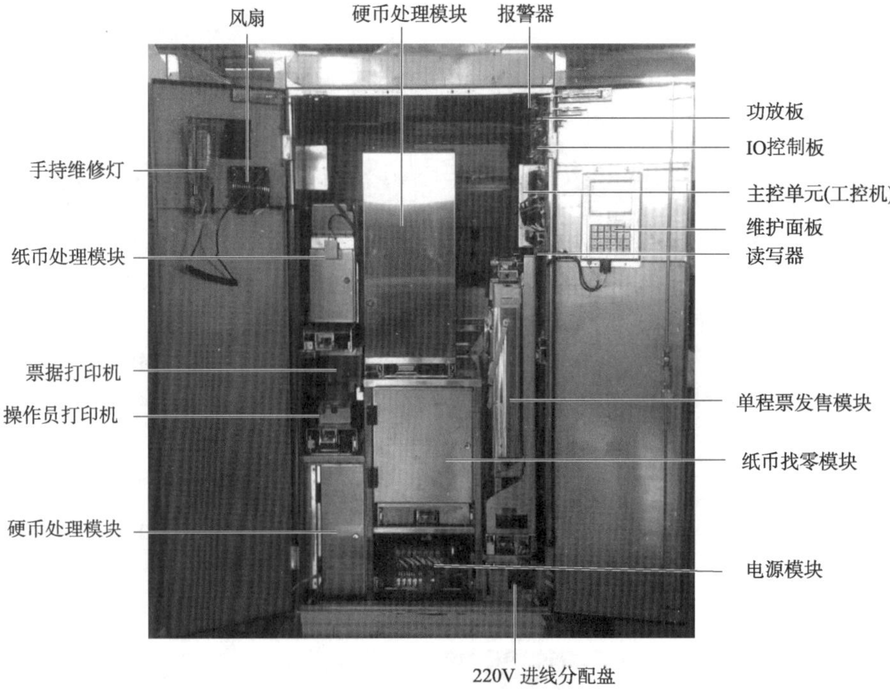

图4-4　自动售票机内部结构

3. 半自动售票机

半自动售票机(Booking Office Machine, BOM)设在票务中心(补票亭)内(图4-5),人工收票款,由票务人员操作。半自动售票机主要承担发售纪念票、优惠票,对储值票进行加值,对超时、超程的单程票进行补票等,可按乘客要求打印交易凭条;能对回收的车票进行读写编码和发行,并能对各种需查询的车票进行数据分析。

图 4-5　票务中心半自动售票机

4. 自动检票机

自动检票机(Automatic Gate,AG),也称闸机(图 4-6),包括进站检票机、出站检票机、标准通道双向检票机和宽通道双向检票机,用于隔离车站付费区与非付费区。自动检票机能对乘客持有的专用车票及城市一卡通等票卡进行检查、编码。正常情况下自动检票机双向锁定,停电及紧急状态下处于常开状态。

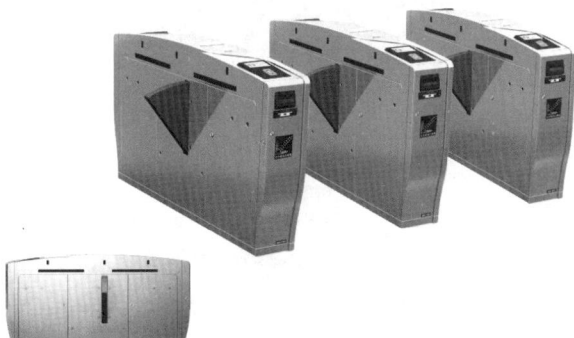

图 4-6　自动检票机(闸机)

自动检票机的基本功能是对乘客所持的车票进行检验,并完成进站或出站的交易处理。在计时计程的收费规则下,在进入收费区及离开收费区时都需要进行车票检验,进入收费区时检查车票的合法性并记录进入时的地点和时间;离开收费区时检查车票的合法性、进站信息的合法性及在收费区内的停留时间;根据进入位置和离开位置计算本次旅程的费用,完成车票扣款操作。

自动检票机的具体功能如下:

(1)自动对车票进行有效性检验,对有效车票进行相应处理后放行乘客,对无效车票拒绝放行。

(2)对车票处理结果给出明确的提示信息。

(3)对通道的通行状态给出明确的指示。

(4)对特殊车票的使用给出明确的提示。

(5)对需要回收的车票可通过参数设置自动执行回收操作(如单程票)。

(6)对各部件的工作状态进行自动监测,并向车站计算机系统上报工作状态。

（7）接收车站计算机系统下发的参数和控制命令，并执行相应的操作。

（8）存储并上传交易信息。

（9）具有进/出站客流记录、扣除车费记录、使用记录以及信息输出功能。

（10）接收紧急按钮信号并控制设备的操作。

（11）具有离线独立工作及数据保存能力。在与车站计算机系统通信中断时，自动检票机能保存多条交易数据及若干天的设备数据。在通信恢复时，自动检票机能将保存的交易数据及时上传给车站计算机系统。

（12）在突然掉电时，自动检票机能安全保存最后一笔交易记录及相关信息。

自动检票机外部主要由读写装置、显示装置、乘客通行检测装置、扇门、报警提示装置、车票投入口（仅出站检票机和双向检票机有）等组成。具体的部件名称如图4-7所示。

图 4-7　自动检票机外部结构

自动检票机内部主要由红外传感器、工控机、维护面板、扇门机芯、单程票回收模块、电源等组成，如图4-8所示。

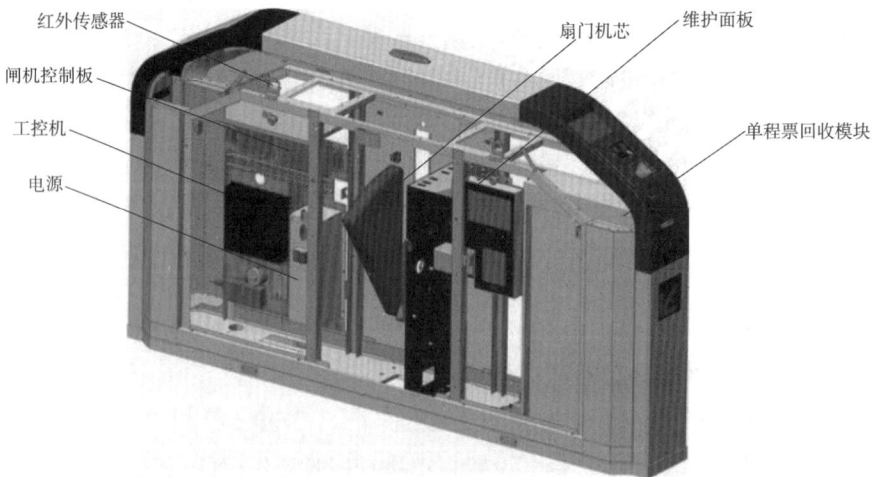

图 4-8　自动检票机内部结构

知识拓展

自动检票机的使用

自动检票机(AG)的使用方法主要取决于车站的具体要求和车票类型,通常有以下几个步骤。持票乘客站在黄色安全线外排队等候,进入黄色安全线内时,按照指示站立,如站在脚印标识上。对于使用二维码或身份证的乘客,需要将二维码或身份证放置在自动检票机的相应位置,以便机器读取票务信息。对于使用纸质车票的乘客,应将车票正面朝上,对准检票机的进票口插入。人脸识别通过检票机已经在车站广泛应用。在进行人脸识别时,乘客需要摘下口罩、帽子等面部遮挡物,等待摄像头锁定面部信息并与车票信息进行比对。检票通过后,闸机将自动开启,乘客可以通过自动检票机。人脸识别检票机如图4-9所示。

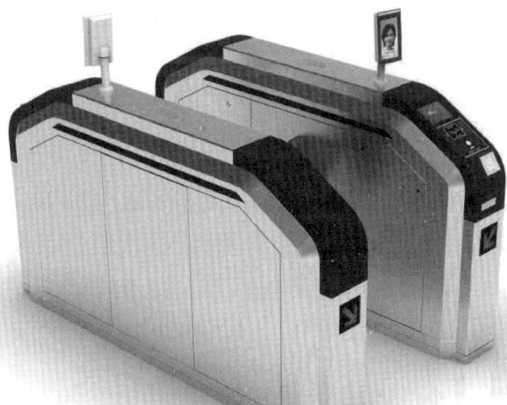

a)   b)

图4-9　安装人脸识别功能的自动检票机

5. 自动查询机

自动查询机(Ticket Checking Machine, TCM)安装在非付费区(图4-10),靠近自动售票机旁,供乘客查询车票的余值、有效使用时间、乘车记录等,读出票卡中内容,显示有效车票和储值卡内容,对无效车票和储值卡指示乘客到票务中心处理。

自动查询机对车票的有效性检查包括车票的合法性、有效期等。对于有效的车票,乘客显示器上显示如下内容:车票类型、车票金额、储值卡内剩余金额、车票使用有效期等。

6. 便携式检票机

便携式检票机(Portable Ticket Checking Machine, PTCM)作为检票闸机的有效补充,在客流高峰期及时引导客流、疏散客流,缓解站厅客流压力,以保障乘车秩序和乘客的人身安全,提高城市轨道交通的服务水平。同时,便携式检票机可减少因拥挤可能产生的单程票流失和储值票漏检现象(图4-11)。

7. 网络取票机（图4-12）

很多城市轨道交通路网已经实现线上购票、车站取票。线上购票成功后，将二维码对准自助售票机，单程票即可实时出票。以北京地铁为例，刷手机二维码进出站，或使用网络购票同样执行北京地铁乘车购票累计优惠。

图4-10　自动查询机　　　　图4-11　便携式检票机　　　图4-12　网络取票机

（二）中央级 AFC 设备

AFC 系统中央级是整个 AFC 系统的核心部分，它对票务数据进行管理和维护，包括票价方案、运营模式、操作员权限等，并通过通信系统提供的数据传输通道下传到车站设备上。在 AFC 系统中央级可实现对系统内所有设备的运行状况进行监控，接收通信系统时钟同步信号并同步系统内设备的时钟，接收车站终端设备的交易数据等。城市轨道交通清分结算中心结构如图4-13所示。

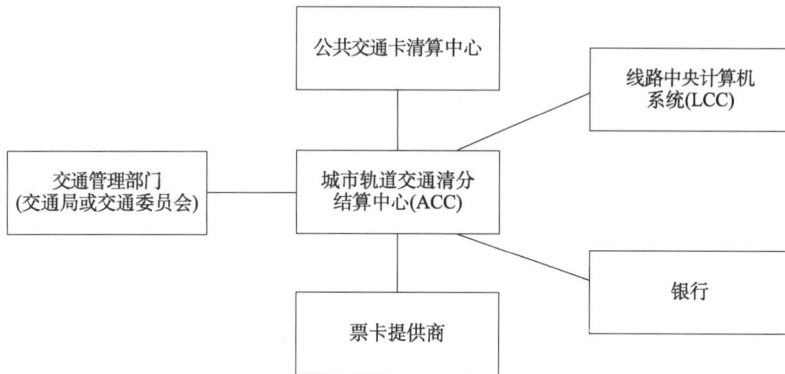

图4-13　城市轨道交通清分结算中心结构

中央计算机清分系统（ICCS）用于发行和管理车票，对线网内不同线路的票款进行结算和清算，并具有与在城市轨道交通线网内乘用消费的其他付费进行清算功能。

线路中央计算机（LCC）作为城市轨道交通线路自动售检票系统的核心部分，收集和统计车站计算机以及各种票务设备的数据，实现系统运营、票务、财务以及维修的集中管理；制定和传送车站计算机、车站终端设备的各种参数，控制自动售检票系统的整体运营；收集系统设备传送的数据，集中处理，应用于系统监控、运营管理、决策支持；数据跟踪，如检查异常、遗漏、重复、延迟和伪造数据,确保数据的连续性;提供数据加密和解密处理,保证数据传输的安全性;线路运营数据的集中采集、保存、统计、分析、查询、备份管理。

实训工作页 4-1　自动检票机日常操作及故障处理

序号	服务状态显示	可能的故障原因	处理方式
1	暂停服务	设备发生故障(自动切入暂停服务)或被设置成关闭模式	1.向值班站长汇报并确认此情况; 2.若更换票箱或设备维修时需要将自动检票机暂停服务,应提前立警示牌或用围栏隔离此通道,且尽量在非运营时间或客流较少时段进行,并注意不要让乘客围观
		任一维修门被打开,设备自动进入暂停服务状态	
		双向检票机被设置为单向模式时,另一方向的乘客显示器将显示"暂停服务"界面	
2	受限服务	A、B两票箱都满时,出站自动检票机将不再回收车票,设备将进入仅刷卡出站状态,乘客显示屏界面将提示"禁止投入车票"	1.向值班站长汇报并确认此情况,疏导乘客从其他通道过闸; 2.若发生卡票情况,需要站务人员现场处理,处理前立警示牌或用围栏隔离通道,注意不要让乘客围观
		车票回收装置发生卡票情况时,出站自动检票机将不再回收车票,设备将进入仅刷卡出站状态,乘客显示屏界面将提示"卡票"	

实训工作页 4-2　自动检票机卡票处理的基本操作

处理人员	现象	处理方式
站务员	卡票一般发生在票箱顶部的传送带区域	1.打开右侧维修门,拉出车票回收模块; 2.从票卡卡住的位置处左手边最近的绿色转盘开始,按照出卡方向旋转,依次旋转各转盘,直至票卡移至方便取出位置

任务 4-2　自动售检票系统模式应用

AFC 系统模式包括 AFC 系统运营模式、AFC 车站运营模式和 AFC 设备运营模式。一般来说,AFC 系统运营模式包括正常运行模式、紧急放行模式和降级运行模式。下面详细介绍此三种运营模式。

> **想一想**
>
> 在运营时间段内地铁处于正常运行模式,那么在夜间停运时属于哪种运行模式?

一、正常运行模式

正常运行模式是系统默认模式，包括正常服务模式和关闭服务模式。正常服务模式下进行正常的售票、补票、检票等处理。关闭服务模式下，不对车票进行任何处理。

二、紧急放行模式

在运营过程中，当车站或列车发生火灾、爆炸等危及乘客和工作人员安全的紧急情况，需要乘客紧急撤离车站时，启用紧急放行模式。进入紧急放行模式后，闸机处于全开状态，乘客出站不检票。

紧急放行模式具有最高级的执行优先权。车站紧急模式的设置可由车站防灾系统自动设定，也可由综控室值班站长通过按压紧急按钮进行设定。

三、降级运行模式

在运营过程中出现特殊情况，为保证客运安全和运营收益，根据实际情况，经设定，系统进入相应的降级运行模式。降级运行模式包括：列车故障运行模式、进站免检运行模式、出站免检运行模式、时间免检运行模式、日期免检运行模式和车费免检运行模式。

1. 列车故障运行模式

当地铁因故障不能正常运营时，则该车站设置为列车故障运行模式。

列车故障运行模式下，付费区乘客检票出站，不收取任何费用，除福利票、出站票外，回收类车票不回收。回收类车票以及本站已售出未进站车票，在规定日期内可凭原票免费乘坐一次。根据运营相关规定，在特殊情况下，也可原额退票。

2. 进站免检运行模式

出现下列情况之一时，车站可设定为进站免检运行模式：

(1)售票设备全部故障，无法发售车票时；

(2)进站及双向检票设备全部故障时；

(3)客流集中进站，致使售检票能力严重不足，危及乘客安全时。

在进站免检模式下，乘客无须检票直接进站。其他车站对于无进站信息车票视同免检模式进站，乘客可持车票正常检票出站，出站时出站检票机自动补全车票信息，回收回收类车票。

3. 出站免检运行模式

出现下列情况之一时，车站可设定为出站免检运行模式：

(1)出站及双向检票设备全部故障时；

(2)客流集中出站，检票设备能力严重不足，危及乘客安全时。

在出站免检模式下，乘客出站无须检票直接出站。持非回收类车票的乘客在规定日期内再次进站时，进站检票机依据车票进站信息和模式履历信息扣除上次乘车费用后按照正常检票进站。回收类车票作废不可再次使用。

4. 时间免检运行模式

由于地铁自身原因,引起列车延误或者乘客进站后在付费区内停留的时间超过系统设置的乘车时间,应设置为时间免检运行模式。

在该模式下,不检验乘车时间,但仍检查车票的票值等其他信息,车票按正常方式扣款。

5. 日期免检运行模式

因地铁自身原因导致车票过期,应启用日期免检运行模式。

在日期免检运行模式下,不检验车票日期信息,允许过期的车票在一段时间(可进行参数设置)内正常使用,但仍检查车票的票值等其他信息,车票按正常方式扣款。

6. 车费免检运行模式

由于某些特殊原因,导致列车越过该站后才停车,在这种情况下,系统可根据运营需要将相邻车站设置为车费免检运行模式。

被设置为车费免检运行模式的车站,出站检票机将不检验车费相关信息(包括车费是否满足乘车里程,或者付费区停留时间是否超时),但检查车票日期,并且回收所有的回收类车票,对于储值票则扣除最低车费。

信息提示

进/出站免检模式(组合模式)

所有的降级运行模式可独立运作,除列车故障模式外的其他降级模式可以产生模式组合,如进/出站免检模式。

出现下列情况之一时,车站可设定为进/出站免检模式:

(1)车站售票设备、出站及双向检票设备全部故障;

(2)车站检票设备全部故障;

(3)客流集中进出站,车站售检票设备能力严重不足,危及乘客安全时。

知识拓展

AFC 设备运营模式包括自动售票机、自动检票机和票务中心售票机。

AFC 车站运营模式包括正常服务模式、关闭模式、紧急模式、降级模式和离线模式。

任务 4-3 　更换票箱操作

【工具准备】　AFC 设备专用钥匙、实训设备。

【知识准备】　任务一至任务三的基础知识以及基本操作内容。

【实施方式】 本任务由教师示范操作,学生分组实际操作练习,分组实际操作完毕后,每组抽选一名学生进行实际操作检验,记录过程性考核成绩。

一、更换自动检票机票箱

出站检票机供乘客出站检票时使用,可对出站乘客所持车票的有效性进行检验和判断,并做出相应的处理或发出相应的警告和提示。

自动检票机(AG)票箱需要经常进行更换,下面详细说明如何更换自动检票机票箱。图4-14为更换自动检票机票箱管理流程。

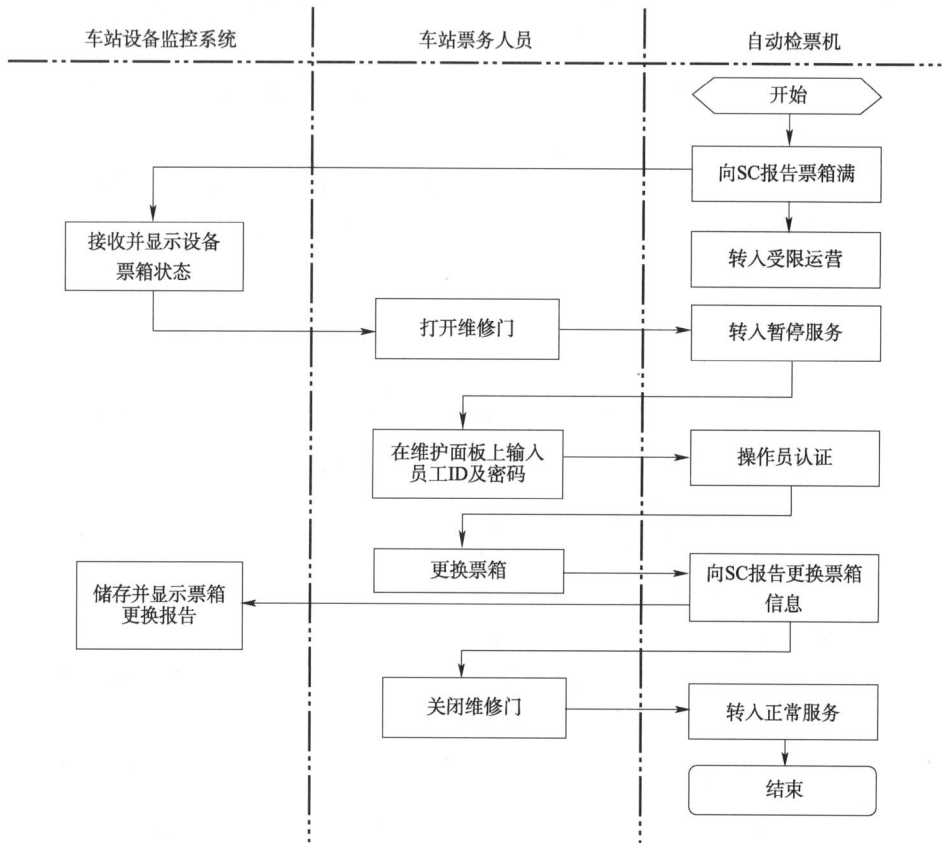

图4-14 更换自动检票机票箱管理流程

知识拓展

更换自动检票机票箱注意事项

(1)在登录维护面板前不要移动纸币模块、硬币模块、钱箱、票箱;登录维修面板后,在系统规定的时间内没有任何操作,则自动签退,要继续操作只能关闭主维修门,再打开重新登录。

(2)当在推入或拉出上述部件发生阻碍时,不可强行进行操作,以免损坏这些部件。

实训工作页 4-3　更换自动检票机票箱基本操作

序号	操作项目	操作步骤
1	卸票箱 （以 A 票箱 为例）	（1）打开左侧维修门。 （2）在维护面板（图 4-15）上输入员工 ID 及密码。  图 4-15　维护面板 （3）选择卸下 A 票箱命令，对应票箱的指示灯闪烁（图 4-16）。 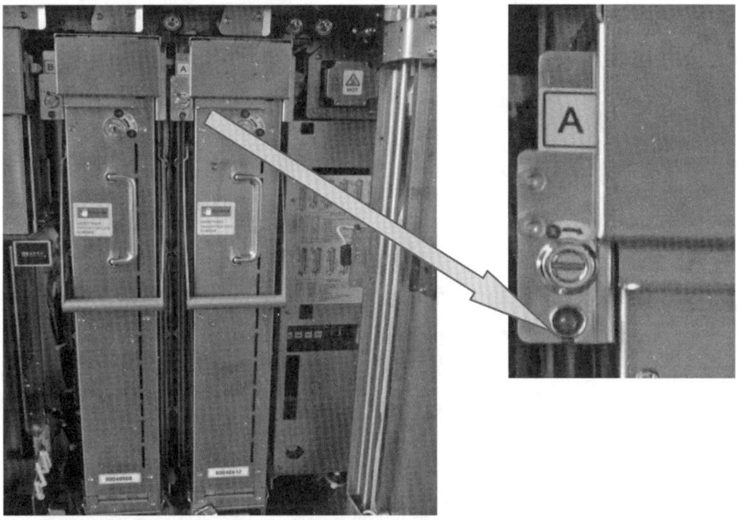 图 4-16　票箱指示灯闪烁 （4）打开右侧维修门。 （5）推回 A 票箱的票箱盖。 （6）插入钥匙扳动至"开"的位置，取下钥匙。 推回及拉出票箱盖操作如图 4-17 所示，插入钥匙顺时针扳动是至"开"的位置；逆时针扳动是至"关"的位置。

序号	操作项目	操作步骤
1	卸票箱 (以A票箱 为例)	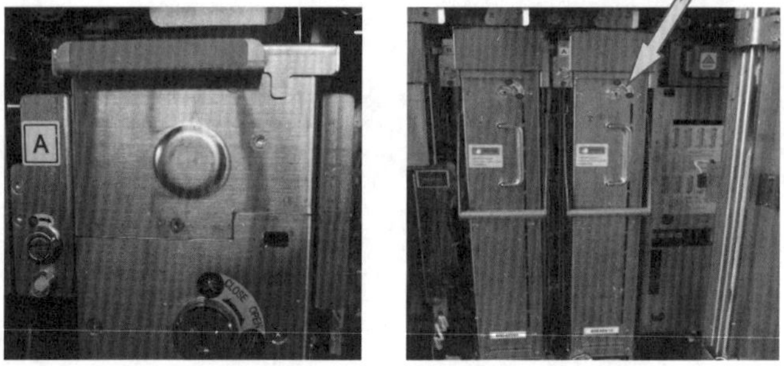 a) 推回状态　　　　　b) 拉出状态 图4-17　推回及拉出票箱盖 (7)按下拨动开关。 (8)自动升降托槽下降停止后移开杠杆。 　拨动开关位于底端,向上拨动是使升降托槽上升,向下拨动是使其下降,杠杆位于票箱底部。各部件位置如图4-18所示。  图4-18　各部件位置 (9)双手卸下A票箱,如图4-19所示  图4-19　双手卸下A票箱

序号	操作项目	操作步骤
2	装票箱	（1）双手拖住 A 票箱,安装入位; （2）移回杠杆; （3）抬起拨动开关; （4）自动升降托槽上升直至停止; （5）插入钥匙,将其扳动至"关"的位置,取下钥匙; （6）拉出票箱盖; （7）关闭并锁好右侧维修门; （8）在维修面板上签退; （9）关闭并锁好左侧维修门

二、更换自动售票机票箱

实训工作页 4-4　更换自动售票机票箱基本操作

序号	操作项目	操作步骤
1	打开维修门	（1）用钥匙将维修门的钥匙孔扳至"竖位"。 （2）按动"PUSH"按钮,开门扳手弹出。 （3）扳动扳手逆时针旋转 90 度。 （4）向外拉动扳手,打开维修门。 具体如图 4-20 所示  图 4-20　打开维修门
2	登录维护面板	（1）登录维护面板,输入 ID 号及密码,如图 4-21a)所示。 （2）拉出凭条打印机,翻转放平,如图 4-21b)所示。 （3）在维护面板上,选择运营服务—〉更换票箱—〉卸下 A 票箱—〉确认,此时票箱指示灯闪烁绿色,如图 4-22 所示

序号	操作项目	操作步骤
2	登录维护面板	 a)　　　　　b)　　　　　c) 图4-21　登录维护面板 <更换票箱> 1. 卸下A票箱 2. 装载A票箱 3. 卸下B票箱 4. 装载B票箱 5. 更换废票箱 6. 装载废票箱 请选择　　　按确认键确认　　　1/1 a)维护面板 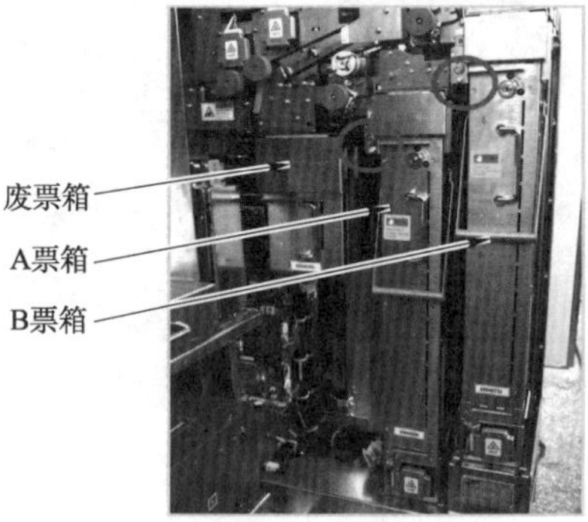 废票箱 A票箱 B票箱 b)票箱内部结构 图4-22　维护面板操作

序号	操作项目	操作步骤
3	拉出票箱模块	拉动票箱模块下方的"PULL"把手,拉出票箱模块(图4-23) 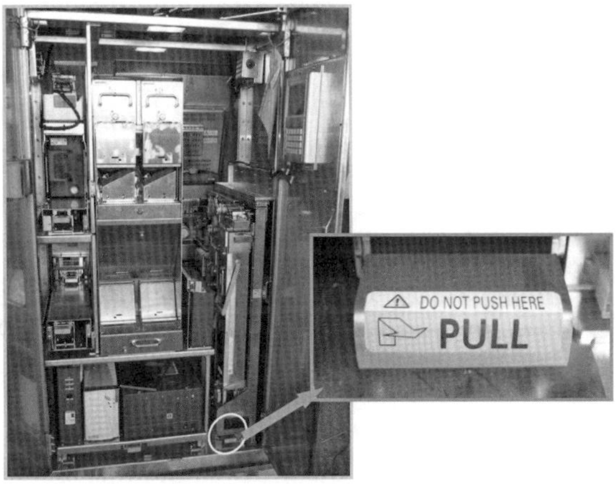 图4-23　拉出票箱模块
4	卸下A票箱	(1)将票箱盖手动抬起,推入箱体,如图4-24所示。  票箱盖 图4-24　打开票箱盖 (2)用钥匙将开关扳至"开"位,如图4-25所示。 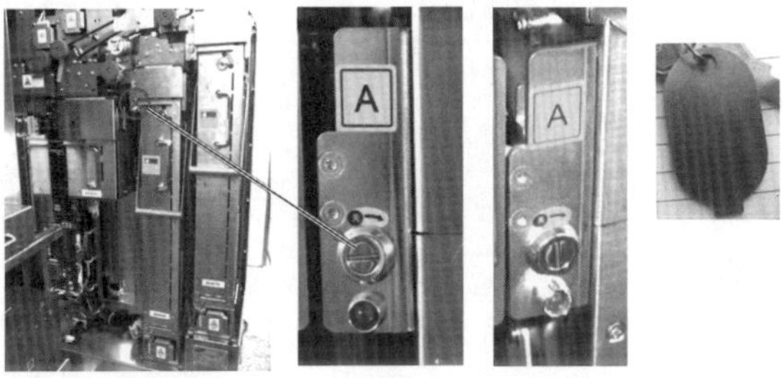 a)钥匙孔位置　　b)关位　　c)开位　　d)钥匙 图4-25　钥匙及开关

89

序号	操作项目	操作步骤
4	卸下 A票箱	(3)向下按动卡槽的拨动开关,使卡槽下降实现退槽,如图4-26所示。  图4-26 卡槽的拨动开关 (4)待卡槽下降完毕,逆时针拨动票箱的杠杆至开位。 (5)右手拉动箱体正面的把手,左手托住票箱,卸下A票箱
5	装上 A票箱	(1)在维护面板上选择"装载A票箱"; (2)操作结束后,还要在维护面板上输入新添加卡数; (3)在维护面板上选择"装载A票箱"; (4)双手推入票箱到位; (5)逆时针拨动杠杆,按下拨动开关,卡槽上升; (6)用钥匙将开关扳至"关"位,推回票箱盖; (7)推回票箱模块; (8)在维护面板上输入票箱内票卡数量,之后退出登录; (9)取回凭条打印机打印的凭条,翻转至立位后推回; (10)关闭并锁好维修门

实训工作页4-5 自动售票机故障处理的操作

序号	故障现象	可能的故障原因	处理方式
1	开机无显示	无电源输入	首先检查电源及显示屏、部件连接或联系专业维护人员
		部件连接异常	
2	提示暂停服务	单程票处理单元异常	首先检查部件电源及通信连接或联系专业维护人员
		硬币处理单元、纸币处理单元异常	
		维修门在打开状态或维修门状态检测传感器异常	首先关闭维修门或联系专业维护人员
3	提示只接收纸币方式	硬币回收箱已满或发生故障	先维持此方式运行,并联系操作人员及时更换

序号	故障现象	可能的故障原因	处理方式
4	提示只接收硬币方式	纸币识别单元故障发生或纸币箱满或乘客打印机故障	先维持此方式运行,并联系专业维护人员
5	维护面板通信故障,不能被点亮	主控程序未启动	启动主控程序
		维护面板与主机的接线故障	检查连接或联系专业维护人员
		维护面板硬件故障	
6	维护单元显示乱码或显示一条白杠	维修面板芯片松动或固件更新异常	联系专业维护人员
7	登录不成功	输入用户名或密码提示错误,或者中心计算机未授权	重新输入
8	脱网	通信中间件死机	联系专业维修人员
9	设备报警	未在限定时间内登录	重新登录
		三次登录均失败	人工验证用户名和操作密码
		未进行登录而直接移动纸币、硬币、发售模块取走钱箱	输入用户名和操作密码登录,但是报警已经上传

知识拓展

一、自动售检票系统新技术

城市轨道交通自动售检票系统(AFC)是基于计算机、通信、网络、自动控制等技术,实现轨道交通售票、检票、收费、统计、清分、管理等全过程的自动化系统,广泛应用于城市地铁、轻轨、城际铁路等公共交通领域。

城市轨道交通除了现金付费购买车票外,还有三大主流车票媒介,分别为非接触式智能IC卡、乘车二维码和电子车票(NFC)。在自动售检票系统技术应用更新过程中,自动售票机扫码支付、云购票机和银联刷卡支付等消费方式进出站逐步得以普及推广。

1. 非接触式智能IC卡

非接触式智能IC卡由微型集成电路芯片封装而成,可分为存储卡、逻辑加密卡和CPU卡三种。该卡具有信息存储量大、数据安全性高、读写失效率低、抗干扰能力强等优点。逻辑加密卡内置硬件加密逻辑电路,密钥固定,通过校验密码方式对存储区内的数据存取进行安全控制,有一定的安全性,但无法防止恶意攻击。CPU卡也叫智能卡,含微处理器芯片和COS操作系统,安全性很高,一卡一密,不仅具有存储数据的空间,还有数据计算的能力,能执行命令和保护数据。

2. 二维码技术

在城市轨道交通 AFC 系统中,使用二维码技术具有比较高的安全性,通过图像输入设备自动对二维码图形进行识别。一般情况下二维码技术更多地应用于充值。比如,乘客使用的城市轨道交通一卡通余额不足,在指定的地方通过二维码便能够实现充值,无须在人工服务台等待充值,操作起来比较简单,并且不需要花费太长的时间,这对乘坐城市轨道交通出行的乘客而言是一个极大的便利。但二维码作为车票媒介,其读写效率与扫描设备有着十分密切的关系,无法实现重新写入,无法进行修改,也无法记录时间统计信息。二维码技术大多用于充值方面,在检票乘车方面的推广率还不是非常高,很多城市因为刚开通城市轨道交通二维码使用功能,还有待进一步完善。

3. NFC 手机支付

NFC 手机支付即近距离无线通信,由射频识别技术发展而来,用于非接触式无线通信,其工作频率为 1356MHz,能在短距离(小于 10cm)内与兼容设备进行识别和数据交换。

城市轨道交通 AFC 系统新技术层出不穷,移动支付尚处于初级阶段。现阶段以推行云购票这一理念先试先行,除了保留现金购票外,乘客能够使用电子支付预购地铁特种票,实现先取票再进出站和无须取票直接进出站。

①在自动售票机上添加 TVM 扫码支付。

在保留现金购票的同时,乘客可以通过手机在 TVM 上扫码支付购票,为乘客节省了购买单程票时投币或找零的时间,同时也降低了 TVM 硬币和纸币的模块保养频率和运维成本。若乘客的车票是普通单程票,在出站时闸机模块须对票卡进行回收。这种购票方式应用较为普遍,对乘客来说也相对便捷。

②TVM 购票 + 云购票机。

在手机上通过 App 软件、城市轨道交通公众号等进行购票支付,再通过 TVM 二维码的支付方式省去了在 TVM 上排队选站购票的时间,大大提高了 TVM 的取票效率,给广大乘客提供了更快更好的购票途径。兑票机设备相对较小,能够节省很大空间,其布置方式也较为灵活,在未来的发展应用方面可独立开展增值业务,由其他组织部门管理运营和维护。

③NFC 手机过闸。

乘客可以在闸机上直接刷 NFC 手机进出站,彻底摆脱了票卡钱币的束缚,实现与原 AFC 票卡处理系统的无缝结合。由于需要手机支持 NFC 功能,目前普及率还不是很高。

④银联卡过闸。

乘客直接刷银联卡进站和出站,通过后台完成相应的验证和扣费操作。由于扩展了小额支付功能,乘客还可在地铁周边的商户进行购物消费,但由于开通手续烦琐,实际用卡量偏低。

⑤二维码过闸。

二维码已成为较普遍的交易方式,其扫码识别技术相对成熟,乘客在进出站验票时十分便捷,同时,这样的交易方式也为运营方降低了运维成本。但这种交易方式并不完善,有时会出现联机交易时间过长或脱机运营的情况,造成乘客不知情被"逃票"。

⑥生物识别技术。

基于手机的电子支付、移动支付过度依赖于手机,导致越来越多的安全、隐私问题。而生物识别技术不仅能大大提升移动支付的安全性,还能够简化使用过程,提升用户体验,用户只需使用身体的某些部位,如自然刷脸、说话、触摸,即可完成身份核验。

二、专业术语对应的英文全称和中文名称

专业术语	全称	中文名称
AFC	Automatic Fare Collection	自动售检票系统
ACC	AFC Clearing Center	清分系统
LCC	Line Central Computer System	线路中央计算机系统
SC	Station Computer	车站计算机系统
SLE	Station Level Equipment	车站终端设备
AG(AGM)	Auto Gate Machine	自动检票机(闸机)
TVM	Ticket Vending Machine	自动售票机
TCM	Automatic Teller Machine	自动查询机
BOM	Booking Office Machine	半自动售票机
PTCM	Portable Ticket Checking Machine	手持式检票机
ES	Encode and Sorter	编码分拣机

知 识 巩 固

一、单项选择题

1.自动售票机的英文缩写为(　　)。

　A. TVM　　　　　　B. BOM　　　　　　C. AG　　　　　　D. PCA

2.AG 的中文名称是(　　)。

　A. 自动检票机　　　　　　　　　B. 自动售票机

　C. 半自动售票机　　　　　　　　D. 自动查询机

3. BOM 的中文名称是(　　　)。

   A. 自动检票机　　　　　　　　　B. 自动售票机

   C. 半自动售票机　　　　　　　　D. 自动查询机

4. 车站开启紧急模式时,自动检票机表现为(　　　)。

   A. 闸门打开　　　　　　　　　　B. 闸门关闭

   C. 正常状态　　　　　　　　　　D. 电源断开

5. AFC 总体架构中,最底层是(　　　)。

   A. 中央计算机清分系统　　　　　B. 车站计算机系统

   C. 线路中央计算机系统　　　　　D. 车站终端设备

二、不定项选择题(第7、8题是拓展内容)

1. 自动售票机是为乘客提供自助购票服务的设备,其主要功能包括(　　　)。

   A. 售票　　　　　B. 充值　　　　　C. 退票　　　　　D. 进站

2. 自动售票机由机架、传感器、纸币找零单元、电源模块、(　　　)、票箱、钱箱、加热模块等硬件组成。

   A. 车票回收单元　　　　　　　　B. 纸币回收单元

   C. 硬币处理单元　　　　　　　　D. 触摸屏

3. 以下模块属于自动检票机的有(　　　)。

   A. 扇门　　　　　　　　　　　　B. 发行单元

   C. 传感器　　　　　　　　　　　D. 电源模块

4. 以下模块属于半自动售票机的有(　　　)。

   A. 主控单元　　　　B. 发行单元　　　C. 读写器　　　D. 电源模块

5. AFC 系统运营模式包括(　　　)。

   A. 正常运行模式　　　　　　　　B. 降级运行模式

   C. 维护模式　　　　　　　　　　D. 故障模式

6. 自动检票机按功能分为(　　　)。

   A. 进站检票机　　B. 出站检票机　　C. 单向检票机　　D. 双向检票机

7. SC 可对 AG 的状态进行控制,以下正确的是(　　　)。

   A. 可控制 AG 关闭电源

   B. 可控制 AG 的蜂鸣器报警

   C. 可控制 AG 闸门的开关

   D. 可控制 AG 开始或暂停服务

8. 更换 TVM 钱箱的时机有(　　　)。

   A. SC 提示自动售票机钱箱将满

   B. SC 提示自动售票机找零钱箱将空

   C. 本站最后一列载客列车开出后

   D. 运营开始前

9. BOM 可进行的操作有(　　)。

　　A. 检票　　　　　B. 售票　　　　　C. 充值　　　　　D. 退卡

10. 乘客可在车站通过(　　)设备购买单程票。

　　A. 自动充值机　　　　　　　　　B. 自动售票机

　　C. 半自动售票机　　　　　　　　D. 自动查询机

三、识图题

在图上标出相应指示位置的名称。

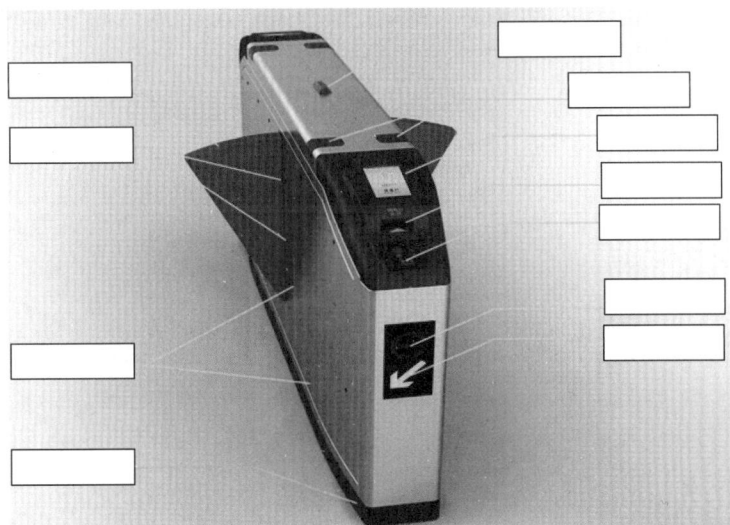

四、简答题

1. 简述 AFC 系统层次架构。

2. AFC 系统终端设备有哪些?

3. AFC 系统运营模式有哪些?

城市轨道交通车站设备

（第4版）

项目 5
乘客信息与广播系统设备

知识目标

1. 掌握不同类型广播系统的使用方法。
2. 了解广播控制及优先级。
3. 掌握乘客信息系统的构成及其功能。

能力目标

1. 能使用中央广播和车站广播。
2. 应对不同情境，能规范使用广播词。
3. 能熟记乘客信息系统显示的优先级。
4. 能通过广播系统实操考核。

素养目标

1. 具备良好的语言表达能力，能通过简洁明确的语言表述，保障上下级之间、部门之间以及对乘客的信息沟通效果。
2. 具备一定的信息技术应用能力，能够熟练使用广播系统及乘客信息系统进行相应的信息发布。

建议学时

2 学时

知识体系与技能要求

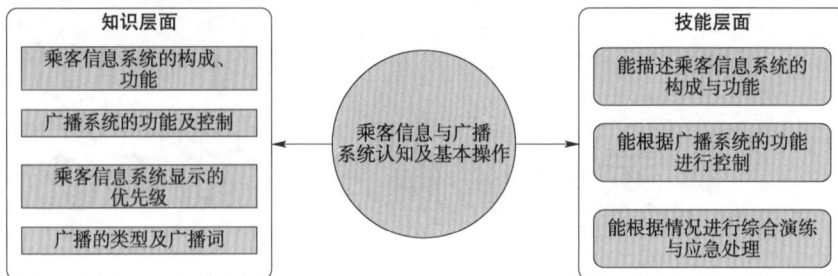

知识层面		技能层面
乘客信息系统的构成、功能		能描述乘客信息系统的构成与功能
广播系统的功能及控制	乘客信息与广播系统认知及基本操作	能根据广播系统的功能进行控制
乘客信息系统显示的优先级		能根据情况进行综合演练与应急处理
广播的类型及广播词		

任务 5-1 广播系统预备知识学习

广播系统(PA)是城市轨道交通运营和行车组织时所需的重要设备。它的主要作用有：运营中,对乘客广播"离站、线路换乘、时间表变更、列车误点、安全状况"等；播放音乐以改善候车环境；平时进行防灾广播,在突发紧急情况时进行抢险救灾广播,指挥事故抢险,提高应急响应能力；日常运营时,对运营人员进行广播,发布有关通知信息,组织协同配合。

一、广播系统的构成

广播系统由运营控制中心(OCC)广播、车站广播、车辆段广播三个相互独立又相互联系的子系统构成。它包括运营控制中心设备、车站设备和车辆段设备。广播系统的构成如图 5-1 所示。

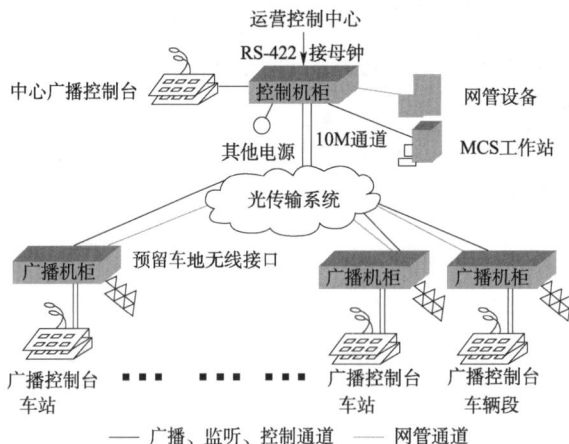

图 5-1　广播系统的构成

1. 车站广播

图 5-2 为车站广播系统示意图。车站播音台配有播音区域选择键盘和送话器。在通信室还设有前置放大器、功放及控制接口单元等设备。按下车站的控制键后,相应地选择信号

经控制接口单元,使被选择区域的广播电路接通,并使来自运营控制中心的播音信号中断,也即车站播音台对本站的播音具有优先权。在固定区域,可以根据列车运行实现自动广播。

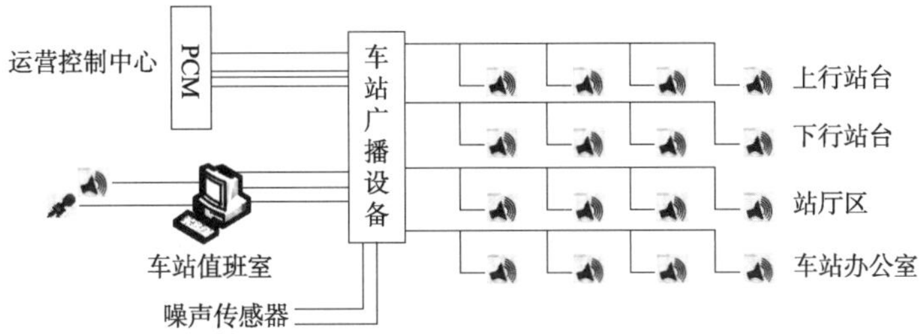

图 5-2　车站广播系统示意图

为了提高播音的可靠性,每个播音区域内的扬声器分别由两个扩大器驱动,并以梳状方式排列。其中一个扩大器发生故障时,仍能不间断地播音及维持基本播音音量。站台的广播区域,还应配置自动音量控制装置,以保证播音音量始终保持比此区域内噪声音量高10dB 左右,达到较好的播音效果。

2. 控制中心广播

在运营控制中心设有行车调度、电力调度和环控调度三个播音台。三个播音台之间互锁,即只允许一个播音台播音。三个播音台分别配有广播区域选择键盘和送话器,选择控制信号经控制接口单元,通过 PCM 信道将其送至车站的控制单元,并显示在相应的播音台上。播音信号经放大,通过专用的屏蔽广播线,传送至所选车站,但各车站的播音具有优先级。从控制中心可对所有车站的所有区域播音,也可对某一车站的某个区域有选择性地播音。

3. 车辆段广播

车辆段广播系统设有供维修值班员、信号楼控制室值班员、车辆段列车调度员使用的三个播音台。播音范围分三个区域:车辆段入口区域、维修区域和停车库区域。三个播音台都配置送话器、键盘以及对讲控制台。同样,在机房内设有广播设备,用于对信号的放大和对播音区域进行选择控制。

除了扬声器外,车辆段广播系统还应安装对讲分机。对讲分机通过电缆与三个播音台的对讲控制台相连。对讲机的扬声器与送话器设在分机内,还设有三个选择键,以便车辆段内工作人员能够方便地与各处对讲控制台的值班员直接通话,对讲分机还可根据需要分成若干个分机组,分布在各个广播区域。

二、广播系统功能

1. 操作功能

控制中心行车调度员通过中心广播控制终端可对全线、任意一个车站或多个车站、任意车站的任一选区或多个选区进行话筒、语音、线路广播。车站值班员可通过车站广播控制终端对本站所有管辖范围的全选区、多个选区或单个选区进行话筒、语音、线路广播,还可通过车站广播控制台对本站所有管辖范围的全选区、多个选区或单个选区进行话筒、背景音乐广播。

2.多级优先广播功能

本系统的优先级可根据车站需求灵活设置,包括现场广播、选择广播、紧急广播、末班车广播、服务中止广播、站台自动广播、背景音乐广播。以上除现场广播外,其他广播内容均为系统预先录制的语句。若在同一广播区(群)需要进行不同的广播,系统按表5-1所标注的广播优先权处理。

广播优先权 表5-1

广播语句类型		广播优先权			控制中心调度员
		车站综控室值班员	站台值班员	无线广播	
现场广播		1	3	3	2
预先录制语句	紧急广播	2	×	×	
	服务中止广播	3	4	×	
	现场录制广播	4	4	×	
	车站控制广播	5	×	×	
	选择广播	5	×	×	
	末班车广播	6	×	×	
	站台自动广播	6	×	×	
其他	测试口	×	×	×	×
	背景音乐	7	×	×	×

注:1.表中"1"表示最高广播优先权,"7"表示最低广播优先权,"×"表示不适用。

2.如广播优先权相同,以先来先处理的原则处理或排队。

车站广播设备能处理多个语句,同时在相同或不同的广播区(群)广播,如广播区正在广播时,后来的广播语句可排队广播。

广播语句排队的位置以提出广播的时间及广播语句的广播优先权来决定(见表5-1)。若广播语句有时间性要求(如站台自动广播),而在相同的广播区正在广播时,系统应忽略有时间性要求的广播,以避免造成时间性误播。

广播操作控制终端能显示所有广播区的广播情况,包括占用情况、正在广播及正在排队广播的文字内容,值班员可通过广播控制台内的迷你型扬声器监听任何广播区的广播情况。

3.预示音功能

预示音功能即在每次开始广播前均有标准的预示音发出,车站广播控制单元的语音合成模块(YH-MP)内设有预示音电路。在每次广播时,自动触发预示音电路,向选择的广播区播预示音。广播预示音的开启和关闭,可通过车站广播控制终端进行控制。

4.广播编组及设定功能

中心及车站广播控制终端和中心广播控制台均可设置8个编组,可按编组操作程序对任意站、任意广播区选择组合编组。广播时仅按编组序号图标(按键),即可对已存编组内的各广播区进行广播。本功能设定后,可以简化操作,实现快速地向多个广播区同时广播。

5. 平行广播功能

平行广播功能可将不同的信源通过不同的通道同时播向不同的广播区,即中心广播、行车广播、站台广播。列车到发自动广播等不同的信源,均可通过不同的通道将各音频信号同时连接到不同的广播区。

6. 应急广播功能

车站广播控制台设有"应急"广播按键,当车站广播控制单元出现故障时,可按下"应急"广播按键,此时车站广播控制台的话筒广播音频通过应急通道直接送至功率放大器,对所有广播区进行应急广播。

7. 监听功能

在中心广播控制台、车站广播控制台内,均具有监听电路和迷你型监听扬声器,车站值班员可通过车站广播控制终端及车站广播控制台选择监听本站任一广播区的广播内容。

8. 一键取消功能

在中心及车站广播控制终端和控制台上均设有一键取消按键,当本地操作员误播或发现其他操作者误播,均可按一键取消键,立即切断所有正在进行的广播。

9. 集中录音功能

中心广播控制台、车站广播控制台及车站广播控制终端均具有录音输出接口,所有现场人工话筒广播内容送往中心通信集中录音系统进行自动录音,中心及车站广播控制终端、站台监察亭广播控制终端能记录通话日期、起止时间等信息,预先录制的语句、现场录制的语句及线路输入的广播内容不送往集中录音系统。

10. 列车到发自动广播功能

车站广播机柜内的系统交换控制工控机设有与 PIS 系统的接口,系统交换控制工控机配置相应的语音储存器,通过 PIS 系统接收列车信息(包括列车接近、列车到达、列车离站等)。当收到列车某一信息时,系统自动启动并播放相应的广播内容。

11. 无线广播功能

无线广播功能在中心和车站均具有与无线系统的广播接口,控制中心调度员可使用广播控制终端(通过无线通信系统)对指定的列车进行广播,车站值班员可通过无线移动台(无线通信系统)对站内进行广播。

12. 广播与乘客信息系统联动功能

广播与乘客信息系统具有与 PIS 系统的接口(系统交换控制工控机形式为每站一个 RS 422 接口),用于接收 PIS 系统提供的列车在车站运行的乘客服务信息,包括站台自动广播及列车服务信息(列车接近、列车到达、列车离站)、末班车广播及站务信息、服务中止广播及站务信息、车站控制广播及站务信息等。当收到上述信息后,广播系统自动启动,播放相应的广播内容。

13. 双语广播功能

操作员在中心广播控制终端选取中文预制录音语句对车站进行广播时,系统能自动使用普通话及英语的相应录音语句进行广播。

三、广播系统控制方式

1. 广播系统组成

广播系统主要由中央智能广播台、站长广播台、站台(轨旁)广播台、桌面广播台、车站广播和车辆段广播组成。

(1)中央智能广播台。它设置在控制中心,具有语音、信号等控制能力,供环控调度员、行车调度员、维修调度员使用。紧急情况时,调度人员可对中心和车站任何区域进行广播。

(2)站长广播台。它设于车站控制室,具有语音、信号等控制功能,包括人工广播、线路广播、预存广播。车站值班员可对站台、站厅、办公区进行广播。

(3)站台(轨旁)广播台。它为全天候、有防护门的对讲台,可以防水并在恶劣环境下使用。站台广播台设于站台中部的墙上,每站台一个,对站台进行定向广播。轨旁广播台设于车辆段及地面站轨道沿线,对检修区域进行定向广播。

(4)桌面广播台。它设于车辆段范围的通号楼、检修楼、运用库,对车辆段道岔群、检修主厂房、运用库进行定向广播。

2. 广播系统优先级

广播系统有控制中心和车站两级控制,正常情况下以车站广播为主。事故抢险、组织指挥,以控制中心防灾广播为主。应运营防灾的需要,控制中心环控调度员有最高优先级。在优先级上,环控调度员高于行车调度员,行车调度员高于维修调度员,控制中心调度员高于车站值班员,站长广播台高于站台广播台。同一广播优先级时,预存语音信息高于人工广播。通常在预存语音信息中防灾广播优先级最高。当多等级信息相继触发时,正在播放的广播中断,自动进入按序等待状态。

四、广播的类型及广播词

地铁列车的广播分为常规广播、特殊广播、紧急广播、人工广播、列车服务广播和推广信息广播六种。其中,列车服务广播和推广信息广播能够为乘客提供更好的帮助和及时制止乘客乘车时的非正常行为。每种状况的广播常用语详见表5-2。

广播类型及广播常用语 　　　　　　　　　　　　　　　　表5-2

广播类型		广播用语
常规广播	离开广播	"列车前方到站是××站,下车的乘客请提前做好准备"。如为换乘站则为:"列车前方到站是××站,××站是换乘站,下车后请乘客按标识牌的提示换乘地铁××号线,去往沿途各站,谢谢!"
	到达广播	"××站到了。"

广播类型		广播用语
特殊广播	运营延误	"乘客请注意,本次列车的运营稍有延迟,敬请谅解!"
	列车故障慢行	"各位乘客,因××原因,本次列车将以慢速行驶,敬请谅解!"
	故障延误	"由于设备故障,本次列车的运营将延误,敬请谅解!"
	退出服务到站清客	"各位乘客,本次列车将停止运营服务,请您携带好随身物品,在站台等候下次列车。"
	区段运行	"各位乘客,本次列车的终点站是××站,给您的出行带来不便,敬请谅解!"
	紧急停车	"各位乘客,列车现在是紧急停车,请您握紧扶手,防止滑倒、碰伤,谢谢您的配合!"
紧急广播	区间清客	"请注意!列车无法继续运行,请乘客前行到车头方向,按照工作人员的引导去往下一站,请您注意安全,不要拥挤,避免发生损伤。"
	疏散乘客(区间)	"请注意!因发生紧急情况,请乘客前往就近的驾驶室按指示标志放下紧急踏板离开列车,请您注意安全,不要拥挤,避免发生损伤。"
	紧急撤离(列车在站台)	"请注意!因发生紧急情况,请乘客立即离开车厢,请您注意安全,不要拥挤,避免发生损伤。"
人工广播	乘客报警	"乘客请注意!现在列车××号车厢有乘客需要协助,前方站的工作人员已收到通知并准备好提供协助。列车到站前,请附近的乘客帮忙照顾,谢谢配合!"
	列车通过	"本次列车将在××站通过不停车,去往××站的乘客请在站台等候后续列车。由此给您带来的不便,敬请谅解!"
	车门故障	"乘客请注意!现在列车××号车厢的××号车门不能开启,下车的乘客请从其他车门下车。由此给您带来的不便,敬请谅解!"
	封站	"各位乘客请注意!奉上级指示,现在××线××站至××站列车的运营服务将暂停。去往受影响车站的乘客,请按照指示标志在(+位置)转乘××公司提供的免费接驳专车。给您带来不便,敬请谅解!"
列车服务广播		"列车关门时,请不要靠近车门。" "请小心列车与站台之间的空隙。" "请紧握扶手,谢谢配合!" "列车运行中,请不要倚靠车门,谢谢配合!"
推广信息广播		"各位乘客请注意!地铁车厢内严禁饮食、吸烟、乱扔杂物,请您共同协助保持好车厢环境,谢谢配合!" "各位乘客,乘车时请不要携带易燃、易爆等危险品进站乘车,谢谢配合!"
其他广播类型的广播词用语		"乘客您好!乘车时,请不要倚靠或手扶车门,以免发生危险。" "各位乘客,乘车时请先下后上,有序乘车。" "乘客您好!乘车时请将座位让给有需要的人,谢谢配合!"

任务 5-2   乘客信息系统预备知识学习

城市轨道交通正在从"以车辆为中心"的运营模式发展为"以乘客服务为中心"的运营模式。城市轨道交通十分重视乘客信息系统,尤其是乘客导乘信息系统(PIS)的建设。

乘客信息系统指的是城市轨道交通采用成熟、可靠的网络技术和多媒体传输、显示技术,在指定的时间将指定的信息显示给指定的人群的系统。

在正常情况下,乘客信息系统可提供列车时间信息、政府公告、出行参考、广告等实时多媒体信息。在火灾、阻塞及恐怖袭击等非正常情况下,乘客信息系统提供动态紧急疏散指示。PIS 能为乘客提供上述各类信息,使乘客安全、高效地乘坐城市轨道交通工具,也使城市轨道交通高效、安全地运营。

一、乘客信息系统构成

乘客信息系统是为了方便乘客候车、乘车,让乘客通过显示屏及时了解列车的运行状态及注意事项,有序候车和乘车。乘客信息显示屏如图 5-3、图 5-4 所示。

图 5-3   乘客信息显示屏(一)

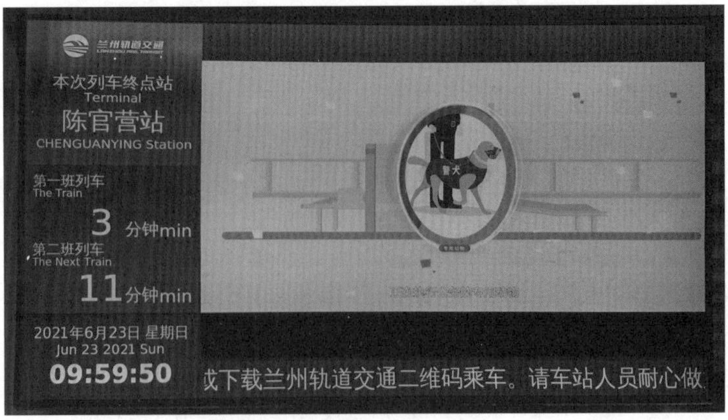

图 5-4   乘客信息显示屏(二)

乘客信息系统是依托多媒体网络技术,以计算机系统为核心,通过车站和车载显示终端向乘客提供信息服务的系统。在正常情况下,乘客信息系统提供乘车须知、服务时间、列车到发时间、列车时刻表、管理者公告、政府公告、出行参考、媒体新闻、赛事直播、广告等实时的多媒体信息。在火灾、阻塞及恐怖袭击等非正常情况下,其提供动态紧急疏散提示。车载设备通过接收无线传输的信息经处理后实时在列车车厢显示屏进行音视频播放,使乘客通过正确的服务信息引导,安全便捷地进行相应的处理与应对。

二、乘客信息系统结构

乘客信息系统按结构划分为四部分:运营控制中心子系统、车站子系统、网络子系统和车载子系统。其中,网络子系统分为有线网络和无线网络两部分。乘客信息系统的结构如图 5-5 所示。

1. 运营控制中心子系统

运营控制中心子系统在整个系统中主要负责外部信息流的采集、播出版式的编辑、视频流的转换、播出控制、对整个系统设备工作状态的监控以及网络的管理。运营控制中心子系统主要由中心服务器、中心播出服务器、中心操作员工作站、中心网络管理/系统监控工作站、网络视频、数字视频广播(DVB)、数字电视设备等构成。整个运营控制中心设备构成了一个完整的播出和集中控制系统,同时运营控制中心子系统还提供多种与其他系统的接口。

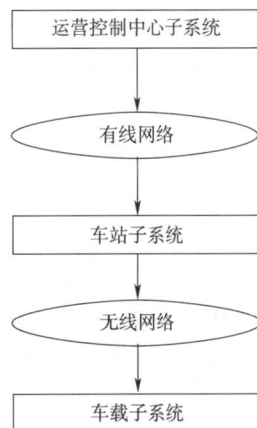

图 5-5　乘客信息系统的结构

2. 车站子系统

车站子系统的主要构成包括:车站服务器、车站操作员工作站、流解码器、信息播放控制器、分屏器、车站网络系统和现场显示设备等。车站子系统通过传输通道转播来自运营控制中心的实时信息,并在其基础上叠加本站的信息,如列车运行信息、公告信息和各类个性化信息等。

3. 网络子系统

网络子系统通过通信系统的传输网实现具体功能,通过在骨干传输网上组建一个典型的 IP 网络,传输从运营控制中心到各车站的数据信号和控制信号。

4. 车载子系统

传统的乘客信息系统只有车站的信息向导,无全网概念,系统功能较弱。随着无线传输的成熟,很多城市轨道交通乘客信息系统设置了车载乘客信息系统。运营控制中心子系统与各车站子系统通过传输系统相连,车载子系统与各车站子系统通过无线网络相连,接收相关的信息并在列车显示屏上显示。车载信息显示系统的建设是为了更好地提高服务质量,通过此系统,运营控制中心能快捷、方便地将一些热点新闻、资讯信息、交通状况、体育赛事、天气预报、时政要闻、广告和公告等信息通过视频、音频或文字的方式传播到车上,供乘客知晓并各取所需地加以利用。车载子系统最核心的问题是无线传输。目前,用于车地通信的无线网络有无线局域网(WANL)、数字电视地面广播、地铁专用无线通信(数字集群 TETRA)。

采用 TETRA 提供的传输通道不需另建无线网络,但采用此方式时,传输带宽较低,车地间信息传输内容和类型有局限性,通常采用无线局域网方式。

三、乘客信息系统功能

乘客信息系统的主要目的是通过运营控制中心对外部信息及信息通道进行控制,在指定的时间将指定的信息显示给乘客。其功能如下:

(1)系统具备紧急疏散程序:当发生事故时,操作员通过操作员工作站的紧急程序,将指定的信息显示给乘客。

(2)多媒体动态广告、静态广告、网络广告等多种广告相结合的方式,为地铁公司带来更多广告收入,同时为广告业主提供多种广告形式。

(3)实时信息显示,播放实时视频信号(如电视台模拟或数字节目)及其他监控视频信号,在显示屏上显示,实时信息能够通过控制中心操控周时间表、日时间表、节日时间表、季度时间表等。每个显示终端将根据控制中心发来的时间表、相关文件以及预先编辑设定的时间表自动播放多种文件格式、日常信息,如广告信息、定时的欢迎信息、紧急信息等。

(4)多语言支持:常有来自不同国家的乘客乘坐城市轨道交通,因此要求乘客信息系统在提供乘客资讯方面有多语言版本,可以播放预定义的简体中文、繁体中文以及英文信息。紧急信息可以优先覆盖预定义的播放信息,紧急信息可以手动清除。

(5)网络传输:基于 TCP/IP 协议,无论是在网络设计还是系统设计方面都要充分考虑系统将来的扩展性。例如:控制器与显示屏的接口尽量采用通用接口,尽量采用软件解决分辨率、压缩、解压等问题。

(6)显示系统可与系统时钟同步(针对所有终端),在没有时钟的地方,显示屏幕提供显时服务,时钟的显示可以是数字显示或模拟时钟方式。

(7)多媒体显示控制软件支持显示屏幕多区域分割功能(包括 PDP 及全彩屏),视频显示支持多样的播出功能:同屏幕显示多个子窗口,各个子窗口可支持不同的播出方式。针对不同显示屏,信息播出版面效果根据需要随时更新。

四、乘客信息系统显示优先级

乘客信息系统主要是确保乘客安全到达目的地,在此基础上给乘客提供更多的所需信息,例如乘车信息、商业信息等。因此,在乘客信息系统中必须考虑信息显示的优先级,高优先级的先显示,相同优先级的按先后顺序显示。在操作乘客信息系统时,应具备一定的信息技术应用能力,能够熟练使用乘客信息系统进行不同显示级别的信息发布。

紧急灾难信息的优先级最高,然后依次是列车服务信息、乘客导向信息、站务信息、公共信息和商业信息。

高优先级的信息可中断低优先级信息的播出,低优先级的信息不能中断高优先级信息的播出。当高优先级信息被触发时,低优先级信息被中断,停止播出。如果发生紧急情况,自动进入紧急信息播出状态,其他信息播放终止。系统以醒目的方式提示乘客紧急疏散,直到警告解除。相同优先级的信息按信息发出的先后顺序播放。

任务5-3 广播系统操作

【工具准备】 广播台。

【知识准备】 任务一的知识内容。

【实施方式】 在自动广播系统故障的情况下,学生分别针对常规广播、特殊广播、紧急广播、列车服务广播等广播类型完成相应的广播词,并操作设备进行广播。

实训工作页5-1 不同类型的广播操作

操作内容	考核标准
常规广播	广播词恰当、简洁
	广播流利、设备操作正确
特殊广播	广播词恰当、简洁
	广播流利、设备操作正确
紧急广播	广播词恰当、简洁
	广播流利、设备操作正确
列车服务广播	广播词恰当、简洁
	广播流利、设备操作正确
推广信息广播	广播词恰当、简洁
	广播流利、设备操作正确
其他广播类型广播词用语	广播词恰当、简洁
	广播流利、设备操作正确

任务5-4 乘客信息系统显示操作

【工具准备】 乘客信息系统。

【知识准备】 任务二的知识内容,具备一定的信息技术应用能力。

【实施方式】 学生分小组,设置车站正常情况下、火灾与阻塞、恐怖袭击等非正常情况下乘客信息系统的显示,熟练使用乘客信息系统进行不同显示级别的信息发布。

实训工作页5-2 乘客信息系统操作

操作内容	考核标准
演练方案	方案设计完整、流程正确
演练准备	角色分配合理
	具备一定的信息技术应用能力
演练过程	熟练使用系统进行不同显示级别信息发布
	信息沟通完整
	成员配合默契
	语言表达流畅

知识拓展

一、最新技术——地铁数字广播系统

近年来地铁建设步伐迅速,地铁广播系统日臻完善,但仍以模拟传输为主,布线复杂,成本较高,不便于远程播放管理和信息灵活发布。随着数字音频传输技术的飞速发展,数字广播技术日渐成熟,数字广播系统在地铁中的应用和发展也受到业内外人士的广泛关注。

传统广播系统存在的问题如下。

①技术落后,兼容性、扩展性不佳。

②音质差、功能单一。

③安装复杂、维护不便、故障率高。

数字广播系统相对传统广播系统的优势如下。

①集公共广播与消防广播于一体。

②易于安装、扩展、维护。

③采用分布式结构,没有中央控制主机,不会因为主机故障导致整个系统无法工作。

④集成度高,设备少,可节省大量空间(一台设备的功能相当于传统模拟系统一个机柜设备的功能)。

⑤具有实时自动音量控制功能,采用数字式噪声传感器,通信距离可达1000m。

⑥可检测广播线路的开路、短路、接地,广播线路短路时则自动断开其连接。

⑦可接入人机交互客户端,以不同颜色显示不同状态,具有电子地图显示功能。

二、实用信息

1. 地铁常用标准英语广播用语

（1）提醒站台候车乘客

①The train bound for ×× is arriving. Please stand behind the yellow line.

开往××方向的列车即将进站，请站在黄色安全线以外候车。

②Please wait in line and let passengers get off first.

请排队等候列车，先下后上。

③Please move along the platform to the middle of the train for easier boarding.

请往站台中部走，那里比较容易上车。

④Please stand back and keep away from the screen doors.

请远离站台门。

⑤Please mind the gap between the train and the platform.

请小心列车与站台之间的缝隙。

⑥Please take care of your children and belongings.

请照顾好小孩，看管好随身物品。

（2）提醒下车乘客

①For safety reasons, please use our lift if you have a baggage or bulky items. Thank you for your cooperation.

为了您的安全，请携带大件行李的乘客使用电梯。谢谢您的合作！

②When using the escalators, please stand firm and hold the handrail. Please don't run or walk in the wrong direction. Thank you!

乘坐自动扶梯时，请站稳扶好，不要逆行。谢谢！

③Please have your ticket ready before you reach the exit gate. Thank you!

请出站前提前准备好车票，谢谢！

（3）提醒乘客设备故障

Dear passengers, your attention, please! ×× is out of work because ××. Passengers are advised to ××. We apologize for any inconvenience this might cause. Thank you for your cooperation.

各位乘客请注意，由于××原因，××设备目前停止运行。建议您××。给您带来的不便敬请谅解，感谢您的配合。

2. 北京地铁的英文广播

①Do not lean on doors.

请勿倚靠车门。

②Please take care of accompanying elderly passengers or children. Let arriving passengers alight first.

请留意随行长辈及孩童的安全，并遵守先下后上的乘车秩序。

③Passengers to Dongdan please exit by Exit 2. Thank you.

往东单的乘客,请由2号出口出站,谢谢。

④Do not force your way through the doorway when you hear the buzzer that indicates the door is closing.

当列车关门警示音响起,请勿强行进入车厢。

⑤Do not linger on the gangway.

请勿在车厢连接处停留。

⑥Keep hands clear of the door.

勿将手靠近门缝。

⑦Please yield your seat to those in need.

请将座位优先让给有需要的乘客。

⑧Door's closing.

车门即将关闭。

⑨Terminal station. Thank you for traveling on this Metro.

终点站到了,谢谢您搭乘本次列车。

知 识 巩 固

一、填空题

1. 广播系统由_____、_____、_____三个相互独立又相互联系的子系统构成。

2. 通过_____广播控制台对本站所有管辖范围的全选区、多个选区或单个选区进行话筒、背景音乐广播。

3. 广播系统有_____和_____两级控制。正常情况下以车站广播为主;事故抢险、组织指挥,以控制中心防灾广播为主。

4. 乘客信息系统是依托多媒体网络技术,以_____为核心,通过车站和车载_____向乘客提供信息服务的系统。

5. 乘客信息系统按结构划分为四部分:_____、_____、_____和_____。

二、简答题

1. 简述广播系统的控制及广播优先级。

2. 假设一列车由于前方线路事故导致被迫停车等待,你作为一名车站工作人员应如何进行广播通知?

3. 简述乘客信息系统各组成部分的功能。

4. 乘客信息显示的优先级是如何安排的?

安全和监控设备篇

城市轨道交通车站设备
（第4版）

项目 6
低压配电与照明系统设备

🎛 知识目标

1. 掌握低压配电系统的构成、负荷分类及供电方式。
2. 掌握照明系统的分类与主要设备。
3. 掌握 UPS、EPS 的作用与区别，了解其基本原理。
4. 掌握照明系统的事故及应急照明工作原理。

🎛 能力目标

1. 具备低压配电与照明系统的日常巡视能力。
2. 能够规范操作低压配电与照明系统。
3. 具备低压配电与照明系统应急处理能力和团队协作能力。

🎛 素养目标

1. 培养学生养成安全操作规范，并能帮助乘客提高安全意识。
2. 加强应急处理能力和团队协作能力。

🎛 建议学时

8 学时

🎛 知识体系与技能要求

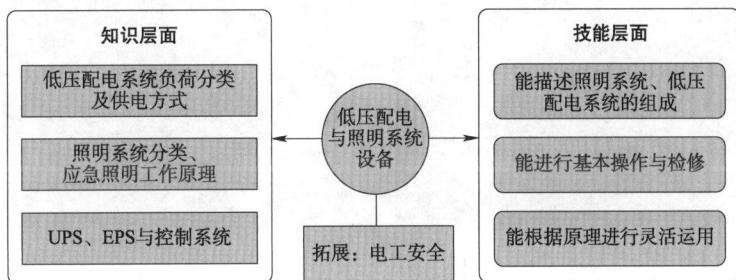

知识层面		技能层面
低压配电系统负荷分类及供电方式	低压配电与照明系统设备	能描述照明系统、低压配电系统的组成
照明系统分类、应急照明工作原理		能进行基本操作与检修
UPS、EPS与控制系统		能根据原理进行灵活运用
	拓展：电工安全	

任务6-1　低压配电系统预备知识学习

思考

地铁车站哪些地方需要用电?

牵引用电,如列车运行;其他设备用电,如照明、空调、通风、给排水、通信、信号、防灾报警、电梯、自动扶梯等。地铁主要用电如图6-1所示。

a)照明用电

b)检票用电

c)调度指挥用电

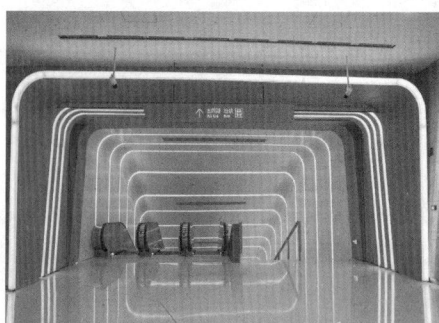

d)售票用电

e)信号用电

f)自动扶梯运行用电

图6-1　地铁主要用电

一、低压配电系统概述

低压配电系统主要为车站电气设备(消防设备、通信和信号设备、售检票设备、空调通风设备、给排水设备等)提供 AC380V 三相或 AC220V 单相电源。低压配电系统与供电系统的专业接口在配电系统 400V 低压开关柜进线开关上口,与末端用电设备系统的专业接口在末端用电设备控制箱进线开关上口。

低压配电系统是以降压变电所为基础,将地铁电网 AC35kV 或城市电网 10kV 中压配电降压为 380/220V 或 660/380V 的低压电。变电所是地铁配电系统的重要组成部分,主要作用是为低压设备提供和分配电能

知识拓展

地铁第三轨一般采用的供电制式为 DC750V,架空式接触网一般采用的供电制式为 DC1500V。

接触网、接触轨采用的供电制式标准为 DC750V 或 DC1500V。

图 6-2 为地铁供电系统与外部电源的供电系统结构示意图,虚线 2 上方为外部供电系统,虚线 2 下方为地铁供电系统。牵引供电系统以地铁牵引变电所为主,低压配电与照明系统以降压变电所为供电起始端。

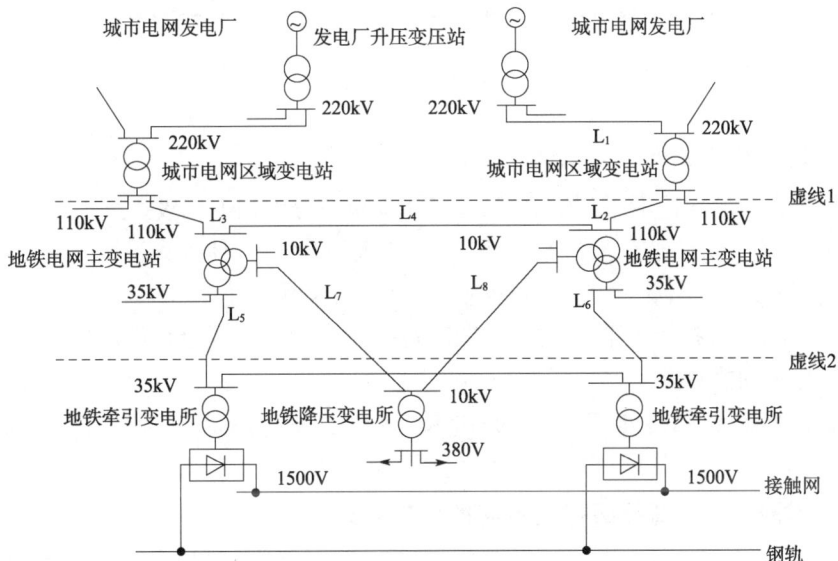

图 6-2　地铁供电系统与外部电源的供电系统结构示意图

从上述内容可知,地铁车站中的电力供应来自城市电网,经由地铁高压供电系统的降压变电所,提供车站设备需要的低压电。那么在复杂的地铁系统中,低压配电系统需要具备哪些重要的功能呢? 它处于怎样的地位?

低压配电系统在城市轨道交通中具有举足轻重的地位,它的可靠性、安全性决定了通信、信号、设备监控(BAS)、自动售检票(AFC)、火灾报警(FAS)以及消防等系统的运行质量,尤其在非正常工况状态下,它是地铁正常运营的重要保障。总体来说,低压配电系统的作用是将低压电力安全、可靠、合理地配置给各个用电负荷,其具体要求如下。

(1)安全性:能够尽量防止人身触电、保证设备正常运行,发生火灾时保证正常供电。

(2)可靠性:保证地铁运营时间内持续不间断供电,保证运营高峰期的用电负荷容量(开关/线缆/变压器),保证良好的电力质量,保证过电流过电压的继电保护,保证恶劣天气下地铁可靠运行。

(3)合理性:在保证对重点负荷的供电安全性、可靠性基础上能实现经济运行,节约电能。

为了保证低压配电的安全性、可靠性和合理性,在对低压配电系统进行系统设置时,需要相关的系统与设备,下面作具体介绍。

二、低压配电系统的负荷分类与配电方式

1. 车站用电负荷等级

根据用电设备的用途不同和重要性,车站用电负荷分为如下三级。

(1)一级负荷:包括通信系统、信号系统、火灾报警系统、气体灭火系统、机电设备监控系统、站台门、消防泵、废水泵、防淹门、站控室、车站风机及其风阀等。

(2)二级负荷:包括污水泵、集水泵、自动扶梯、电梯、轮椅升降机、民用通信电源、维修电源及冷水机组油加热器等。

(3)三级负荷:包括冷水机组、冷冻水泵、冷却水泵、冷却塔风机、电开水器、清扫电源等。

2. 根据不同用电负荷等级提供不同的配电方式

为了保证重要设备的电力供应,低压配电系统将在应急时刻,集中力量保证一级负荷的电力供应,尽量保证二级负荷的电力供应,切断三级负荷的电力供应。仅仅如此,仍不

能满足电力可靠性的要求。因此,在配电时,根据不同用电负荷等级,提供不同的配电方式。

(1)对降压变电所直接供配电的一级负荷设备(如通信系统、信号系统、站控室、废水泵等)系统,由降压变电所低压柜两段母线各馈出一路电源至设备附近的双电源切换箱,经电源切换箱实现双电源末端切换后再馈出给设备。两路电源正常时,一路工作,一路备用,并可互作备用。同时,配置应急电源,以保证在两路电源均失电情况下仍能够正常供电。两路互为备用且可以不间断地自动投放的电源系统称为不间断电源系统(即 UPS系统)。

(2)对降压变电所直接供配电的二级负荷设备(如自动扶梯、工作人员电梯、污水泵、集水泵等)系统,由降压变电所低压柜其中一段母线馈出一路电源至设备附近的电源配电箱后再馈出给设备。如果突然中断,负载将不能正常运行。在某种程度上会造成一定的损失,因此一般需要建立具有备用电源的供电系统(如专门用于应急供电的电源系统,即 EPS系统)。

(3)对降压变电所直接供配电的三级负荷设备(如环控三类负荷、活塞式冷水机组、离心式冷水机组、空调机、空调新风机等)系统,由降压变电所低压柜其中一段母线馈出一路电源至设备附近的电源配电箱后再馈出给设备。

练一练

请结合前面所学知识,填写表6-1。

低压配电系统的负荷分类与配电方式 　　　　　表6-1

负荷类型	相关设备	配电方式
一级负荷		
二级负荷		
三级负荷		

三、UPS 与 EPS 系统

如前所述,我们知道一级负荷、二级负荷根据其重要性配置 UPS 和 EPS 系统。那么,什么是 UPS 和 EPS 系统呢?

1. UPS 系统

UPS 是英文 Uninterruptable Power Supply 的缩写,中文意思是"不间断电源"。它是能够实现两路电源之间不间断地相互切换的电气装置。严格意义上讲,UPS 不是一种电源,它不是依靠能量形式的转换来提供电能,而是提供一种两路电源之间无间断切换的机会,如图 6-3 所示。

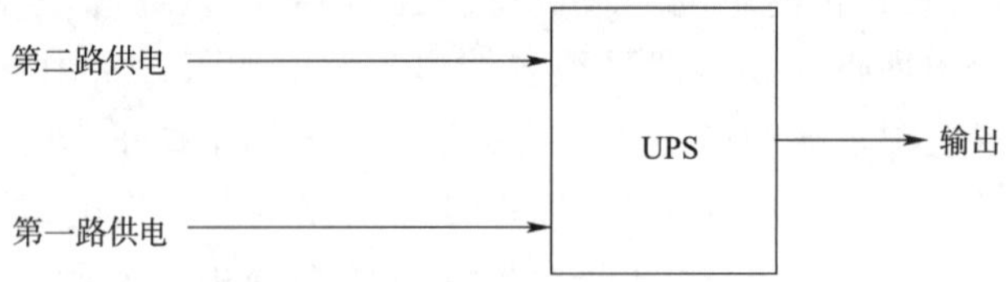

图 6-3　UPS 的供电方式

知识链接

UPS 的主要作用——解决电网中的"骚扰"

一是应急使用,防止突然断电而影响设备正常工作,给用电设备造成损害;二是消除市电上的电涌、瞬间高电压、瞬间低电压、电力线噪声和频率偏移等"电源污染",改善电源质量,为用电设备提供高质量的电源。

2. UPS 系统工作原理

UPS 的分类较多,在此以保障性较强的双转换式 UPS 为例进行讲解。

双转换式[Double-Conversion,又称为在线式(On-Line)]基本组成为整流器/充电器、逆变器、静态开关(静态旁路)、手动旁路开关(手动维修旁路)、电池,逆变器串联在交流输入和负载之间,如图 6-4 所示。

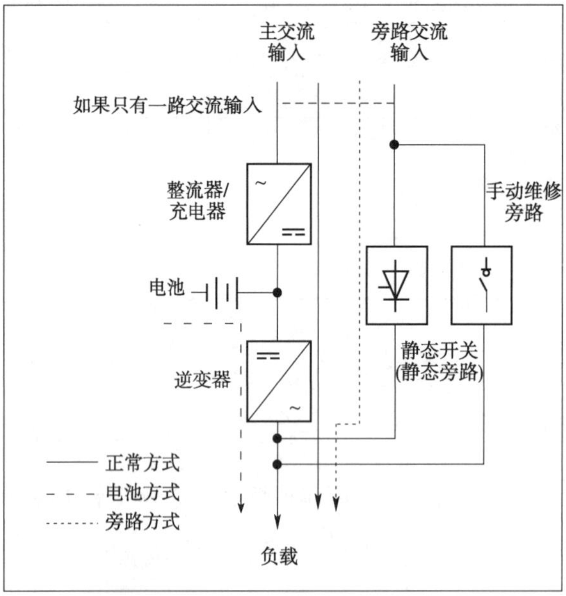

图 6-4　UPS 工作原理

UPS 系统包括如下五种具体运行模式。

（1）正常运行方式。

正常运行方式（图6-5）：提供给负载的所有电力都经过整流器/充电器和逆变器的双重转换（AC-DC-AC），双转换模式因此而得名。整流器/充电器对电池进行浮充电以保持电池处于满充状态。

（2）电池后备运行方式。

市电停电或超限、电池放电工作方式：当交流输入电压超出 UPS 允许的容限范围，或市电中断时，电池供出电能经逆变器无间断地投入，继续为负载供电。UPS 将持续运行，直到电池放电终止或在市电恢复正常时回到正常运行方式。UPS 电池后备运行工作原理如图 6-6 所示。

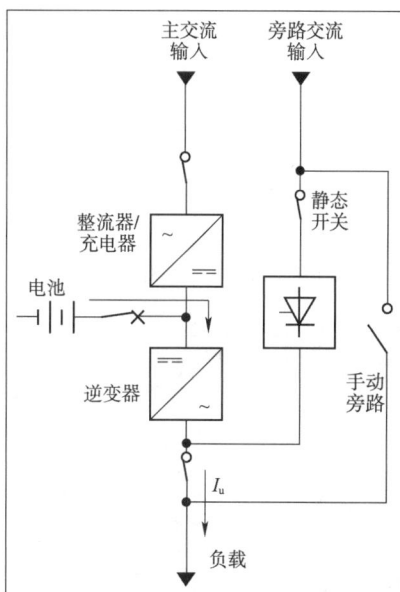

图6-5　UPS 正常运行工作原理　　　图6-6　UPS 电池后备运行工作原理

（3）恢复充电运行方式。

市电恢复正常（充电）工作方式：提供给负载的电力都经过整流器/充电器和逆变器的双重转换，同时整流器/充电器开始给电池进行恢复性充电。UPS 恢复充电运行工作原理如图 6-7 所示。

（4）旁路运行方式。

当逆变器停止工作时，负载可以无间断地切换到旁路交流输入。根据安装方式不同，由市电或后备电源供电。引起旁路运行的原因可能是：UPS 内部故障，负载电流瞬变、电流尖峰（冲击电流或故障电流）、人为停止逆变器。UPS 旁路运行工作原理如图 6-8 所示。

（5）维修运行方式。

UPS 维修时，通过手动的方式将负载无间断地切换到维修旁路，这样可以将 UPS 的内部进行隔离，在不中断负载运行的情况下对 UPS 进行维护和维修。

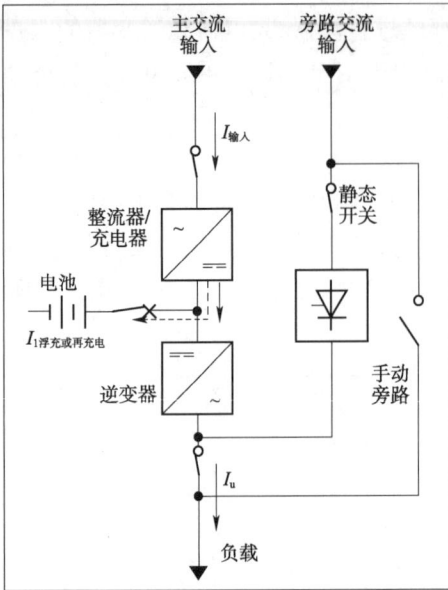

图 6-7 UPS 恢复正常(充电)运行工作原理

图 6-8 UPS 旁路运行工作原理

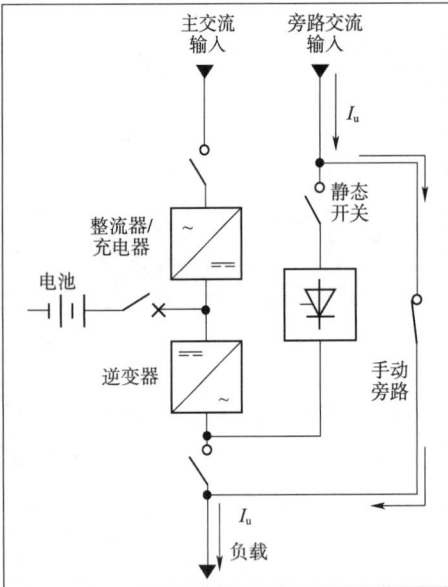

图 6-9 UPS 维修运行工作原理

整流器/充电器、逆变器和静态开关被开断并从主电源隔离出来,电池被其保护型断路器隔离。UPS 维修运行工作原理如图 6-9 所示。

3. EPS 系统

EPS 即 Emergency Power Supply,称作应急电源。

在城市轨道交通中,后备式应急电源柜(EPS)能为车站应急照明设备提供应急电源。在正常照明灯因事故熄灭时,保证应急照明设备安全、连续地正常使用,可避免出现因照明事故引发的不安全事件。

应急电源在市电正常时,由市电输出给所带负载供电。其中一路给蓄电池充电。市电故障时由蓄电池逆变输出给所带负载供电。检修时需打到旁路检修状态进行检修。应急电源工作原理如图 6-10 所示。

EPS 与 UPS 的主要区别表现在只能解决市电停电时的应急供电,不能消除电源干扰,且需 0.8 ~ 4s 的间断转换时间。

如图 6-11 所示,EPS 系统的构成主要包括主机柜和电池柜。主机柜与电池柜内部有大量的电气元件,保证设备正常运行,同时均配有巡检仪,用于显示系统的运行情况。如有异常,巡检仪会及时显示,其内部结构在此不做讲解。

图 6-10 应急电源工作原理

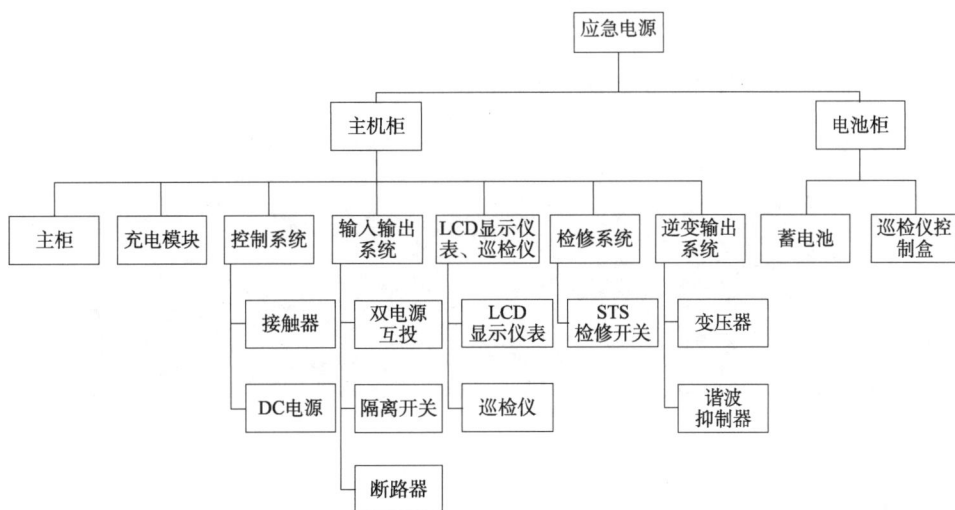

图 6-11 EPS 系统构成

四、低压配电系统其他设备

低压配电系统用于低压配电的设备元件,主要有 400V 低压开关柜、双电源配电箱(柜)、配电箱(柜)以及电缆、电线。

1. 低压开关柜

(1)低压开关柜的定义:低压开关柜是由一个或多个低压开关设备和与之相关的控制、测量、保护、调节等设备组成,由制造厂家负责完成所有内部的电气和机械的连接,用结构部件将其完整地组装在一起的一种组合体。中央控制室的计算机系统可与其联网,对各供配电回路的电参数进行监测,对断路器进行监视、控制。

(2)低压开关柜的特点:结构紧凑、易于维护、预防或避免事故发生,减少设备维护和检修时间,实现数据资源共享、智能化。

(3)低压开关柜的分类:低压开关柜为封闭式室内成套设备,一般采用抽屉式柜体,便于运营维护。此种柜体也是低压柜的发展趋势,主要分为以下几类,名称及功能见表6-2。

低压开关柜分类   表 6-2

序号	名称	功能
1	母联柜	将两路电源的主母线进行联通,实现两路电源互为备用
2	馈线柜	分配电能
3	进线柜	接收电能并传递给主母线、配电母线
4	电机控制柜	对风机、风阀等机电设备进行控制
5	电容补偿柜	进行无功补偿,提高功率因数

400V 低压开关柜(图 6-12)的主要功能是将来自于两台不同变压器的 400V 电源放射式配电给各用电负荷,同时拥有对两台变压器电源的母联功能。

图 6-12　400V 低压开关柜

2. 双电源配电箱(柜)

双电源配电箱(柜)的主要功能是将来自于 400V 低压开关柜不同母线的 380V 电源配送给同一一级用电负荷。

双电源切换的原理通常采用接触器继电器搭接方式或设置双电源自动切换装置方式(图 6-13)。一般实现双电源切换的断路器和接触器不带有过载保护,但均应具有灭弧功能。

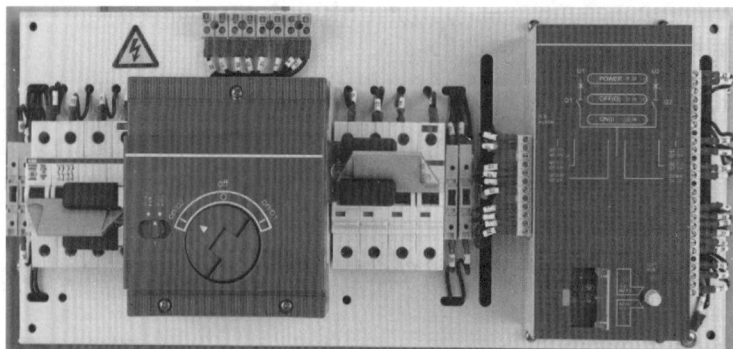

图 6-13　双电源自动切换装置方式

3. 配电箱(柜)

(1)配电箱(柜)的主要功能是为各类用电负荷配送 AC380V 和 AC220V 电源,并对配电线路进行电气保护。

(2)配电箱(柜)内的主要电气元件包括:各类分断开关和接触器[图 6-14c)]。分断开关包括:隔离开关、负荷开关、断路器[图 6-14a) 和 b)]。

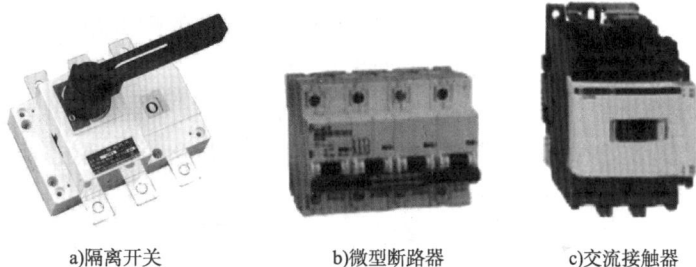

a)隔离开关   b)微型断路器   c)交流接触器

图 6-14 电气元件

①隔离开关主要用于分断电路,有明显断开点,但不能带负荷分断电源,且不具有一般电气保护功能。

②负荷开关有隔离功能,有灭弧性能,可以用于带负荷分断电源,但不具有一般电气保护功能。

③断路器不但可以带负荷分断电源,而且具有电气保护功能。

4. 电缆、电线

(1)电缆、电线的区别:电缆应用于由低压柜馈出至配电箱、双电源箱、控制柜及配电箱馈出至设备的连接,绝缘电压等级为 1000V;电线应用于照明设备的连接、配电箱的出线,绝缘电压等级为 500V。

(2)电缆、电线的应用:低烟低卤耐火型电缆或电线应用于 FAS、EMCS、隧道风机、回排风机、风阀、组合空调箱、排烟风机、防火阀、垂直电梯等火灾工况下;低烟无卤型电缆或电线应用于有人值守场所,以保证人身安全。

五、低压配电系统对设备的控制方式

思考

 家里和教室里的电灯及家用电器有哪些断电和控制方式?

对于一般的家用电器,其通断电的方法一般至少包括电气设备上的开关、家庭电源总闸开关两种。虽然两种方法的优先级别不同,但是均能够一定程度地影响电器的送电。那么,在自动化程度较高的城市轨道交通系统中,车站设备在不同情况下将采用不同的通断电方式:正常情况下一般为远程自动控制,维修时一般为就地控制。下面我们简单地对这部分内容进行介绍,让同学们对低压配电相关设备的配电运行有所了解。

（1）对通信、信号、站控室、废水泵、电梯、自动扶梯等由降压变电所直接供配电的系统设备,低压配电系统提供电源至各设备附近的配电箱或双电源切换箱,工作人员可在降压变电所、设备附近的配电箱或双电源切换箱上对各设备进行电源通断或切换操作控制。

（2）对环控设备(如空调、风机、水泵等)采用两种控制方式,即就地控制(设备附近)、站控室控制(通过 EMCS 系统控制)。

（3）对冷水机组、FAS 相关设备(如风阀、防火阀、防火卷帘门、挡烟垂幕等)、EMCS 系统、AFC 系统等设备,低压配电系统提供电源至各设备附近的配电箱或电源切换箱,工作人员可在环控电控室或设备附近的配电箱或双电源切换箱上对该设备进行电源通断或切换操作控制。低压配电系统作为车站设备重要的“能量源头”无处不在。低压配电系统的可靠性与安全性是保证整个地铁正常运行的重要环节。因此,通过学习此部分内容,同学们应对低压配电系统有基本的认识,并能够对 UPS 和 EPS 加以区分。

实训工作页 6-1　低压配电系统知识梳理

知识准备:完成低压配电系统知识学习。

工具准备:无

任务准备
1.学习低压配电系统的组成、负荷分类与配电方式。
2.学习 UPS 与 EPS 电源,掌握它们的工作原理。
3.学习低压配电系统其他设备。

任务实施:完成以下引导问题	
引导问题	知识总结
车站用电负荷等级分为哪几类?	
对降压所直接供配电的一级负荷设备系统应如何配电?	
对降压所直接供配电的二级负荷设备系统应如何配电?	
对降压所直接供配电的三级负荷设备系统应如何配电?	
UPS 的主要作用是什么?	
简述 UPS 的工作原理	
简述低压开关柜的特点及分类	
说明隔离开关、负荷开关和断路器的异同	

任务 6-2　照明系统日常检查

照明系统既是保持城市轨道交通车站明亮的关键设备,同时也具有美化环境的作用。

因此,在进行地铁照明系统的布置时,其明亮度、艺术性均应受到广泛的关注。下面我们对照明系统的设置要求、种类及其控制等内容进行具体介绍。

一、照明系统设置要求

为了提高乘客的舒适度,保证乘客在候车和换乘的过程中处于足够的亮度的空间,在进行照明系统设置时,需要至少满足以下几个设置要求与原则。

(1)为了避免出入地铁的人员感受过大的亮度差别,地铁照明系统在不同区域均应有一定的照度(亮度)限制,如表6-3所示。

部分地铁照明系统照度要求   表6-3

位置	照度(lx)	度量位置	位置	照度(lx)	度量位置
车站控制室	300 ~ 500	工作面	站台值勤室	300	桌面
出入口(有篷)	300	地面	自动扶梯两端	250	地面
站长室	300	桌面	楼梯间	200	地面
客务中心	300	桌面	站台边缘	200	地面
公安值班室	300	桌面	站厅一般范围	180	地面
装置及设备室	300	桌面	检票闸机范围	180	地面
会议室	300	桌面	售票机范围	180	地面

思考

1. 你能发现表6-3中照明系统照度的规律吗?

2. 为了保障停留在地铁内人员的安全和感觉舒适,照明系统应如何设计?

为了提供舒适的环境,地铁中的灯具布置需要具备照度充足且均匀、维修方便、安全、灯泡安装容量小、布置整齐美观、与建筑空间相协调、光线射向适当、无眩光、无阴影等特点(图6-15)。

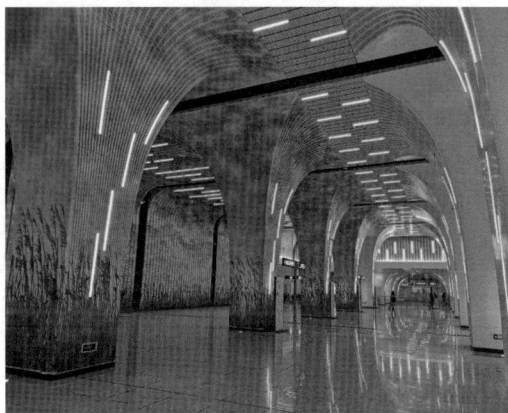

图6-15　地铁车站内灯具布置

(2)光源的光色和灯具的安装位置都不应导致与信号图像相混淆。在地铁车站中标志清晰非常重要,因此灯具的颜色一般设置为正常白色,不能因为考虑美观而设置为其他颜色,如红色、绿色这种具有特殊指示含义的灯具。

课后实践

请同学们走进地铁拍摄你认为最美的地铁车站,并向大家展示。

(3)要注重节能环保。在地铁中为了实现节能,照明系统在不同季节会采用不同模式,并设置了自动开关时间,如表6-4所示。

北京某地铁公司的照明系统在不同季节开关时刻表   表6-4

季节	春季	夏季	秋季	冬季
	3~5月	6~8月	9~11月	12月~次年2月
开关时间	开:先天17:30 关:次日6:30	开:先天18:30 关:次日6:00	开:先天17:00 关:次日7:00	开:先天16:30 关:次日8:00

思考

我国在节能方面有哪些具体的措施?城市轨道交通运营企业有哪些节能措施?

此外,照明系统会根据实际情况进入正常模式与火灾模式。同时照明系统还可配置专门的节电照明。

(4)车站照明灯具布置要因地制宜。

灯具选择过程中要根据亮度、颜色以及节能的要求来考虑。地下车站照明以荧光灯为主,事故照明采用荧光灯或节能灯,区间照明及站台下、折返线查坑、车辆段检查坑的安全照明采用节能灯。随着科技的发展,LED灯具日益发挥其节能耐用的优势,得到越来越多的应用。另外,不同位置的照明需要具备不同的特点,应进行特别的设计,以下即为不同区域的常用灯具及要求说明。

①区间照明灯具应具有防水、防尘、耐腐蚀的特点,还应具有一定的遮光性能,光源一般采用60W白炽灯或节能型荧光灯。

②车站站厅、站台公共区照明以嵌入式格栅灯和筒灯为主。

③无吊顶房间照明以吊管形式荧光灯和筒灯为主。

④有吊顶房间照明采用嵌入式格栅灯、筒灯和吸顶灯。

⑤有火灾危险的场所照明采用防爆灯。

课后实践

安排学生利用课余时间查询整理目前广泛应用的节能灯,经比较后评选出性价比较高的节能灯具。

二、照明系统种类

从负荷划分来说,照明系统可分为不同的类型。下面我们对照明系统种类与配电方式等内容进行介绍。

1. 一般照明、工作照明

一般情况下,车站站台、站厅的两端各设置一个照明配电室。室内集中安装各类照明配电控制箱,在站台两端各设置一个事故照明装置室。一般照明、节电照明、设备及管理用房照明的电源分别在降压变电所的低压柜两段母线上各馈出一路电源,与照明配电室的两个配电箱连接,以交叉供电方式向站台、站厅、设备及管理用房供电。

2. 事故照明(应急照明)

事故照明也称为应急照明。地铁发生意外时,正常照明失电的情况下,事故照明将会自动启动。事故照明作为车站遇突发状况的"救命灯",保证其正常的供电尤为重要。以北京地铁某车站为例,主照明熄灭时应急照明持续时间:南端乘客服务中心30min、北端乘客服务中心30min、南端环控电控室60min、北端环控电控室60min、车站控制室60min、计算机室60min、票务室60min、通信设备室60min。

事故照明为地铁低压配电设备中的一级负荷,采用的配电方式参见前文所述。其电源的运行原理,参见前文"EPS系统"的介绍。事故照明的设置方式如下。

事故照明配电

(1)重要房间设置事故照明,其照度为正常照度的10%左右。

(2)站内通道每隔20m设标志灯,距地面小于1m。

(3)站台、站厅及出入口为长明灯,不设集中控制。

(4)侧墙上诱导标志灯间距为10~15m,高度为距地面1m。

(5)安全(疏散)出口标志灯应安装在出口的顶部或靠近出口上方的墙面上,见图6-16。

(6)标志灯的下边缘距门的上边缘不宜大于0.3m,并与疏散方向垂直。

(7)标志灯的方向应指向最近的安全出口。

(8)当安全出口或疏散出口位于疏散走道侧面时,应在其前方位置的顶棚下设置疏散诱导标志(图6-17)。

图6-16　安全出口位置示意图

图6-17　常见疏散诱导标志图

3.广告照明

广告照明分布于站台、站厅公共区,采用日光灯灯箱的形式,一般由照明配电室配电箱统一分配供给,而在某些地铁车站,三级负荷的广告照明与正常的其他照明供电电源是分开的。

4.区间隧道照明

区间隧道照明均安装在地铁隧道两侧壁,如图6-18所示。其中,一般照明设在站台两端隧道入口处。区间隧道照明一般由照明箱配出,每间隔20m设一个,一般为70W高压钠灯。疏散照明每间隔20m设一个,一般为36W荧光灯,指示照明、出口指示牌照明每间隔50m设一个,不同属性照明交叉设置。

图6-18 区间隧道照明

三、照明系统的控制

照明系统的控制主要有就地级控制、照明配电室控制、电力自动化系统(Electrical Monitoring and Control System,简称EMCS系统)集中控制(自动控制)和低压配电室控制。

1.就地级控制

各设备及管理用房进门处设有就地开关盒,可控制相应设备及管理用房的一般照明,区间隧道一般照明由设于隧道两端入口处的区间隧道一般照明配电箱控制。

2.照明配电室控制

照明配电室设有相应照明场所的照明配电箱,可在配电室内集中控制相应场所的一般照明、节电照明、事故照明及广告照明。图6-19和图6-20为照明配电箱,其下方的开关标记为:信号、环控、机房照明、厕所、环控、机房照明、通信、电控室照明、出入口照明等。

3.EMCS系统集中控制

EMCS系统集中控制主要指通过机电设备监控EMCS,实现远程控制。在其控制下,事故照明应具有在防灾报警系统中强启动功能,照明系统通过读取车站列车接发系统或乘客引导系统的信息,合理启闭站台灯具。其主要功能如下:

(1)具有系统联网自动控制及人工控制功能。

(2)具有按车次信息进行自动启闭灯具和降功率二次节能的功能。

(3)具有人工干预功能:可对列车晚点、更改站台股道、加开临时列车、车次停运进行人工干预。

(4)具有查询功能:可按站台、车次等查询照明工作情况,按通道、终端查询设备参数情况。

(5)具有检错功能:线路、接口设备、终端逻辑控制、编译码器故障均能自动显示在监视器上,对操作人员的错误操作有文字提示及操作指导。

(6)具备直接发送功能:可直接向任一控制终端发送干预信息。

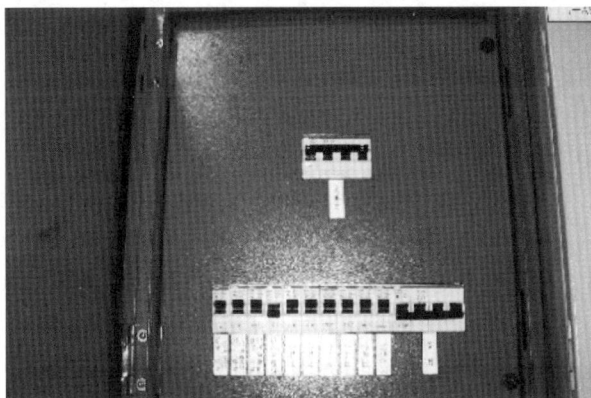

图 6-19　照明配电箱

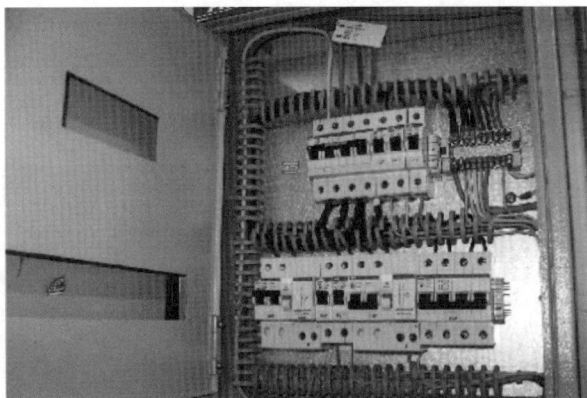

图 6-20　照明配电箱内部示意图

4.低压配电室控制

除了上述控制方式外,在各个控制照明的配电箱,低压配电室的开关柜也可以对照明系统进行控制,在此不赘述。

知识拓展

各系统供电控制

设备用房照明:就地级控制→照明配电室控制→EMCS 系统集中控制→低压配电室控制。

站厅、站台公共区照明/出入口照明、广告照明/站台板下安全照明:照明配电室控制→EMCS 系统集中控制→低压配电室控制。

事故照明:照明配电室控制→EMCS 系统集中控制→蓄电池室→低压配电室控制。

区间照明:隧道口控制箱就地级控制→EMCS 系统集中控制→(蓄电池室)→低压配电室控制。

任务6-3 低压配电与照明系统操作及巡检

【工具准备】 控制柜专用钥匙、警示旗(牌)、对讲机等。

【知识准备】 见任务一、任务二中"低压配电与照明系统认知"。

【实施方式】 本任务采用教师示范操作、学生分组实际操作的方式,分组实际操作完成后,每组选一名学生进行实际操作检验,记录平时成绩。

实训工作页6-2 照明系统巡检

操作项目	操作内容	操作步骤
照明系统巡检	找出图 6-21 中照明系统存在的问题	 图 6-21 存在问题的照明系统

续上表

操作项目	操作内容	操作步骤
照明系统巡检	照明系统改善（图6-22）	  图 6-22 改善后的照明系统
	日常巡检项目	（1）巡视设备外观，即污染、机械损伤等情况。 （2）巡查设备运行状态，听、看、嗅、查抄电压电流表，检查有无故障报警指示。 （3）检测设备运行温度和设备房温度。 （4）巡查线路外观，即污染、机械损伤、外皮温度、过载老化、接头温度等情况。 （5）巡查灯具外壳防护、光源，如发现灯具灯头变黑，须进行更换。 （6）建立设备巡视记录，对比分析各次检查数据

实训工作页 6-3　低压配电——UPS 巡检

操作项目	操作内容	操作步骤	备注
工作前准备	工作前准备工作	开始工作前确认个人防护用品(绝缘鞋、绝缘手套、长袖工作服)穿戴整齐、施工工具(工具包、试电笔、手电)已经齐备	
UPS 巡检	设备房间环境检查	检查房间环境，温度/湿度是否正常，房间内是否有异味。观察机房卫生情况，是否有其他异物等。如果有不利于安全运行的因素应及时排除。雨季注意观察设备室墙壁是否潮湿，有无渗漏现象	此项任务一般为车站设备维护人员的工作内容，运营站务人员可进行基本了解
	确认 UPS 主机上 LED 灯指示正常	确认 UPS 主机上 LED 灯指示正常，面板上有无报警，在液晶显示屏上翻阅报警记录(图6-23) 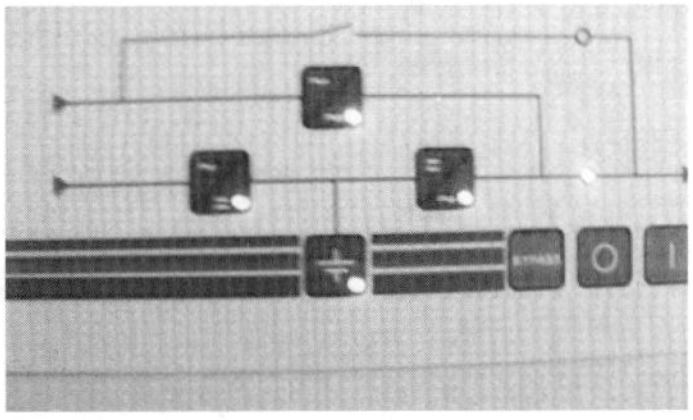 图 6-23　UPS 报警显示屏	

> **知识拓展**
>
> ### 电力系统操作安全规范
>
> 对于普通工作人员,当设备发生故障时,为了不造成更大范围的影响,由工作人员依照"先通后复"原则及相关规则暂作技术处理,并按手续报专业维修人员进行处理。当发生严重漏水等事故时,工作人员要立刻暂停诸如自动扶梯等设备运行,以防止设备漏电对乘客造成伤害。当无法确定设备是否接地或者漏电时,万不可轻易接触带电设备。做好个人安全防护,保证其接地后再进行操作。

任务 6-4　突发情况下照明系统应急处理

当地铁遇突发情况时,明亮的环境对乘客疏散极其重要。因此,地铁车站专门设计了应急照明,并且有针对各种突发情况的设计预案。在此,以北京京港地铁为例介绍照明系统应急处理流程。

突发情况说明:北京京港地铁某车站的照明系统突然失效,车站的应急处理主要是,在保证乘客安全的前提下,进行车站乘客与列车运行的组织。在车站出入口需要安排工作人员引导客流疏散及阻止站外乘客到达站内,同时,在站内及时通知行调,列车不停站通过,并组织站内乘客迅速出站,具体处理程序见表6-5。

车站照明系统失效各岗位处理程序　　　　　　　　　　表6-5

程序	行车值班员（行值）	值班站长（值站）	客运值班员（客值）	站务员	
				客服中心岗	站台岗
信息接报	1. 报 OCC、值站、驻站民警				
前期处置	3. 确认车控室相关设备（如 LOW、CCTV、广播等）及车站应急照明运行情况,使用 CCTV 监视现场情况;按 OCC 命令疏散乘客,按压 AFC 紧急按钮,报值站	2. 启动应急方案,按 OCC 命令组织乘客疏散,做好车站巡视,组织员工在车站楼梯、通道拐角等照明不佳处做好防护	3. 准备相应的应急备品（如扩音器、应急灯等）,协助值站做好防护和乘客疏散,确认站厅层电梯有无困梯和客伤发生	3. 收好票、款,关闭票亭,确认站厅层电梯有无困梯和客伤发生,疏散乘客	3. 加强站台安全巡视,确认站台层电梯有无困梯和客伤发生,疏散乘客

程序	行车值班员（行值）	值班站长（值站）	客运值班员（客值）	站务员	
				客服中心岗	站台岗
现场处置	5. 根据值站命令向 OCC 申请关站；接 OCC 同意关站命令后报值站	4.10 分钟内未恢复正常照明,通知行值向 OCC 申请关站,做好乘客疏散	5. 协助值站做好乘客疏散	5. 打开边门,做好站厅乘客疏散	5. 做好站台乘客疏散
	7. 播放关站广播	6. 根据 OCC 关站命令,通知各岗位关站	7. 执行关站程序		
	9. 根据值站命令拨打 120	8. 如有人员伤亡,安排行值拨打 120,并对受伤乘客进行现场急救	9. 配合值站做好乘客救援	9. 至指定出入口迎接 120 并引导至现场	
应急终止	12. 向 OCC 汇报应急解除	10. 车站供电恢复正常后,通知各岗位终止应急预案,做好开站准备	11. 恢复设备,撤除防护		
	14. 将车站设备恢复情况和车站线路情况报 OCC	13. 巡视车站,检查车站设备(如 AFC 设备、照明、通风空调等)恢复情况;检查车站线路异物侵限情况	13. 协助值站检查车站设备恢复情况和车站线路情况		
	16. 向 OCC 申请开站	15. 开站准备工作完成后,通知行值			
		17. 根据 OCC 开站命令,开放出入口,恢复运营	18. 开启车站各出入口		

知识链接

以北京地铁某车站为例,表 6-6 为地铁低压配电与照明系统在不同模式下的照明开启关闭情况。不同地铁公司略有差异,仅供参考了解。

北京某地铁车站低压配电与照明系统不同模式下的照明开启关闭情况

表6-6

某站切非程序表（一）

低压400V开关柜馈线

模式	状态	416-4 站厅北端工作照明	416-5 站厅南端节电照明	416-6 站厅北端附属照明	416-10 站台北端工作照明	416-12 站台北端附属照明	416-13 站台南端节电照明	417-6 站厅北端电气插座	417-7 A出入口电梯	417-8 站厅南端电梯	418-1 C出入口扶梯	418-3 通风空调电控柜组2	418-4 北端区间动力检修总箱	418-5 A出入口扶梯	418-7 站厅北端广告照明	418-8 站厅南端广告照明	418-9 冷水机组配套设备1	419-1 冷水机组1
正常模式	全开	—	—	—	—	—	—	—	—	—	—	—	—	—	—	—	—	—
正常模式	全关	—	—	—	—	—	—	—	—	—	—	—	—	—	—	—	—	—
正常模式	半开	—	—	—	—	—	—	—	—	—	—	—	—	—	—	—	—	—
火灾模式	站厅站台公共区火灾	×	×	—	×	—	×	—	×	×	×	—	—	×	×	×	—	—
火灾模式	北端设备管理用房火灾	—	—	×	—	×	—	×	×	×	×	—	×	×	—	—	×	×
火灾模式	南端设备管理用房火灾	—	—	—	—	—	—	—	×	×	×	×	—	×	—	—	—	—

续上表

某站切非程序表（一）

设备名称	设备编号	低压400V开关柜馈线																
		419-4	426-4	426-5	426-6	426-10	426-12	426-13	427-6	427-7	428-1	428-2	428-3	428-5	428-6	428-7	428-8	429-3	427-8
		三级负荷总开关	站厅南端工作照明	站厅北端节电照明	站厅南端附属照明	站台南端工作照明	站台南端附属照明	站台北端节电照明	污水泵设备	南端区间动力检修总箱	B出入口扶梯	通风空调电控柜组2	D出入口扶梯	站台北端广告照明	站台南端广告照明	冷水机组配套设备2	冷水机组备2	三级负荷总开关	变电所检修配电箱
正常模式	—	—	—	—	—	—	—	—	—	—	—	—	—	—	—	—	—	—	—
	—	—	—	—	—	—	—	—	—	—	—	—	—	—	—	—	—	—	—
	—	—	—	—	—	—	—	—	—	—	—	—	—	—	—	—	—	—	—
火灾模式	站厅站台公共区火灾	×	×	×	—	×	—	×	×	—	×	—	×	×	×	—	—	×	×
	北端设备管理用房火灾	×	—	—	—	—	—	—	×	—	×	×	×	—	—	×	×	×	×
	南端设备管理用房火灾	×	—	—	×	—	×	—	×	×	×	—	×	—	—	—	—	×	×

注：1."×"为切断状态，"—"为不进行控制操作；
2. 400V低压馈线：任意区域发生火灾延时20s全部切断；
3. 设备用房应急电源回路：任意区域用房发生火灾时设备用房应急照明回路强启；
4. 垂直电梯应急电源：当任意区域发生火灾时，垂直电梯都联动迫升至疏散层，FAS收到电梯控制箱返回的电梯开门状态信息后，切断电梯的电源。

知 识 巩 固

一、选择题

1. 地铁供电系统分为(　　　)。
   A. 牵引供电系统　　　　　　　　　B. 低压配电系统
   C. 照明配电系统　　　　　　　　　D. 高压配电系统
2. 下列属于地铁照明系统中一级负荷的有(　　　)。
   A. 一般照明　　　　B. 事故照明　　　　C. 应急照明　　　　D. 广告照明

二、判断题

1. 重要房间设置事故照明,事故照明照度为正常照度的10%左右。　　　　　(　　　)
2. 站内通道每隔20m设标志灯,距地面小于1m。　　　　　　　　　　　(　　　)
3. 安全(疏散)出口标志灯应安装在出口的顶部或靠近出口上方的墙面上。　(　　　)

三、简答题

1. 简述低压配电系统的系统构成。
2. 简述低压配电系统设备的负荷分类。不同负荷的供电方式有何区别?
3. 低压配电系统的控制方式有哪些?

项目 7
车站消防系统设备

🦠 知识目标

1. 了解地铁火灾特征。
2. 掌握火灾自动报警系统的组成。
3. 掌握气体灭火系统的灭火原理与特点。
4. 掌握火灾自动报警系统报火警和故障处理程序。

🦠 能力目标

1. 可独立应用自动气体灭火系统进行灭火。
2. 可使用消火栓、各种灭火器进行灭火。
3. 能够熟练进行车站站厅、站台公共区火灾应急处理。
4. 通过车站消防系统实操考核。

🦠 素养目标

1. 提高安全意识,能够准确判断地铁火灾风险。
2. 具备沟通交流能力,通过有效沟通,提升火灾处置效率,缩小影响范围。
3. 具备安全操作能力,能够准确操控设备,突发情况下合理有效利用设备进行疏散。
4. 具备良好的职业道德和安全意识。

🦠 建议学时

12 学时

知识体系与技能要求

任务 7-1   车站消防系统预备知识学习

在地铁车站中必须设立防灾管理的有关设备,以便对地铁可能发生的灾害进行预防和早期发现。其中发生概率最大、危害最大的是火灾(包括发烟)。在各项防灾措施中,应把防火和防烟放在首位。

城市轨道交通的消防自控系统包括防灾报警系统、水消防系统(消防给排水系统、室内外消火栓系统)、气体灭火系统、机电设备监控系统中涉及防灾控制部分的装置、环控系统中防排烟系统设备、应急疏散照明系统以及手持灭火设备等。

防火分区、防烟分区的划分

> **思考**
>
> 为防止火灾、减少火灾损失,地铁车站应配备哪些消防设施设备?你见过何种形式的,分别在哪见到过?它们各有何功能?

一、地铁火灾特征

1. 突发性强

地铁线长面广,客流量大,火灾发生的时间和地点具有不确定性,而且发生初期极具隐蔽性,不易被发觉,一旦发现,已达到一定的危害范围和程度。因此,地铁火灾成灾的不确定性决定了地铁火灾的突发性。

2. 逃生困难

安全逃生途径单一,安全疏散通道是唯一逃生途径。地铁区间隧道和车站内并无紧急避难场所,突发火灾事故时,大量乘客同时涌向狭窄的通道及楼梯,而且有检票机等障碍物挡道,严重影响乘客快速逃生。地下垂直高度过高,一些地铁站修建在地下很深的地方,突发火灾事故后,乘客从地下仅凭体力往地面逃生,既耗时又耗力,安全逃生的可能性不大,对老弱病残的乘客而言,更是凶多吉少。火灾发生后,周围环境氧含量急剧下降,缺氧状态下的个体判断力下降,身体活动力下降,使得个体逃生能力降低。发生火灾时,允许逃生的时间过短。曾有试验表明,地铁车厢起火后,快则 1.5min,慢则 8min,就会出现对人体有害的气体。2～5min 内,车厢内烟雾弥漫就无法看清楚逃生出口,相邻的车厢在 5～10min 内也会出现相同情形。试验证明,乘客逃生时间只有 5min 左右。

3. 救援困难

火灾发生后,隧道内烟雾大,能见度低,散热慢,温度较高,起火点附近如未进行防火保护,作为隧道承重结构体的混凝土容易发生崩落,会阻碍火灾的扑救。此外,地铁发生火灾时,究竟发生在哪个部位,无法直观火场,需要详细研究地下工程图,分析可能发生火灾的部位和可能出现的情况,才能做出灭火方案,需要一定的时间。同时,地铁出入口数量有限,而且出入口又经常是发生火灾时的冒烟口,消防人员难以接近着火点,往往会延长扑救时间、增加喷水损失,扑救工作难以展开。地下工程对通信设施的干扰较大,扑救人员与地面指挥人员通信联络困难,也给消防扑救工作增加了难度。

4. 影响面广

地铁是特大容量的公共交通工具,一旦发生事故,乘客产生恐惧心理,很容易发生拥挤和踩踏事故,从而造成死伤。同时,地铁投资巨大,火灾事故不仅使个人生命财产和国家财产遭受巨大损失,而且易造成不良的社会影响,甚至引发市民对政府的信任危机,后果严重。

二、消防标志

1. 消防标志的意义

总结以往的火灾事故,往往是在发生事故的初期,人们看不到消防标志、找不到消防设施,而不能采取正确的疏散和灭火措施,以致造成大量人员伤亡。因此,消防标志不但是消防救援人员处理火险时的好帮手,也是群众在火灾危急关头的救命符。

2. 红色消防标志牌

红色消防标志牌用于说明各种消防设备、设施安装的位置,引导人们在发生火灾时采取合理正确的行动。常见的红色消防标志牌如图 7-1 所示。

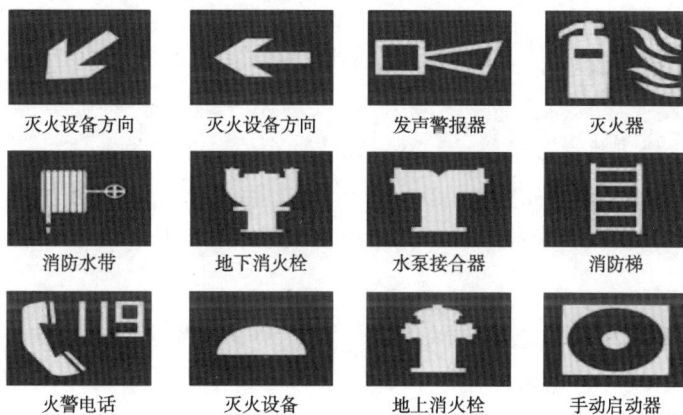

灭火设备方向	灭火设备方向	发声警报器	灭火器
消防水带	地下消火栓	水泵接合器	消防梯
火警电话	灭火设备	地上消火栓	手动启动器

图 7-1　常见的红色消防标志牌(红底)

3. 绿色发光疏散指示标志

绿色发光疏散指示标志设置在疏散通道和主要疏散路线的地面或靠近地面的墙上,可以更有效地帮助人们在浓烟弥漫的情况下,及时识别疏散位置和方向,迅速沿发光疏散指示标志顺利撤离。常见的绿色发光疏散指示标志如图7-2所示。

推开　　　　　拉开　　　　疏散通道方向　　疏散通道方向

紧急出口　　　紧急出口　　　滑动开门　　　　滑动开门

图7-2　常见的绿色发光疏散指示标志(绿底)

思考

你在地铁车站见过何种形式的消防标志?它们分别设置在哪里?各有何意义?

案例警示

国内外地铁火灾案例

1. 伦敦地铁火灾

伦敦地铁的枢纽车站——国王十字地铁车站,连接着通往英国东北部、苏格兰和约克郡的5条地铁干线。1986年11月18日18时左右,正是地铁最忙的时间,来往的乘客匆忙地上下车。突然,电梯下面的一个机房燃起了大火并迅速蔓延,呛人的烟雾使人咳嗽、流泪、睁不开眼。大火迅速进入纵横交错的地下通道,不仅底层站台成了火海,上层的站厅也被烟火吞噬。惊慌失措的乘客在混乱中盲目乱闯,像惊弓之鸟般夺路而逃,许多人被熏倒、被烧伤。

消防救援人员接到报警后迅速赶往现场救援,但由于事发突然,消防救援人员没有及时得到地铁通道分布图,也没有携带氧气防护面罩,因此行动受到限制,再加上地铁车站地形复杂,火势凶猛,救援工作进展缓慢,至20时40分,才控制了电梯和部分通道火势。当火势全部被扑灭时,已是次日凌晨1时45分。这时大火已经燃烧了7个多小时。

在这次大火中,共有32人葬身火海,100多人受伤,另有1名经验丰富的消防救援人员在灭火中以身殉职。

2. 韩国大邱地铁火灾

2003年2月18日,韩国第三大城市大邱市的地铁遭人蓄意纵火,但火灾发生后地铁方面消极应对。地铁设备调度室当班人员18日上午9时53分左右在显示器上看到"火灾警报"四个字并听到警报声,但以平时常误报警为由,无视警报且未采取任何措施;行调没有及时扣停驶向该站的载客列车;第二辆列车司机在不知火灾事实的情况下驶入该站,此时接触网停电,列车无法开门,导致了更大的伤亡(196名遇难者中有114人为第二辆列车上的乘客)。大火从当地时间上午9时55分开始,于下午1时30分被扑灭,历时3个多小时。据不完全统计,此次大火至少造成196人死亡、289人失踪、146人受伤,并导致大邱市地铁系统陷入瘫痪,市中心秩序一片混乱。韩国大邱地铁火灾现场如图7-3所示。

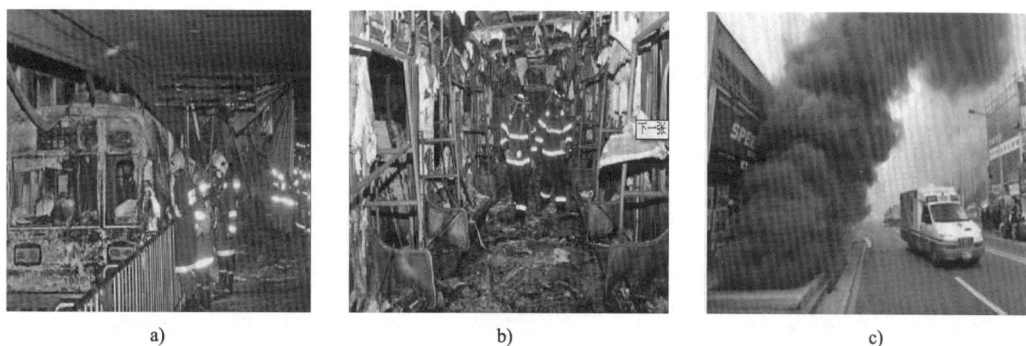

a)   b)   c)

图7-3 韩国大邱地铁火灾现场

3. 芝加哥地铁火灾

据美国媒体报道,芝加哥当地时间2006年7月11日晚高峰期间,该市一列北行的地铁列车发生脱轨事件,引起火灾,导致大量乘客被迫紧急疏散。地铁工作人员称,事故发生后,至少120人被送往附近的医院接受治疗。芝加哥地铁火灾乘客逃生如图7-4所示。

4. 北京地铁火灾

2005年8月26日早上,北京地铁1号线一列列车由于车辆老旧,导致风扇短路,在运营中失火,对此地铁公司迅速启动应急预案,虽无乘客伤亡,但地铁和平门站出现着火异味之后冒起浓烟,火苗蹿起半米高,列车司机呼吸道灼伤,内环地铁停运近50min,由于是早高峰,导致环线地铁和地面交通部分瘫痪。北京地铁火灾燃着的车厢如图7-5所示。

图7-4 芝加哥地铁火灾乘客逃生   图7-5 北京地铁火灾燃着的车厢

思考

国内与国外曾多次发生地铁火灾事件,你知道原因是什么吗? 这些案例有哪些警示呢?

知识拓展

火灾的分类

依据国家标准《火灾分类》(GB/T 4968—2008),根据可燃物的类型和燃烧特性,火灾分为 A、B、C、D、E、F 六类,如表7-1所示。

火灾分类 表7-1

A类火灾	指固体物质火灾	这种物质通常具有有机物质性质,一般在燃烧时能产生灼热的余烬,如木材、煤、棉、毛、麻、纸张等火灾
B类火灾	指液体或可熔化的固体物质火灾	如煤油、柴油、原油、甲醇、乙醇、沥青、石蜡等火灾
C类火灾	指气体火灾	如煤气、天然气、甲烷、乙烷、丙烷、氢气等火灾
D类火灾	指金属火灾	如钾、钠、镁、铝镁合金等火灾
E类火灾	带电火灾	物体带电燃烧的火灾
F类火灾	烹饪器具内的烹饪物火灾	烹饪器具内的烹饪物,如动植物油脂火灾

三、火灾自动报警系统

(一) 系统概述

火灾自动报警系统(Automatic Fire Alarm System,FAS),是探测早期火灾、发出火灾报警信号,为疏散人员、防止火灾蔓延、启动自动灭火设备提供控制与指示的自动消防设施。

在城市轨道交通车站、主变电所及车辆段等建筑内应按规范设置感烟、感温或红外线等探测器对火灾进行监测,将火灾报警信息传送到车站及控制中心,并自动联动防灾设备运行,达到火灾预警及防灾救灾的目的。

消防系统是生命线保障,一丝不苟地监控与精准操作是岗位核心责任。

(二) 系统构成及功能

火灾自动报警系统由设置在控制中心的中央级监控管理系统、车站和车辆基地的车站级监控管理系统、现场级监控设备及相关通信网络等组成。报警系统设置中央和车站两级管理,消防设备采用控制中心、车站、现场三级控制。

1. 中央级

（1）中央级设备

火灾自动报警系统的中央级监控管理系统一般由操作员工作站、打印机、通信网络、不间断电源和显示屏等设备组成。

（2）中央级功能

①接收全线火灾灾情信息,对线路消防系统、设施监控管理;

②发布火灾涉及有关车站消防设备的控制命令;

③接收并储存全线消防报警设备主要的运行状态;

④与各车站及车辆基地等火灾自动报警系统进行通信联络;

⑤火灾事件历史资料存档管理。

2. 车站级

（1）车站级设备

车站级设备由车站火灾报警控制盘、车站报警图形工作站、打印机、不间断电源和消防联动控制器、综合后备盘等组成。车站级 FAS 构成如图 7-6 所示。FAS 系统和自动气体灭火系统设有接口,接收气体灭火系统的故障信号和每个保护区的预警信号、报警信号、喷放信号、手/自动信号。FAS 与 BAS、通信、给排水、环控等设备设有接口(部分城市轨道交通将 FAS 系统集成或互联于综合监控系统(ISCS),不独立设置火灾报警专用网络及独立工作站。

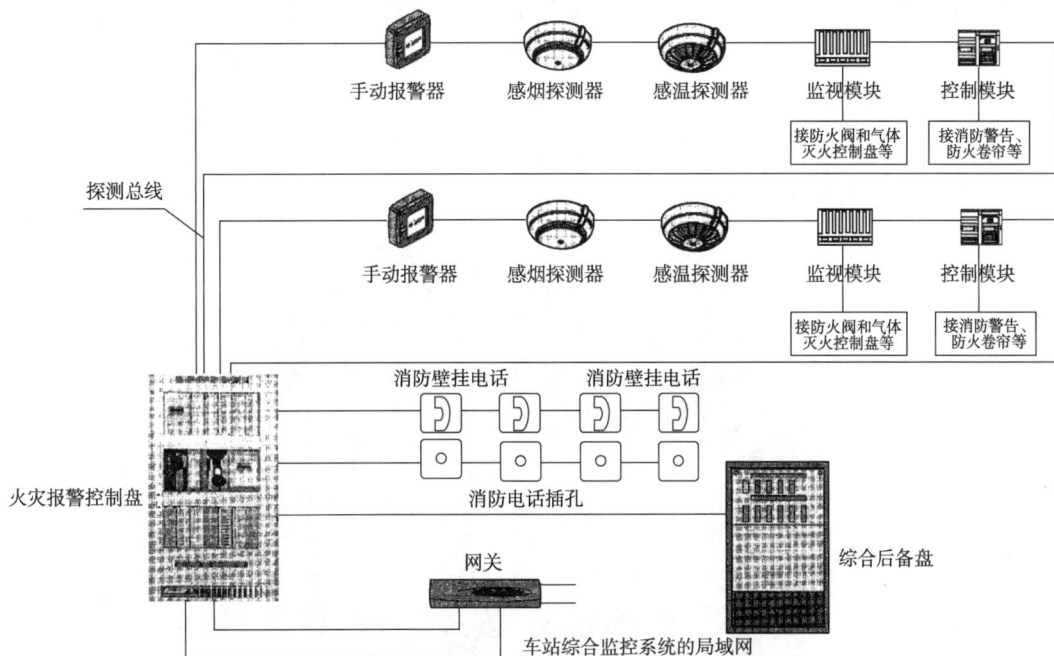

探测总线

手动报警器　感烟探测器　感温探测器　监视模块　控制模块

接防火阀和气体灭火控制盘等　接消防警告、防火卷帘等

手动报警器　感烟探测器　感温探测器　监视模块　控制模块

接防火阀和气体灭火控制盘等　接消防警告、防火卷帘等

消防壁挂电话　消防壁挂电话

火灾报警控制盘

消防电话插孔

网关

综合后备盘

车站综合监控系统的局域网

图 7-6　车站级 FAS 构成

【系统集成】深度系统集成是提升综合监控与应急联动效率的关键技术方向。

（2）车站级功能

①与火灾自动报警系统中央级管理系统及本车站现场级监控系统间进行联络；

②管辖范围内实时火灾的报警，监视车站管辖内火灾灾情；

③采集、记录火灾信息，并报送火灾自动报警系统中央监控管理级；

④显示火灾报警点，防灾、救灾设施运行状态及所在位置画面；

⑤控制消防救灾设备的启、停，并显示运行状态；

⑥接受中央级火灾自动报警系统指令或独立组织、管理、指挥管辖范围内救灾；

⑦发布火灾联动控制指令。

3.现场级监控设备

火灾自动报警系统现场级监控设备由输入输出模块、火灾探测器、手动报警按钮、消防电话及现场网络等组成，并具备下列功能：

①监视车站管辖范围内灾情，采集火灾信息；

②监视消防泵的低频巡检信号、运行状态、设备故障、管压力信号；

③监视消防电源的运行状态；

④监视车站所有消防救灾设备的工作状态。

（三）车站级火灾自动报警系统日常监视与操作

1.FAS主机

FAS主机安装在车控室FAS主机柜内（本书以某型号为例，使用本书者可参考实际设备型号学习），控制柜的最上方所安装的操作主机为FAS主控制器，顺序往下是气体灭火系统主控制器、消防电话主机以及直流24V电源箱。联动控制的手/自动转换开关位于控制柜的右上方，为一独立的选择开关，如图7-7所示。

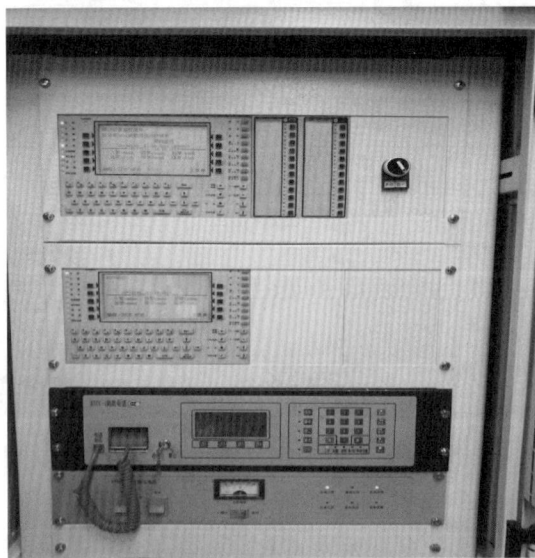

图7-7　FAS主机柜

（1）报警控制盘面板

报警控制盘面板包括液晶显示屏及软键、状态指示灯、报警和事件选择/确认键、操作键盘等，如图 7-8 所示。报警控制盘面板用于显示系统的工作状态、火灾报警、故障、监控、联动等信息，对火警、故障和其他事件的信息确认、查询、打印以及菜单和命令的操作等。

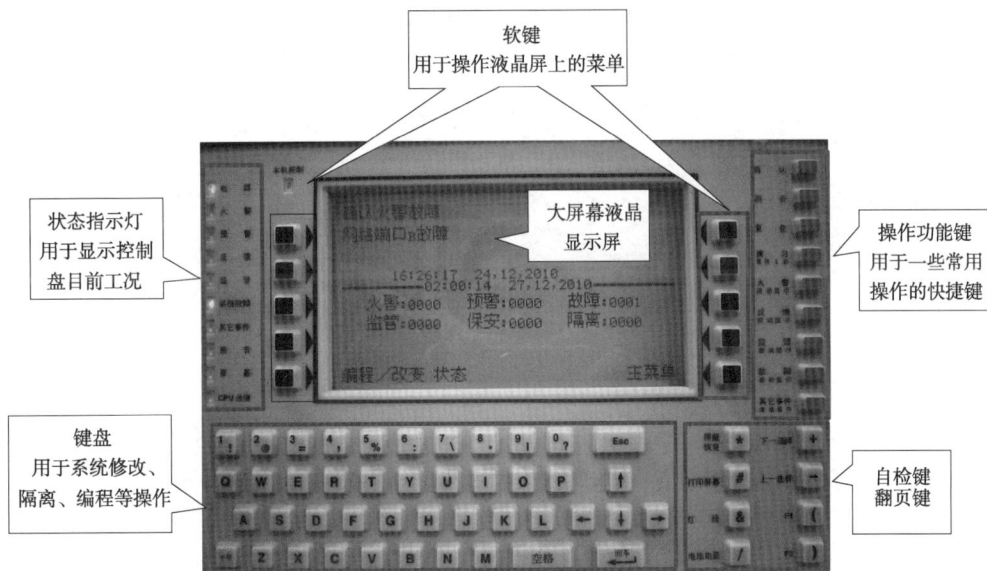

图 7-8 报警控制盘面板

（2）状态指示灯

①电源状态指示灯：交流电源供电正常时绿灯亮；灭了表示 220V 交流失电。

②火警状态指示灯：默认常灭；系统发生火警报警时红灯亮。当至少有一个火警存在时灯亮，如果其中有一些火警未确认，它将不停地闪烁。系统会产生火警的设备包括：感烟探测器、感温探测器、手动报警键、消防栓键、水流指示器、压力开关、可燃气体探测器、火焰探测器、红外对射探测器等。

③预警状态指示灯：默认常灭；系统发生预警报警时红灯亮。当至少有一个预警存在时灯亮，如果其中有一些预警未确认，它将不停地闪烁。默认状态下，预警不会产生消防联动，表示探测器探测到有烟雾发生但还没有达到火警，因此只报告给操作员但不产生联动。

④反馈状态指示灯：默认常灭；系统有联动设备启动时黄灯亮。当系统有确认火警产生，会按预先编制好的程序启动相关的消防设备，这称之为联动。主要的联动设备有警铃、声光报警器、防排烟阀门、防排烟风机、卷帘门、电梯、广播、非消防用电设施、消火栓泵、喷淋泵等。

⑤监管状态指示灯：默认常灭；系统有非火警设备启动时红灯亮。当至少有一个监控事件存在时灯亮，如果其中有一些监控事件未确认，它将不停地闪烁，如图 7-9a）所示。在消防系统内，有些设备只要监视即可，其动作状态不应作为火警信号，这些设备称之为非火警设备，主要包括阀门、风机、卷帘门等。

⑥系统故障指示灯:默认常灭;系统有设备故障时黄灯亮。当至少有一个故障存在时灯亮,如果其中有一些故障未确认,它将不停地闪烁,如图7-9b)所示。

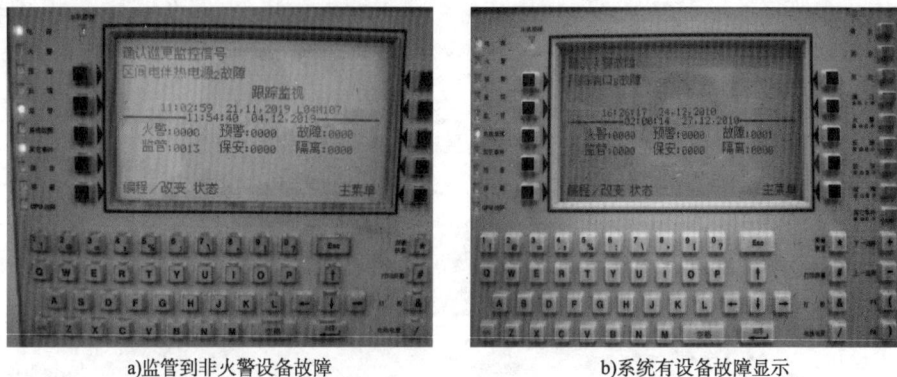

a)监管到非火警设备故障　　　　　　　　b)系统有设备故障显示

图7-9　监管状态指示灯、系统故障指示灯

⑦其他事件指示灯:默认常灭;系统有除上述以外的事件产生时橙色灯亮。如果事件未确认,它将不停地闪烁。

⑧消音状态指示灯:默认常灭;系统消音键被按下,警铃被屏蔽黄灯亮。如果并非所有的告警器消音,灯将不停地闪烁。

⑨屏蔽状态指示灯:默认常灭;系统存在被隔离的设备黄灯亮。当至少有一个设备被屏蔽时灯亮,它一直闪烁着,直到所有的屏蔽点被确认。

⑩CPU故障指示灯:默认常灭;系统核心CPU故障时黄灯亮。当灯亮或者闪烁时,控制器不能正常工作。

（3）快捷操作功能键

①确认键:确认信息。确认键是指当控制盘发生异常事件后,会看到指示灯闪亮并伴有蜂鸣器鸣响,此时需要操作员介入操作。键按下后表示操作员已确认事件并介入操作,蜂鸣器停止鸣响,事件指示灯由闪烁变长亮。

②消音键:该按键的作用是用来临时屏蔽警铃或声光报警等火警通告设备。

当发生火灾,如果需要进行操作员手动广播用于报警通告、疏散指挥等动作时,应临时关闭警铃或声光报警以防止声音干扰,此时可以通过操作该键用于临时屏蔽警铃或声光报警器的报警声音。该键被按下后,警铃或声光报警等就会被临时屏蔽声音,如需再响可以通过手动报警来解除临时屏蔽,重新鸣响。

③复位键:该按键的作用是使系统重启,用来解除火警、故障、联动等事件。当系统的火警、故障等设备被解除后,或者系统联动结束后,则需要按下该键重启系统,重新检测系统的所有状态。如果火警或事件继续存在,将再次启动报警。

该复位动作必须是在所有事件被确认后,如有事件未确认或指示灯在闪烁状态,则复位动作无效,该复位动作无法解除被系统屏蔽或隔离的设备。

④演习键:按下并持续2s,在没有火警的情况下激活警铃、声光报警器等告警设备,一般用在消防或疏散演习中。

⑤火警、反馈、监管、故障、其他事件键等：

这几个键属于查阅快捷键，其下有"滚动显示"，可以通过该键在系统液晶显示屏上顺序查阅对应的该类事件，事件通过翻页来实现滚动显示。操作方式可以是点动，一条事件一条事件地查阅，也可以长按，系统会自动滚动显示。

（4）蜂鸣器

系统处于非正常工作状态时，蜂鸣器鸣响提醒操作人员注意。操作人员对所有时间确认后，按"确认"键确认报警，同时关闭报警声音输出装置。

（5）正常状态显示

当无任何事件时，LCD 显示屏应显示当前时间、当前日期、系统名称等信息。

（6）事件显示

每个事件都分别定义为火警、联动、故障、屏蔽等相关联事件的信息列表，当某事件发生时，将事件信息加入相应的列表中，用显示屏面板上对应的确认键可显示列表中存储的信息。

当发生火警或故障状态时，显示屏应显示如下信息：

①显示系统当前时间、日期和激活点的数目；

②显示第一个发生的火警或故障事件信息，内容包括事件的顺序号、火警或故障发生的日期、时间、缩略信息；

③在自动模式下，滚动显示后续的火警或故障事件信息，包括顺序号、日期、时间、缩略信息；

④在手动查询模式下，显示操作员人工选择的火警、故障事件信息；

⑤同时显示联动、反馈、故障、失败事件信息，显示内容包括事件发生的日期、时间、缩略信息。

火警显示和故障状态显示如图 7-10、图 7-11 所示。

2. 图形工作站

操作台上有一台 FAS-GCC（图形工作站），可以通过该电脑看出报警的具体位置，该人机界面按照车站的建筑图以及具体设备位置来分布，提供图形化的、多媒体的显示界面以及便捷的操控界面，如图 7-12 所示。

（1）主界面

控制中心图形工作站功能与 FAS 主机功能相同，以图形显示的方式显示监控设备的具体位置，方便直观。操作员登录成功，显示屏显示图形报警工作站主界面。显示屏主界面由以下部分组成：

①菜单和命令：主要包括用户登录、目录、数据和历史查询、响应等菜单；

②图文显示区（主显示窗）：用平面图、符号、文字等显示报警监控区域的状态；

③站区选择：选择主显示窗显示的车站、区域；

④事件信息显示区：在主界面的下部，以条文的方式显示报警和事件信息。

液晶显示器—火警显示模式

设备类型，主要有：
1. 烟感(光电)；
2. 温感(定温)；
3. 手动报警按钮；
4. 水流指示器；
5. 监视模块等

设备地址，L01D01的含义如下：
L：回路号，01、02~10
D：代表探测器
M：代表模块
001：001~159，设备地址，每回路最多159个设备；

L01D01：表示1回路1号探测器
L01M01：表示1回路1号模块

事件类型分为两种：
1.火灾报警，表示有火灾报警，但是未得到确认，火警指示灯闪烁并且蜂鸣器长响；
2.确认火灾报警，表示报警已得到操作员确认，操作员按过确认键，火警指示灯常亮，蜂鸣器不响

详细的设备信息描述，最多可达22个中文字。举例：一层1#风机房东部

液晶显示器—火警显示模式

火警显示区域，显示系统的第一个火警内容，不会滚动显示。显示内容主要有类型(烟感)、地址(L01D01)、时间(12：27：53)、详细描述(探测器L01D01)等信息

当前时间、日期

系统其他火警显示区域，可以使用火警查询键滚页查询

系统目前状态计数器；"输出"表示系统联动的数量；"监管"表示系统联动后设备反馈的数量

菜单，可以通过软按键来进行操作

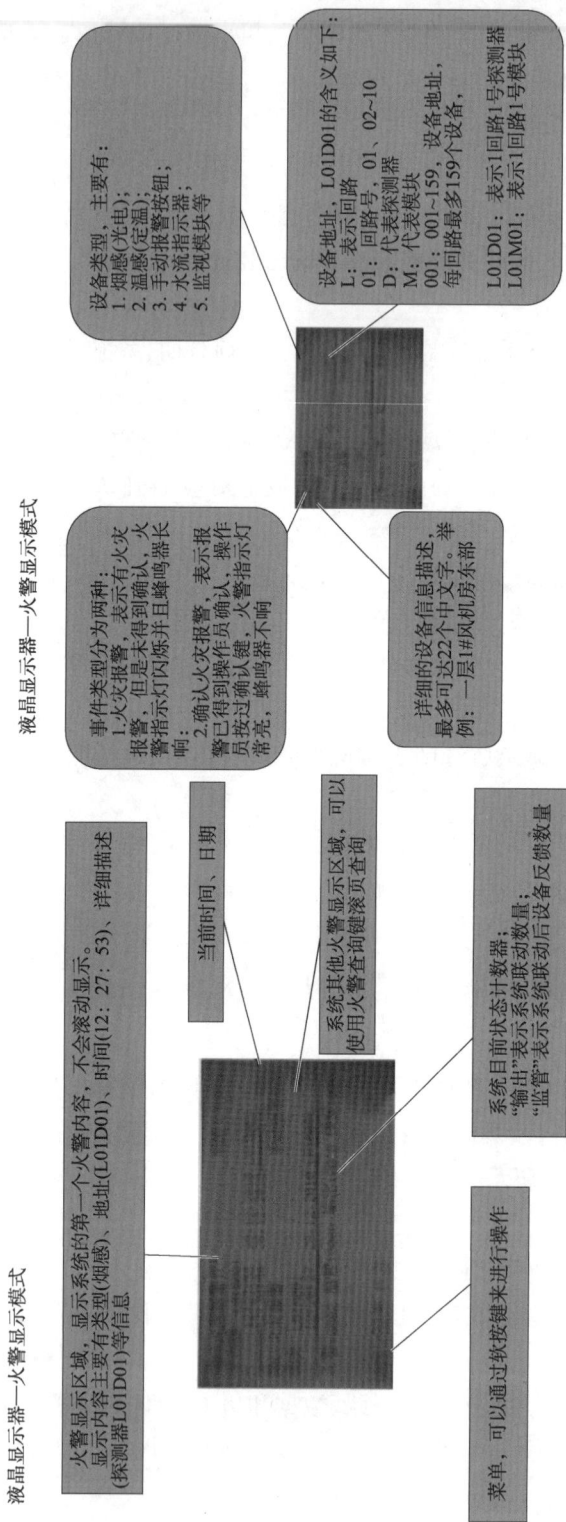

图 7-10　火警显示

液晶显示器—火警以外显示模式

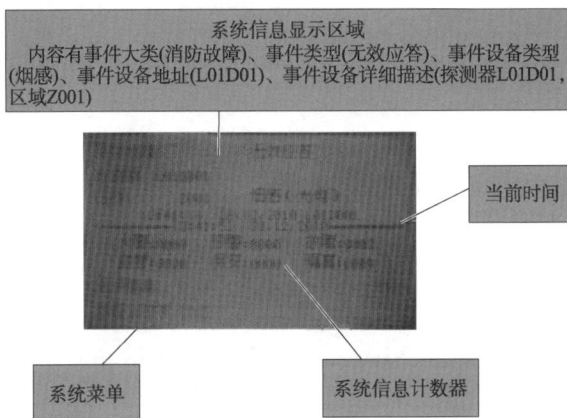

图 7-11　故障状态显示

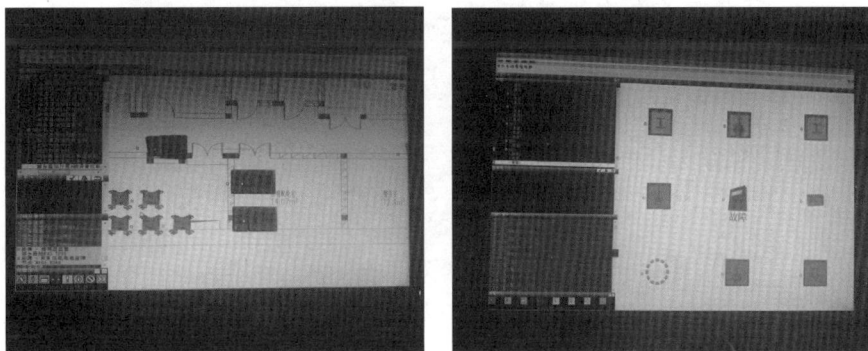

图 7-12　图形工作站显示终端

（2）平面布置图

在平面布置图上，用不同的图标显示监控区域内各个火灾探测器、手动报警器和其他报警设备的状态和信息。

通过选择车站、站台、站厅、区间、设备区，可分别显示不同的监控显示平面图。

平面图中的图标为不同颜色，表示该监控点的状态，绿色为正常状态，紫色为动作状态。用鼠标点击平面图中的某个图标，会弹出一个信息窗口，用文字描述该图标表示的检测点的信息：

①地址号；

②属性和位置简要描述；

③状态信息。

（3）信息显示窗

信息显示窗中显示最新的报警信息和事件，滚动显示未响应的所有事件。信息显示条显示的事件内容包括：

①发生的日期：年/月/日；

②发生的时间：时/分/秒；

③事件描述内容；

④车站、区域；

⑤事件种类：火警、故障、监管等。

┌───┐
【新技术升级】现代 FAS 系统支持数字孪生技术,在三维可视化平台中模拟火情蔓延路
径,辅助指挥人员制订精准救灾方案。
└───┘

3. 消防电话

（1）消防电话主机

消防电话主机安装于 FAS 主机柜内,站内带箱消防电话和便携式电话可以与车控室通话,如图 7-13 所示。

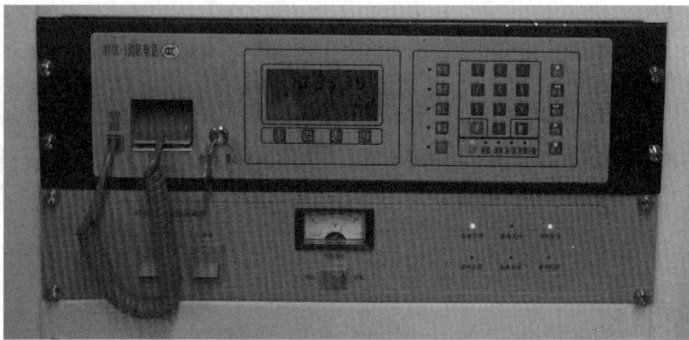

图 7-13　消防电话主机

消防电话的主要功能如下：

①主机呼分机。

按数字键输入分机地址,按通键;呼叫分机地址闪烁,同时显示被呼叫的分机总数;分机摘机时,进入通话状态;按断键,可退出呼叫状态。

②分机呼主机。

分机摘机后,报警指示灯闪烁,声报警;显示屏闪烁显示请求通话的分机号和位置信息。按消音键,可暂停声报警;按通键,指示灯从闪亮变常亮,拿起电话即可进行通话,通话完毕挂上电话,通话结束。

③录音。

火警灯亮,录音机自动启动录音。若一次录音超过最长时间,仅保留最前端录音内容。

④放音。

待机状态时,按放音键,进入电子录音机放音状态。显示屏显示正在放音的段号。放完当前段后,顺序播放下一段,循环往复。按停止键,退出放音状态。按快进或快退键,可前进一段或后退一段。

⑤测试。

待机时按测试键进入声光部件测试。液晶屏全部字符闪烁,主机前面板工作灯和测试灯亮,其他灯闪烁,喇叭声音报警。按测试键或30s后退出测试。

（2）消防电话插孔

电话插孔与地址式手动报警键成对出现,便携式电话插入电话插孔可与车控室通话,如图 7-14 所示。

图 7-14　消防电话插孔

4.现场设备

（1）火灾探测设备

现场报警探测器主要有感烟探测器、感温探测器、手动报警器,感温电缆、感温光纤,如图 7-15 所示。每个探测设备均有一个地址码,设备报警时,FAS 主机及图形工作站可以查看报警设备的地址码及所在位置。

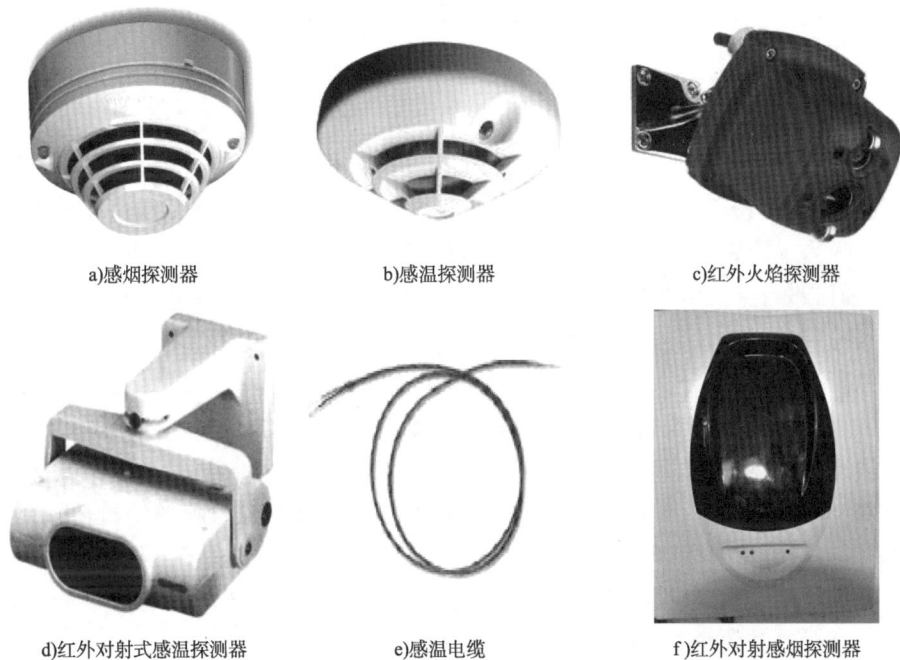

a)感烟探测器　　　　　b)感温探测器　　　　　c)红外火焰探测器

d)红外对射式感温探测器　　　e)感温电缆　　　　f)红外对射感烟探测器

图 7-15　火灾探测设备

随着技术的发展,设备逐步升级换代,吸气式极早期烟雾探测器、图像型火灾探测器(双光谱/多光谱)等得到广泛应用。

①吸气式极早期烟雾探测器。

吸气式极早期烟雾探测器(Very Early Smoke Detection Apparatus,VESDA),是根据产品的功能而起的名字,如图7-16所示。根据其原理特点,也称其为吸气式或采样式烟雾探测器。火情的发展一般分为四个阶段:不可见烟(阴燃)阶段、可见烟阶段、可见火光阶段和剧烈燃烧阶段。传统的火灾报警系统通常是在可见烟阶段才能探测到烟雾,发出警报,此时火情造成巨大的经济和财产损失已不可避免。而VESDA在火灾初始阶段,即不可见烟阶段,就可提供多达三级的警报信号。VESDA可以及早探测险情,在不可见烟阶段给控制火情的发生和蔓延提供充裕的时间。可以根据需要对VESDA进行设置,使VESDA在火警1或火警2时启动灭火装置,从而遏止火灾的进程。

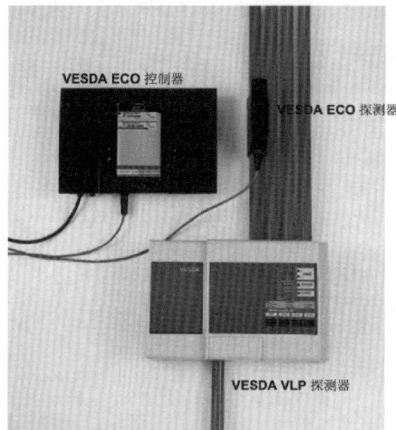

图7-16　吸气式极早期烟雾探测器

VESDA工作原理如下:

为了及早探测到烟雾,更快发出报警,VESDA一改传统点式探测系统等烟雾飘散到探测器再进行探测的方式,其主动对空气进行采样探测,使保护区内的空气样品被VESDA内部的吸气泵吸入采样管道,送到探测器进行分析,如果发现烟雾颗粒,即发出报警。VESDA的具体工作流程是:空气由四根管道进入VESDA过滤器,通过吸气泵送入激光探测腔,将探测信号送到控制显示单元。

②图像型火灾探测器(双光谱/多光谱)。

图像型火灾探测器属于智能型火灾探测设备。它具有火焰探测功能,适用于商场、仓库、地铁、隧道、体育场馆、炼油厂等大型空旷场合。特别针对室外、隧道和室内高大空间,以及其他特殊空间特殊需求。该探测器可将采集到的实时彩色视频图像信号传输到消控中心,实时对图像进行分析处理,使探测器与图像监控有机结合,对火焰可见光部分进行分析判断,报警及时、定位准确、误报率低。该探测器能在复杂环境下对火情做出准确的判断,同时提供视频、网络、开关量三种报警方式,可灵活接入各类火灾报警体系。该探测器报警灵敏度可通过现场编程灵活设定,以满足不同场所需要。

图像型火灾探测器既可以独立自成系统,又可以与传统的视频监视系统(CCTV)有机结合。在不改变原有监视系统的链路下,直接加装防火防盗摄像机,让原有视频监视系统具有火灾预警功能。图 7-17 是一个典型的独立式图像型火灾探测子系统和具有火灾预警功能的传统视频监视系统融合的大型消防综合监控平台。此平台继承了视频监视系统多项任务功能,让传统火灾预警系统通过图像探测展示在控制室、值班室和负责人移动终端上。

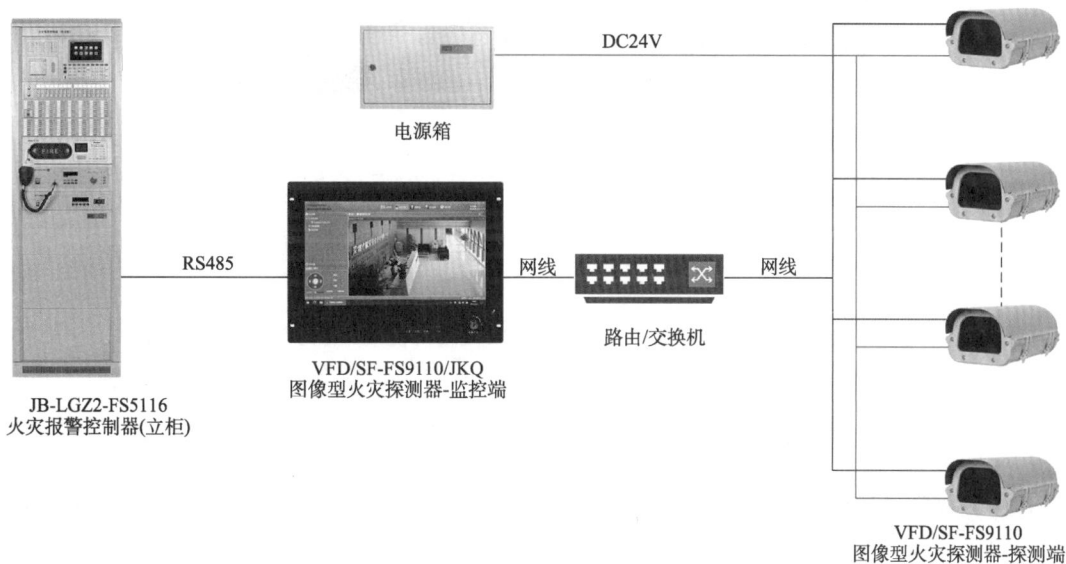

图 7-17　大型消防综合监控平台

(2)报警设备

声光报警器和警铃均安装于车站公共区、设备区走廊内,如图 7-18 所示。一点火警时警铃响起,提醒对应防护区内人员;两点火警时警铃和声光报警器同时响起,并与广播交替播放,提醒保护区内的人员撤离、保护区外的人员勿靠近保护区。

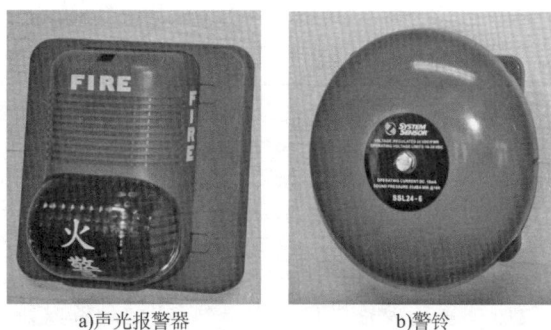

a)声光报警器　　　　b)警铃

图 7-18　声光报警器和警铃

(3)地址式手动报警键和消火栓报警键(图 7-19)

地址式手动报警键安装于车站公共区、设备区走廊等位置,与消防电话插孔成对出现,遇到火情时,可击碎玻璃向 FAS 主机发送火警信号。消火栓报警键,安装于消火栓箱内,遇到火情时,可击碎玻璃向 FAS 主机发送火警信号,启动消防水泵。

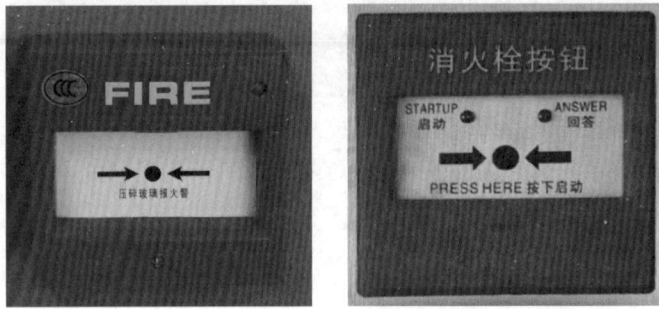

a)地址式手动报警键   b)消火栓报警键

图7-19 地址式手动报警键和消火栓报警键

5. 系统日常运行

(1)FAS正常运行状态和操作要求

①报警系统主机(控制盘)、报警图形工作站应处于不间断运行状态,通信正常;

②主机(控制盘)运行模式设置在自动位置;

③报警系统电源、UPS、模块专用电源均应处于正常工作状态;

④打印机处于不间断工作状态,走纸正常,打印字迹清晰;

⑤所有感烟探测器、感温探测器、感温电缆、手动报警器等探测设备处于正常探测状态;

⑥事故风机、消防泵、防火阀、防火卷帘门、应急照明、消防广播、AFC、电梯等所有消防联动设备均处于正常热备用状态,并设置在自动位置;

⑦所有输入模块、输出模块均处于正常状态;

⑧警铃、声光报警器、释放闪灯、消防电话等报警设备全部处于正常状态;

⑨在运行和操作过程中若发现报警系统和设备有故障或不正常现象,值班员应及时向调度员报告。

(2)巡视和检查

【业精于勤】消防系统值守人员需具备"隐患险于明火,防范胜于救灾"的职业理念,24h坚守岗位,守护乘客生命财产安全。

应按下列要求对火灾报警系统进行监控、巡视和检查:

①车站值班员应坚守岗位,对火灾报警系统进行24h监控;

②机电工班定期对机房和现场设备进行巡视,检查和记录各设备工作状态;

③工作台、设备表面、机箱外部应整洁、无积灰、无污渍;

④按要求填写设备监控、巡视和运行状态记录,发现异常和设备故障应及时报告、报修,并采取相应措施。

【精益求精】定期巡视是发现隐患的关键,以高度的责任心保障系统时刻处于良好状态。

（3）信息查询与确认

当系统发生火警、故障或其他事件时，蜂鸣器响，相应的事件指示灯会闪亮，红色显示灯指火警，黄色指示灯指示故障、联动、状态和其他事件。报警或事件确认完成，即可消音；可按下确认按钮或软功能键确认报警。

事件信息查询和确认操作步骤如下：

①某个事件发生时相应的指示灯闪亮，指示该事件列表有新事件加入或未被查看、确认的信息；

②按该事件选择键查看列表中的信息；

③用［上一选择］/［下一选择］键来翻阅所有的列表信息；

④当该列表中的所有信息被查看、记录后，按下确认按钮或软功能键确认，该事件指示灯常亮。

6. 故障处理

报警系统在运行和操作过程中发生故障或不正常现象，应按以下步骤处理：

①报警系统发生故障，主机（控制盘）会发出报警声，故障指示灯（黄）会闪亮（显示屏显示信息或故障内容及地址），在图形工作站上会出现相应的事件信息（出现新的故障，最上面一栏的相应提示会闪）；

②查看控制盘上显示的信息，或点击图形工作站信息显示条，确定报警点的位置；读出相应的信息或故障，进行确认消音并做好记录；如果新的事件和 FAS 主机是重复的，按照FAS 主机显示的信息内容进行登记；

【处理要点】准确记录故障信息，不遗漏任何细节，为后续维修提供可靠依据。

③值班员到现场或通知相关人员进行现场确认；

④如发生误报或监视故障时，应立即报告调度，并按以下步骤处理：

a. 按确认键进行确认，指示灯常亮，报警声消音；

b. 如探测器或其他监视故障无法复位时，应对故障点进行隔离（屏蔽）操作；

c. 系统进行复位，恢复正常运行；

d. 通知检修人员，经维护人员核实修复可恢复正常状态。

⑤如是防火阀、消防泵、水喷淋等监控信号报警，经现场对设备动作确认后，报告调度，对系统进行确认和复位；

⑥报警系统发生交流电源断电，应按以下步骤处理：

a. 报告调度；

b. 切断报警系统配电箱电源开关，等待抢修人员；

c. 如 2h 内未恢复供电，应向调度申请关机；

d. 调度员同意后，断开控制盘备用电池组，关机并做好记录。

⑦设备隔离与隔离恢复：

a. 从图形显示终端选中需要被隔离的探头或模块；

b. 鼠标选中单击右键；

c. 从弹出的菜单中选择"隔离点"可将探头隔离;

d. 此时探头颜色变成紫色;

e. 从弹出的菜单中选择"恢复点"可将探头隔离;

f. 此时探头颜色变成正常色(白色)。

7. 车站发生火灾时的处理

FAS报火警现象:FAS主机报警音鸣响、报警指示灯红灯闪烁,FAS主机显示屏显示报警事件内容及地址;图形工作站红色火警图标闪烁,同时显示报警时间、内容及地址。

当报警系统发生报警或其他突发事件时按以下流程执行:

①值班员通过报警控制盘或图形工作站确定发生报警的位置;再按确认键进行确认消音并做好记录;

②通知相关人员到现场查看,有关人员应立即携带对讲机、插孔电话等通信工具,迅速到达报警现场进行火警确认;

【处理要点】确认火情——沉着冷静,报119——快速准确,组织疏散——有序引导。

③经现场确认未发生火情,按以下流程处理:

a. 如未发生火情,应查明报警原因并认真做好记录,向调度报告火警现场确认情况;

b. 将报警控制盘和图形工作站的工作模式改为手动模式,取消联动工况;

c. 按[复位]键停止所有消防联动功能,联系供电部400V送电;

d. 到设备现场对消防设备状态进行确认;

e. 在报警控制盘和图形工作站上确认所有设备工作状态正常后,应将报警系统设置为自动(联动)工作模式。

④如确有火情发生,现场人员应立即用通信工具向车站控制室报告火灾信息,利用现场灭火器材进行先期扑救(若车站将火扑灭,及时向指挥中心汇报);

⑤车站控制室值班人员应立即报告调度,通知有关人员到现场协助灭火。火势较大,车站无法灭火时,根据值班站长指示报119、120、公安,报告单位值班领导并按以下要求操作:

a. 报警系统处于自动(联动)工作状态(如消防报警系统处于手动位置,应立即将系统手动位置转换至自动位置,由消防报警主机自动执行火灾工况),通过BAS界面检查报警系统是否按规定的火灾工况执行,根据联动工况图(表)逐项确认消防联动设备的工作状态;

b. 若消防报警系统发生断电或其他故障,消防联动设备、通风空调、排烟风机、风阀、AFC、门禁等未按规定动作自动执行,应根据环控调度的指令通过车控室的IBP盘或其他应急操作装置进行紧急操作;

c. 车控室无法远程操作的应立即到设备现场进行就地操作(如打开消防泵或打开相应的事故风阀);

d. 车站广播设备无法进行自动广播的,应根据火灾预案进行人工广播,组织疏散;

e. 如需启动喷水灭火,应打开水喷淋启动开关或高压细水雾开关;

f. 消防救援队伍到达后,根据消防指挥员的指令进行操作。

具体操作参见图 7-20 火灾处理流程。

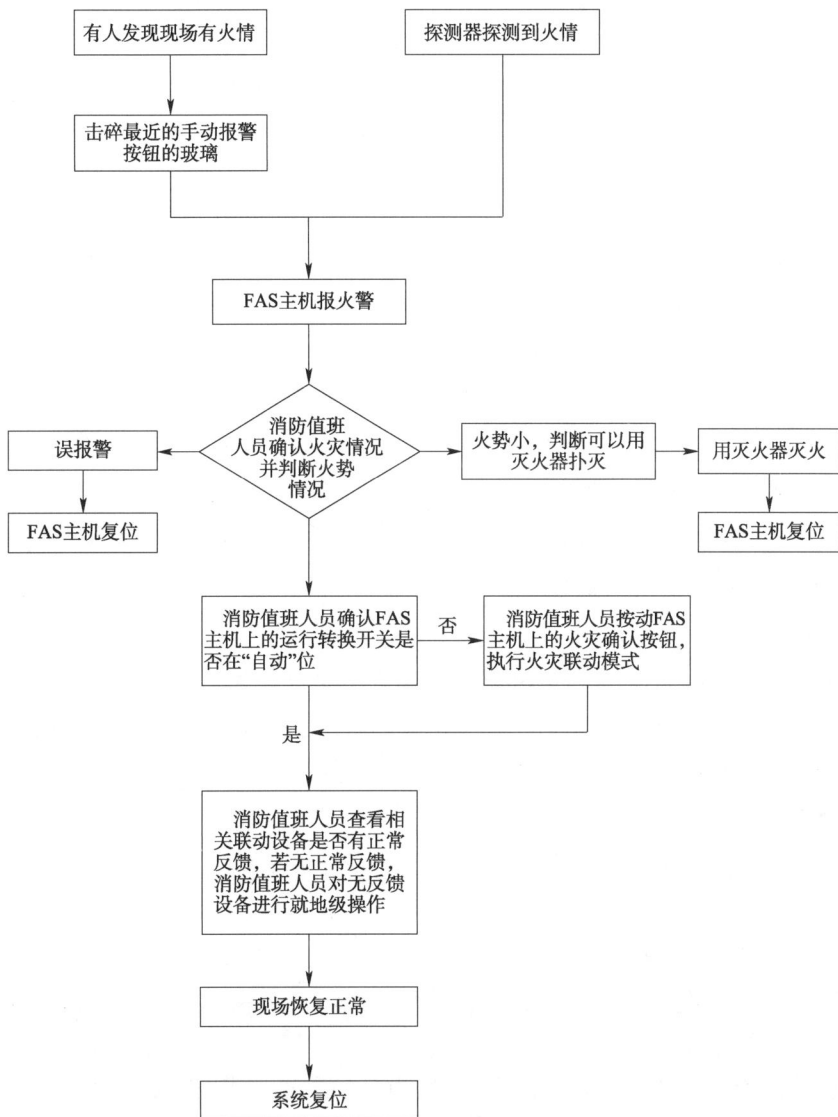

图 7-20　火灾处理流程(非气灭保护区火灾报警处理)

⑥火灾事后处理。火灾事故处理完成后,操作员应按以下流程执行:

a. 报警系统设置为手动工作模式;

b. 打印报警系统的报警和事件信息记录;

c. 通知检修人员对消防设备和火灾事故中启用过的设备进行检修,恢复正常工作状态;

d. 对报警系统、消防设备、消防联动设备进行现场巡视;

e. 确认报警控制盘、图形工作站无故障、无事件报警;

f. 将报警控制盘和图形工作站恢复为自动(联动)工作状态。

⑦隧道发生火情。

当隧道发生火情时,值班人员应及时与行调取得联系,由行调通知环调对事故风机进行操作,若调度员操作发生故障,值班人员应及时根据火情及环调的指令在车站IBP盘上进行事故风机操作(遵循远送近排原则)。

当列车在区间隧道发生火灾时,首先尽可能将列车驶进相邻车站。如果列车仍滞留在区间隧道内,将根据列车停放部位和火灾发生部位,确定通风方向,按预设的区间火灾运行模式,隧道一端的隧道风机输送新鲜空气,另一端的隧道风机从隧道排烟,保证火灾区段断面风速≥2m/s,引导乘客迎向气流方向撤离,消防人员顺气流方向开展抢救工作。

(四)火灾自动报警系统运行模式

在正常状态下,火灾自动报警控制器及车站现场设备均处于监视状态,控制器接通电源正常运行后,无火灾报警、故障报警、屏蔽、监管报警、自检等发生时所处的状态。

1. 自动控制模式(消防联动)

当FAS处于自动控制模式时,在车站发生火灾时,火灾报警系统会按预先设定的火灾工况,对控制区域内的设备按规定的方式运行。

2. 手动控制模式

当FAS处于手动控制模式时,FAS确认现场有火警后只进行报警,不进行相应的设备联动。当确定是火灾后,首先将控制器主机上的手/自动旋钮切换到自动位置,火灾报警系统才会按预先设定的火灾工况对控制区域内的设备按规定的方式运行。

3. 消防联动

火灾自动报警系统分为自动状态和手动状态,站内正常时,FAS处在自动状态;站内施工时,FAS处在手动状态。

报警分一点报警和两点报警。一个防火分区任意一个感烟探测器、感温探测器或地址式手动报警按钮触发报警时,即一点报警;感烟探测器、感温探测器或地址式手动报警按钮中有任意两个报警时,即两点报警。

火灾自动报警系统处于自动控制模式时,当车站发生火灾,火灾自动报警系统会按预先设定的工况,对火灾控制区域内的消防设备、通风空调系统、排烟风机等按规定的方式运行。

发生一点报警时,FAS主机报火警,蜂鸣器、防护区警铃响起。

发生两点报警时,消防联动控制的主要功能及方式如下:

①FAS向环境与设备监控系统(BAS)发送火灾工况执行命令;

②通风系统进入相应的火灾工况模式,风阀、风机按设定的模式运行;

③消火栓上的消防泵启动开关直接启动消防泵;

④自动启动消防应急广播、应急照明、声光报警器、警铃;

⑤门禁、AFC、直梯执行火灾紧急模式;

⑥切断非消防电源;

⑦乘客信息系统(PIS)显示车站报警。

四、自动灭火系统

(一)系统概述

1. 灭火系统的选择

地铁消防应根据不同部位的环境条件、器材安装、设备特点等要求,选择相应的灭火系统和器材。

①在车站的公共区,应以消防栓系统为主,将整个车站覆盖在消防栓的保护范围内。

②在车站的设备用房,由于仪器众多、设备复杂,在此类相对封闭的区域应以气体自动灭火系统为主。

③自动喷水系统在公共区的作用不是很显著,甚至会造成地滑,影响人群疏散的速度,因此在车站的公共区可不设置自动喷水灭火系统。

④在区间隧道中要沿线布设消防栓灭火系统,条件允许时还可在区间隧道中加装移动式灭火系统。

⑤移动式灭火系统宜采用泡沫灭火剂。

⑥无论是在车站、区间隧道、地铁列车上,都要配备一定数量的灭火器。

2. 自动灭火系统的意义

在城市轨道交通工程中,自动灭火系统保护对象的火灾类型主要包括 A 类和 E 类火灾。诸如主变电站、变配电站、信号设备室及车站控制室等保护对象,属于车站的重要部位,不但设备价格昂贵,而且发生火灾等意外事故时容易导致城市轨道交通中断,影响整个城市轨道交通的运行安全。因此,上述场所均采用自动灭火系统进行保护。

自动灭火系统由存储输送灭火介质的管网子系统和探测报警的控制子系统组成,平时由后者监视防护区的状态,并按预先设定的控制方式启动灭火装置,达到扑救防护区火灾的目的。

3. 常用的自动灭火系统

常用的自动灭火系统主要归纳为以下几大类:二氧化碳、气溶胶、惰性气体灭火系统,卤代烷类化学气体灭火系统和细水雾灭火系统。其中,二氧化碳灭火系统和气溶胶灭火系统不适用于城市轨道交通。当前自动灭火系统还有高压细水雾与气体联用技术、新型环保灭火剂研发(如全氟己酮 FK-5-1-12)等。

(二)细水雾灭火系统

1. 细水雾灭火系统的原理

细水雾灭火系统是一种新型的灭火系统,使用具有特殊构造的细水雾喷嘴,水与雾化介质作用而产生水微粒,水微粒受热蒸发产生体积急剧膨胀的水蒸气(大约1700倍),如图7-21所示。

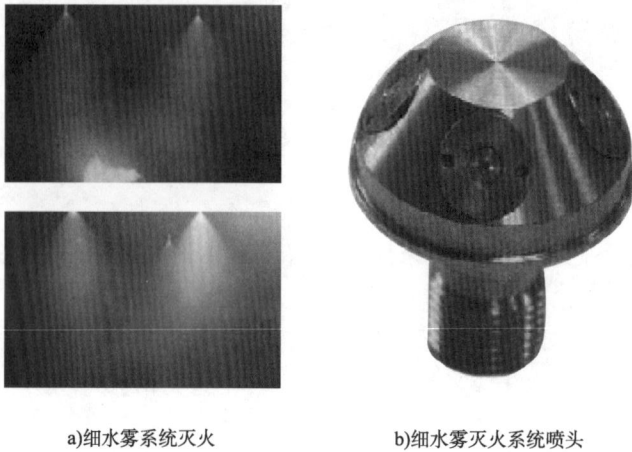

a)细水雾系统灭火   b)细水雾灭火系统喷头

图7-21 细水雾灭火系统

它的灭火原理主要包括以下几个方面。

(1)冷却作用

细水雾的雾滴直径很小,因此其表面积相对于同样体积的水大幅增加,这使得细水雾能够更有效地吸收热量,从而迅速降低火场温度。

(2)窒息作用

细水雾喷入火场后,迅速蒸发形成蒸汽,体积急剧膨胀,降低氧体积分数,在燃烧物表面形成薄膜阻挡新鲜空气的吸入。随着水的迅速汽化,水蒸气含量将迅速增大,氧含量在火源周围空间减小到一定程度时,火焰将被窒息。

(3)阻隔辐射热作用

高压细水雾喷入火场后,蒸发形成的蒸汽迅速将燃烧物、火焰和烟雾笼罩,对火焰的辐射热具有好的阻隔能力,能够有效抑制辐射热引燃周围其他物品,达到防止火焰蔓延的效果。

(4)稀释、乳化、浸润作用

颗粒小冲量大的水滴会冲击到燃烧物表面,从而使燃烧物得到浸湿,阻止固体进一步挥发可燃气体,达到灭火和防止火灾蔓延的目的。另外,高压细水雾还具有洗涤烟雾、废气、对液体起到乳化和稀释作用等。

【新技术升级】新一代细水雾系统已集成物联网(IoT)传感器,实时监测水压、流量及喷嘴状态,并通过AI算法预测故障,实现"预防性维护",提升系统可靠性。

2.细水雾灭火系统的特点

细水雾灭火系统的特点如表7-2所示。

细水雾灭火系统的特点 表7-2

优点	缺点
(1)灭火介质水源容易获取,灭火的可持续能力强; (2)优良的火情抑制能力,既起冷却作用又有效隔绝辐射热; (3)有效除去火灾区域内的烟气; (4)可承受一定限度的通风,对防护区密闭要求相对较低; (5)无浓度方面的限制,对人体无害,环保性能高; (6)既可局部应用,保护独立的设备或设备的一部分,又可作为全淹没系统,保护整个防护区; (7)对大、中空间场所的保护具有技术和经济方面的优势	(1)灭火速度较气体灭火系统慢; (2)系统选型和设计受水雾本身和被保护对象的影响大,个性化要求高; (3)灭火介质为水,这对保护区电源系统的要求也较高; (4)系统喷放后对电子、电气设备造成的二次危害程度,需要通过实体火灾试验来确定,试验成本较高

【环保拓展】IG541混合气体采用氮气、氩气等自然气体,臭氧耗减潜能(ODP)为零,符合"双碳"战略下绿色消防技术发展方向。

(三)气体灭火系统

1.系统概述

城市轨道交通采用的气体灭火系统,主要有二氧化碳灭火系统、七氟丙烷灭火系统、惰性气体灭火系统及气溶胶灭火系统等。

(1)卤代烷类气体灭火系统

①卤代烷类气体灭火系统的原理。

卤代烷类气体灭火剂通过化学作用抑制燃烧过程中的化学反应达到灭火目的。城市轨道交通应用的七氟丙烷灭火系统按储存压力又分为2.5MPa(低压)、4.2MPa(中压)、5.6MPa(高压)三种。影响其灭火效果的主要因素,一方面是防护区封闭情况,另一方面是灭火介质来源受限,不可以持续灭火。

②卤代烷类气体灭火系统的特点。卤代烷类气体灭火系统的特点如表7-3所示。

卤代烷类气体灭火系统的特点 表7-3

优点	缺点
(1)适用范围广,适用于任何一种防护区类型,对中、小空间场所的保护具有技术和经济方面的优势; (2)灭火效率高,其单位体积防护区空间所用气量远低于通过物理作用达到灭火目的的其他灭火剂,该类系统储气量较少,单个气瓶占用的面积较少,是惰性气体类灭火系统的1/2; (3)前期造价较低,在规模小、防护区集中的车站,在造价上有一定的优势,与惰性气体灭火系统比较,造价比约为3:4	(1)在灭火过程中产生的热腐蚀产物(如HF)容易对精密仪器造成损害,气体喷放后需要及时开启排风系统; (2)卤代烷灭火剂,如哈龙气体都属于氟系列的灭火剂,在大气中存活时间长,同时温室效应值高,不利于环保; (3)灭火介质单价高,占初期投资比例大,维护充装费用要高于惰性气体灭火系统

（2）惰性气体类灭火系统

①惰性气体类灭火系统的原理。

惰性气体类灭火主要靠物理窒息作用将防护区内的氧气浓度降低至不支持燃烧的范围而达到灭火的目的。影响其灭火效果的主要因素与卤代烷类气体灭火系统相同。目前最常用的惰性气体是氮气、氩气及IG541混合气体，其介质均取自于大气，属环保型灭火剂。

②惰性气体类灭火系统的特点。惰性气体类灭火系统的特点如表7-4所示。

惰性气体类灭火系统的特点　　　　表7-4

优点	缺点
（1）是纯天然的洁净气体灭火剂，使用它灭火时，只是将气体放回大自然中去，不会对大气臭氧层产生任何破坏作用，是真正的绿色环保灭火剂； （2）在灭火过程中无任何分解物，平时以气态储存，喷放时不会形成浓雾或造成视野不清，使人员在火灾时能清楚地分辨逃生方向； （3）系统保护距离较长，一般在车站两端各设置一个气瓶室，能满足消防系统要求，建筑布置灵活，能充分体现组合分配式系统的优点； （4）维护充装费用要低于卤代烷类气体灭火系统	（1）高达15MPa(20MPa)的储存压力使系统对各产品部件的承压标准、密封效果、输送管道的施工质量及维护管理提出了较高的要求； （2）以窒息的物理作用灭火，设计浓度高，气瓶数量多； （3）惰性气体单个气瓶室占用的面积相对卤代烷灭火系统大，虽然总的气瓶室数量少，但气瓶室占用的总面积与卤代烷灭火系统相差无几； （4）灭火时会产生较高正压，所以对防护区结构要求较高

（3）气溶胶灭火装置

目前国内工程上应用的气溶胶灭火装置都属于热型的，由固体化学混合物（热气溶胶发生剂）经化学反应生成的具有灭火性质的气溶胶，包括S型热气溶胶、K型热气溶胶和其他型热气溶胶三种。热气溶胶以负催化、窒息等原理灭火，灭火后有残留物，属于非洁净灭火剂。该装置适用于变配电间、发电机房、电缆夹层、电缆井、电缆沟等无人及相对封闭空间较小的场所，适用于扑救生产和储存柴油（35号除外）、重油、润滑油等丙类可燃液体的火灾和可燃固体物质表面火灾。

热气溶胶预制灭火系统不应设置在人员密集场所、有爆炸危险性的场所及有超净要求的场所。K型及其他型热气溶胶预制灭火系统不得用于电子计算机房、通信机房等场所。除电缆隧道（夹层、井）及自备发电机房外，K型和其他型热气溶胶预制灭火系统不得用于其他电气火灾。

（4）二氧化碳灭火系统

二氧化碳灭火系统适用于扑救A、B、C类及电气火灾，它主要是依靠高浓度的二氧化碳喷放至所保护的区域，使其中的氧气浓度急速下降稀释至一定浓度，产生窒息作用，使燃烧无法继续进行下去。该系统具有结构简单、安全性好、灭火剂价廉等优点。但当空气中CO_2浓度达到4%时人体即有不适感觉，20%时可致人死亡，而一般电气房间设计浓度为40%，设计浓度远远超过人体承受能力，因而不适用于经常有人场所。该气体密度大，沉积在地下深处，不易排出，在地铁客流量大的公共场所易造成二次灾害，故在地铁车站不宜使用。

二氧化碳（高压、低压）系统在释放过程中由于有固态二氧化碳（干冰）存在，会使防护区的温度急剧下降,可能会对精密仪器设备有一定影响;系统对释放管路和喷嘴造型有严格的要求;如设计、施工不合理,会因释放过程中产生大量干冰阻塞管道或喷嘴造成事故。

（四）IG541 混合气体灭火系统

1. IG541 混合气体灭火系统的结构形式

采用组合分配系统,这种形式能减少灭火剂的总用量。因为每个组合分配系统是用其中最大用量保护区的用量数作为系统的总用量,而不必以各保护区的需用量累加起来作为总用量(分散设置的方式)。

2. IG541 混合气体灭火系统的灭火原理

作为灭火药剂的 IG541 气体,由约 52% 的氮气、40% 的氩气和 8% 的二氧化碳三种存在于大气中的气体组成,对扑灭 A 类、B 类、C 类火灾有效。当 IG541 气体依规定的设计灭火浓度喷放于需要保护的区域时,可以在 1min 之内将区域内的氧气迅速降至 12.5%,使燃烧无法继续进行。同时,在这样低的氧气浓度下,由于保护区域中的二氧化碳浓度已从自然状态下的低于 1% 提高到 4%,促使人的呼吸速率比平时加快,可以在单位时间内吸入更多的氧气以维持正常的生命所需。其中的氩气,还具有加强 IG541 气体在所保护区域中的流动性,进一步提高灭火效率的作用。

【环保优势】该技术响应国家绿色环保政策,减少对大气臭氧层的破坏,对人员及环境更友好。

3. IG541 混合气体灭火系统的组成

IG541 混合气体灭火系统由控制报警子系统和管网子系统两部分组成。控制报警子系统由自动灭火系统集中报警控制器、现场灭火控制盘、光电感烟探测器、差定感温探测器、警铃、声光报警器、气体释放指示灯、辅助联动电源箱(含蓄电池)设备等组成。管网子系统由储存装置、启动装置、分区控制阀、喷嘴、输送管路及其他附件组成。该灭火系统的设备配置如图 7-22 所示。

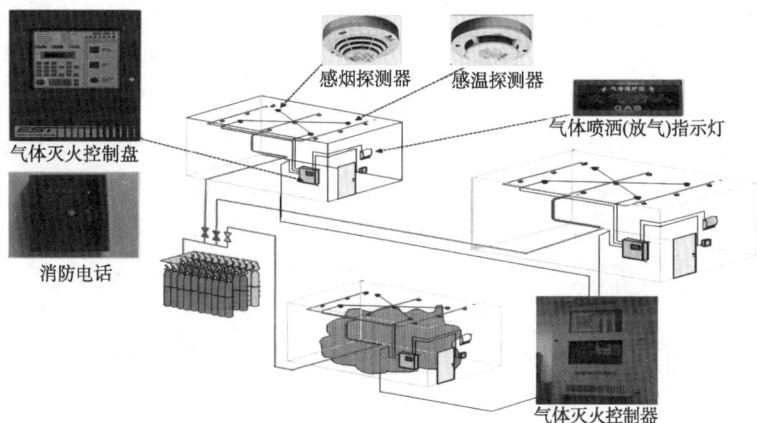

图 7-22　灭火系统的设备配置

(1)控制报警子系统

①气体灭火控制器主机。气体灭火控制器主机(图7-23)是实现逻辑控制处理的核心部件。当系统的探测器收集到火灾报警信号并传送到中央控制单元后,气体灭火控制器主机进行火灾报警条件判断,在确认火灾情况下发出相应的电压信号,控制相关的报警器响应,并联动相应的设备动作,控制钢瓶上的启动阀开启。

②气体灭火控制盘,如图7-24所示。

气体灭火控制盘(RP盘)安装于防护区门外侧,它是用于控制防护区内火灾的气体灭火设备。在紧急情况下,按下手动释放按钮启动灭火系统,或者在发现误启动后的延时时间内,按下释放停止按钮,紧急切断灭火信号,终止灭火系统的启动。RP盘下方的红色按钮为手动启动按钮,绿色按钮为手动停止按钮。按下红色按钮,在经过延时时间后即可喷气灭火;在延时时间内,按下绿色按钮,即可停止喷气程序。正常情况下,RP盘内的所有指示灯应是绿色,主要有主电指示灯、手动指示灯、自动指示灯等。如有红灯闪或红灯亮,即为报警或有输入输出启动,故障时黄灯亮。如遇故障,请及时通知FAS维修人员。

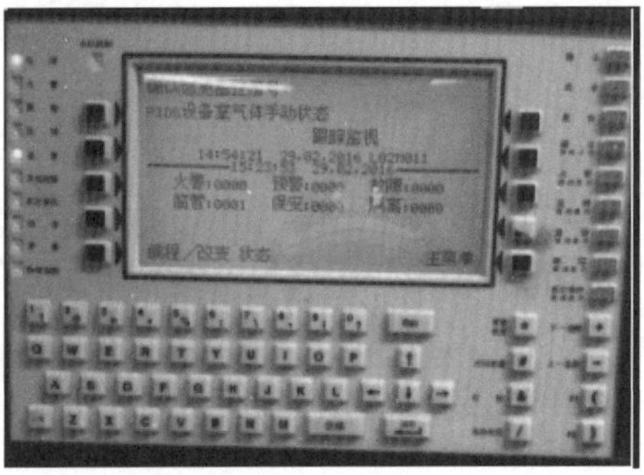

图7-23 气体灭火控制器主机

图7-24 气体灭火控制盘

③火灾探测器。在气体灭火系统里,火灾探测器能及时地将保护区内的温度变化、空气中的颗粒浓度变化、光的亮度等火灾发生的特征信息转换成电信号,发送到中央控制指挥单元。目前常见的火灾探测器有感温型、感烟型和红外对射等。探测器是收集火灾信息的设备,所以必须要有合适的灵敏度,需要定期地进行测试和清洗。为了避免误报,在探测区内不应人为地制造火灾信息。

④声光报警设备。声光报警设备主要由警铃、蜂鸣器、事故广播等组成,起到报警和通知人员疏散的作用。当听到声音报警或看到光报警后,值班人员必须及时确认并复位或救灾。当发现火灾不能扑灭时,必须及时组织人员疏散。

警报装置分别有探测器预警、确认报警、气体释放报警三种。

在每个防护区内有警铃。当防护区内一个探测器报警后,保护区内警铃会报警,提示现场可能有火情。在每个防护区内外分别安装了声光报警器。当防护区内有两个探测器报警后,系统确认火警,保护区内外的声光报警器发出警报声响,提示现场有火情。在每个保护区门外侧上方装有气体释放指示灯,气体释放时,灯自动点亮,提示防护区外人员气体正在释放,不能进入。警铃、声光报警器和气体释放指示灯,如图7-25所示。

a)警铃   b)声光报警器   c)气体释放指示灯

图 7-25   声光报警设备

（2）管网子系统

①气瓶及其组件，主要包括储气钢瓶、高压软管、集流管、启动阀、选择阀等，如图 7-26 所示。储气钢瓶是用以储存气体灭火系统灭火介质的设备，它安装在专用的气瓶间内，房间环境处于室温及温度变化不大，比较干燥，不能阳光直射的地方。气瓶的数量多少取决于灭火介质的灭火浓度、所保护区域的容积。气瓶需要严格管理，人员进出必须登记，并且严禁在气瓶室内擅自进行无关的作业。

图 7-26   气瓶及其组件

启动阀安装在主动钢瓶的瓶头阀或选择阀上。目前使用的启动阀主要有电磁阀和电爆管两种类型。启动阀只需很低的电压或电流即可产生很大的冲击力将阀门打开，从而释放气体。

②输送管网。它由无缝钢管连接而成，从气瓶间敷设到所需要保护的区域，用明显的红色漆以区分其他的管道。管道的安装需要经过水压测试，以达到所需的强度。管道安装必须牢固，防止高压气体喷放时导致管道散落。在维护保养中，应着重检查管道是否畅通、相应阀门等设备是否正常。

IG541 混合气体灭火系统的管网系统如图 7-27 所示。

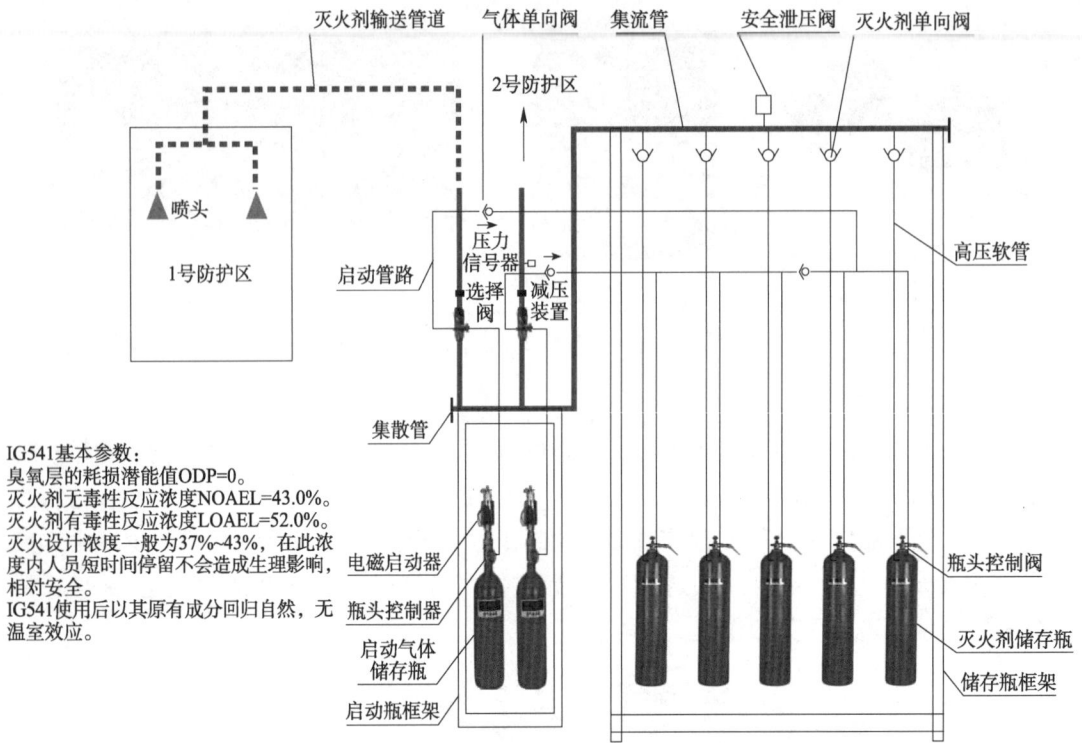

图 7-27　IG541 混合气体灭火系统的管网系统

IG541基本参数：
臭氧层的耗损潜能值ODP=0。
灭火剂无毒性反应浓度NOAEL=43.0%。
灭火剂有毒性反应浓度LOAEL=52.0%。
灭火设计浓度一般为37%~43%，在此浓度内人员短时间停留不会造成生理影响，相对安全。
IG541使用后以其原有成分回归自然，无温室效应。

4.气体灭火控制盘

气体灭火控制盘安装在气体灭火房间门口,当系统的探测器收集到火灾报警信号并传送到气体灭火主机后,气体灭火主机进行火灾报警条件判断,在确认火灾情况下向控制盘发出相应的确认火灾信号,控制盘控制相关的报警器响应,并联动相应的设备动作,控制钢瓶上的启动阀开启。

①启动、停止按钮。RP 盘安装于防护区门外侧,用于控制防护区内的气体灭火设备,紧急情况下,按下紧急启动按钮人为启动灭火系统,或者在发现误启动后的延时时间内,按下紧急停止按钮,紧急切断灭火信号,终止灭火系统的启动。RP 盘下方的红色按钮为手动启动按钮,绿色按钮为手动停止按钮。按下红色按钮,在经过延时时间后即可喷气灭火;在延时时间内,按下绿色按钮,即可停止喷气程序。

②液晶屏显示区域。液晶屏每行显示 20 个字符,可显示 4 行,用于显示首火警时间、启动信号时间、气体喷洒时间、延时时间。

③状态指示灯区域。液晶屏下面有多排 LED 状态指示灯。它们在不同情况下被点亮,这些灯可以分为三大类:左侧为系统状态灯,中间为输入状态灯,右侧为输出状态灯,如图 7-28 所示。正常情况下,RP 盘内的所有指示灯应是绿色,主要有:主电指示灯、手/自动指示灯等。如有红灯闪或红灯亮,即为报警或有输入输出启动,故障时黄灯亮。如遇故障,应及时通知 FAS 维修人员。

状态灯	指示灯颜色 红	绿	黄	说明
主电		★		正常
			★	故障
备电		★		正常
			★	故障
火警 ☆	★			有火警
延时	★			延时进行中
屏蔽 ☆			△	有屏蔽
故障			★	系统故障
CPU故障			★	CPU故障
消音			★	消音

a)系统状态灯

状态灯	指示灯颜色 红	绿	黄	说明
探测区A*	★			A区报火警
			★	A区线路故障
			△	A区被屏蔽
探测区B*	★			B区报火警
			★	B区线路故障
			△	B区被屏蔽
启动/二次*	★			启动信号输入
			★	线路故障
手动状态		★		手动状态
			★	线路故障
自动状态		★		自动状态
			★	线路故障
手动启动	★			手动启动输入
			★	线路故障
不动停止	★			手动停止输入
			★	线路故障
气体喷洒*	★			气体喷洒输入
			★	线路故障

b)输入状态灯

状态灯	指示灯颜色 红	绿	黄	说明
警铃	★			警铃输出
			★	线路故障
			△	警铃屏蔽
声光警报器	★			声光警报输出
			★	线路故障
控制输出1	★			控制设备1输出
			★	线路故障
控制输出2*	★			控制设备2输出
			★	线路故障
选择阀	★			选择阀输出
			★	线路故障
瓶头阀*	★			瓶头阀输出
			★	线路故障
启动喷洒*	★			启动喷洒
			★	线路故障
手报	★			手动报警按钮
			★	线路故障

c)输出状态灯

图7-28 状态指示灯区域

④功能键操作区域。操作面板包括六个功能按键:【复位】系统复位;【警铃启/停】反转警铃启/停状态;【声光启/停】反转声光启/停状态;【手动/自动】手动/自动间切换;【消音｜设置】系统消音;【自检｜+/−】面板灯自检。

⑤气灭远程控制装置。气体灭火保护房间如果有两个及以上的门时,一个门口安装气体灭火控制盘,其余的门口安装远程控制装置,如图7-29所示。该装置具有手动/自动切换、手动启动喷洒/手动停止喷洒四项功能,通过两个钥匙开关实现。

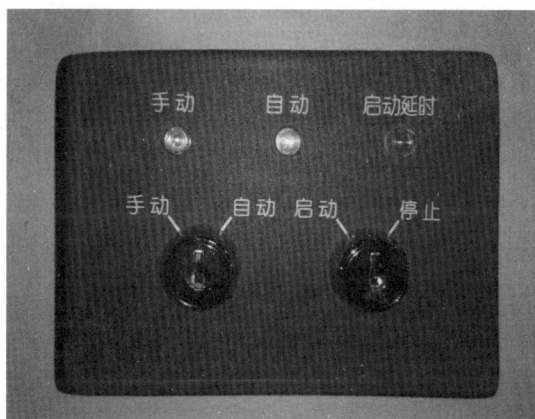

图7-29 气灭远程控制装置

a.手动/自动转换开关。钥匙向左旋转一下,系统处于手动状态(手动指示灯常亮),在此状态下,系统不参与联动。向右旋转一下,系统处于自动状态(自动指示灯常亮),系统按照预设逻辑完成联动。

b.启动/停止按开关。钥匙向左旋转一下,系统进入30s倒计时,计时时间到,启动电磁阀。在30s时间内旋转钥匙到停止位,系统中断启动命令;再次启动,系统继续计时。

注意:面板“启动”“停止”按钮,功能等同于远程开关。

5. 气灭系统控制模式

RP盘有手动和自动两种运行模式,由功能键【手动/自动】进行两种模式间的切换。控制盘的当前运行模式由面板上的相应状态指示灯显示,控制器上电时默认为手动运行模式。

(1)自动运行模式

在每个保护区内都设有感烟探测器和感温探测器,每种探测器被分成两个独立的报警回路,其控制流程如下:

①日常监视火灾报警状态,并点亮面板上的相应指示灯,鸣响蜂鸣器;

②当发生火灾时,其中探测A区或B区某一回路的探测器报警后,设在该保护区内的警铃响;

③当探测A区和B区两个回路的探测器都报警时,开始延时,启动警铃、声光,显示延时倒计时画面,点亮延时指示灯;

④经过30s延时,控制盘将启动气体钢瓶组上瓶头阀的电磁启动器和对应保护区域的区域选择阀上的电磁启动器;

⑤气体沿管道输送到相应的保护区,通过喷头释放气体灭火。

延时期间,紧急停止按钮可中止延时并停止所有输出。如再有手动启动信号将重新开始手动启动过程。

【授权操作】非授权人员严禁操作,操作人员须持证上岗并严格遵守规程。

(2)手动运行模式

控制盘为手动控制模式,发生火灾时控制盘不自动执行气体喷放程序,而由人工启动气体喷放。手动启动信号输入具有最高的启动优先级,即当系统收到手动启动信号输入时,无论系统当前处于何种状态,都将开始进入延时待喷放状态,其控制流程如下:

①按下灭火盘上"手动启动"按钮并保持待"延时"灯亮松开,再按"手动启动"按钮并保持待"延时"灯亮,或把远程控制装置用钥匙转换到"启动"位置并保持待"延时"灯亮松开,再转换到"启动"位置并保持待"延时"灯亮,系统进入30s倒计时;

②控制盘发出声、光报警信号,启动电气联动控制程序;

③保护区内外蜂鸣器鸣叫、声光报警器闪亮;

④进入延时阶段,点亮延时指示灯,30s延时后启动钢瓶和选择阀上的电磁启动器,向管道输送气体;

⑤气体喷放,压力开关动作,当收到反馈信号时,点亮启动喷洒指示灯并锁定直至控制器复位,向火灾报警系统发出信号。

(3)紧急喷放模式

紧急状态时,在气体储存室手动操作钢瓶组的选择阀和钢瓶上的气体释放阀,喷放气体。

6. 日常运行

①气体自动灭火系统应24h正常工作,主机和保护区控制盘应处于不间断运行状态;

②主机、保护区控制盘的控制模式应处于自动状态；

③各保护区门口的气灭远程控制装置"手/自动"开关位于"自动"位置；

④感烟探测器、感温探测器、警铃、声光报警器、闪灯等处于正常工作状态；

⑤防火阀、风阀等联动设备处于联动状态；

⑥控制器主机、保护区控制盘应运行正常，无故障报警；

⑦气体储存室钢瓶组的钢瓶气体压力表在规定范围内；

⑧钢瓶组的选择阀、瓶头阀电磁启动器连接可靠，并处于自动启动状态；

⑨值班人员应按车站巡视表的内容和要求对气体灭火系统设备、气体储存室进行巡检，并做好记录；

【防患于未然】细致的日常检查是保障气体灭火系统可靠性的基石，体现预防为主的消防理念。

⑩发生报警或监控故障时，值班人员应进行现场确认、检查，并按规定处理；

⑪系统和设备发生故障或其他异常情况，应及时报告调度，并通知检修人员。

7. 灭火系统操作

IG541 混合气体灭火系统设自动控制、手动控制和机械应急操作三种启动方式。

（1）自动喷放

控制系统处于自动控制状态时，系统自动完成火灾探测、报警、联动控制及灭火整个过程，动作和程序如下：

①保护区内的单一探测回路探测到火灾信号后，控制盘发出报警信号和音响；

②该保护区内警铃、声光报警器响起，关闭防火阀，同时将信号反馈至火灾报警系统；

③保护区内另一路探测器报警时，防护区控制盘应启动灭火喷放联动程序；

④控制盘延时 30s 后，向钢瓶组发出联动控制信号，选择阀和瓶头阀电磁铁启动；

⑤钢瓶组内的气体释放，通过管道输送到保护区喷头，进行气体喷放灭火；

⑥气体喷放时压力开关动作，喷放指示灯应闪亮，同时控制盘将气体喷放信号反馈至 FAS。

（2）紧急止喷

在气体喷洒 30s 延时中，如发现是系统误动作或确有火灾发生但仅使用手提式灭火器和其他灭火设备即可扑灭火灾，可按下 RP 盘内的绿色"紧急停止"按钮或把远程控制装置用钥匙转换到"停止"位置并保持 3s 以上，气体喷放中止。

（3）再次启动

按下 RP 盘内的绿色"紧急停止"按钮中止气体喷放时，如需再次开启 IG541 灭火系统，则按下 RP 盘内的红色"紧急启动"按钮并保持待"延时"灯亮松开，再按"手动启动"按钮并保持待"延时"灯亮，或把远程控制装置用钥匙转换到"启动"位置并保持待"延时"灯亮松开，再转换到"启动"位置并保持待"延时"灯亮，系统进入 30s 倒计时后气体喷放。

（4）手动释放操作

保护区因检修作业或有人值班时将控制器置于手动模式或发生火灾时系统在自动控制方式下延时30s后无法实现气体释放程序,现场操作人员应手动启动气体灭火系统进行气体喷放。

一般情况下,IG541混合气体灭火系统处于自动控制状态,当保护区内有人工作时,可将系统的控制转为手动控制状态,在此状态下,灭火控制模块不会响应火灾报警控制器的联动信号(无论一点火警还是两点火警)。如确认保护区发生火情,所有人员离开保护区房间后,有关人员可直接按下RP盘内的红色"紧急启动"按钮并保持待"延时"灯亮松开,再按"手动启动"按钮并保持待"延时"灯亮,或把远程控制装置用钥匙转换到"启动"位置并保持待"延时"灯亮松开,再转换到"启动"位置并保持待"延时"灯亮,气灭系统将经过延时30s后,释放IG541混合气体。

注意:手按启动按钮之前,应将"手/自动"转换开关置于"自动"位置。

（5）紧急喷放操作

气灭保护房间内发生火灾,自动模式和手动模式均失效时,应立即通知有关人员迅速撤离现场,并在FAS主机上启动相应的火灾联动模式,操作人员采用应急机械手动方式启动灭火系统。具体步骤为:

①确认发生火灾的防护区的名称;

②通知(或确认)该防护区内的人员已撤出;

③确认影响灭火效果的设备或装置已关闭(或手动关闭防护区的防火阀、风阀);

④进入该防护区对应的灭火系统气瓶储存室;

⑤按照标牌指引,拔下发生火灾的气体保护房间对应的选择阀保险栓,向SET箭头相反方向推到底,听到"啪"一声响,即完成选择阀的开启;

⑥同时找到发生火灾的气体保护房间对应的启动瓶,拔掉瓶头阀上的保险栓,向SET箭头相反方向推到底,听到"啪"一声响,即开启了整个气体灭火系统;

⑦钢瓶组气体释放。

注意:紧急机械操作必须按照顺序先开启选择阀,再启动瓶头阀。否则有生命危险!切记!

气体灭火系统火警操作流程如图7-30所示。

（6）报警确认和误报操作

当气体灭火系统控制盘发生报警时,值班员应按以下步骤进行操作:

①在控制盘或火灾报警系统主机上查看报警信息,确定报警点的位置、保护区的名称;

②有关人员携带对讲机,赶到发生报警的保护区进行查看;

③进入保护区室内前,将保护区外控制盘的"自动/手动"开关转到"手动"位置;

④进入保护区察看火情,并观察探测器上的红色指示灯是否常亮;

⑤如未发现火情,确认为误报,按控制盘上的"复位"按钮复位;

⑥待设备恢复正常后将控制盘恢复到自动模式。

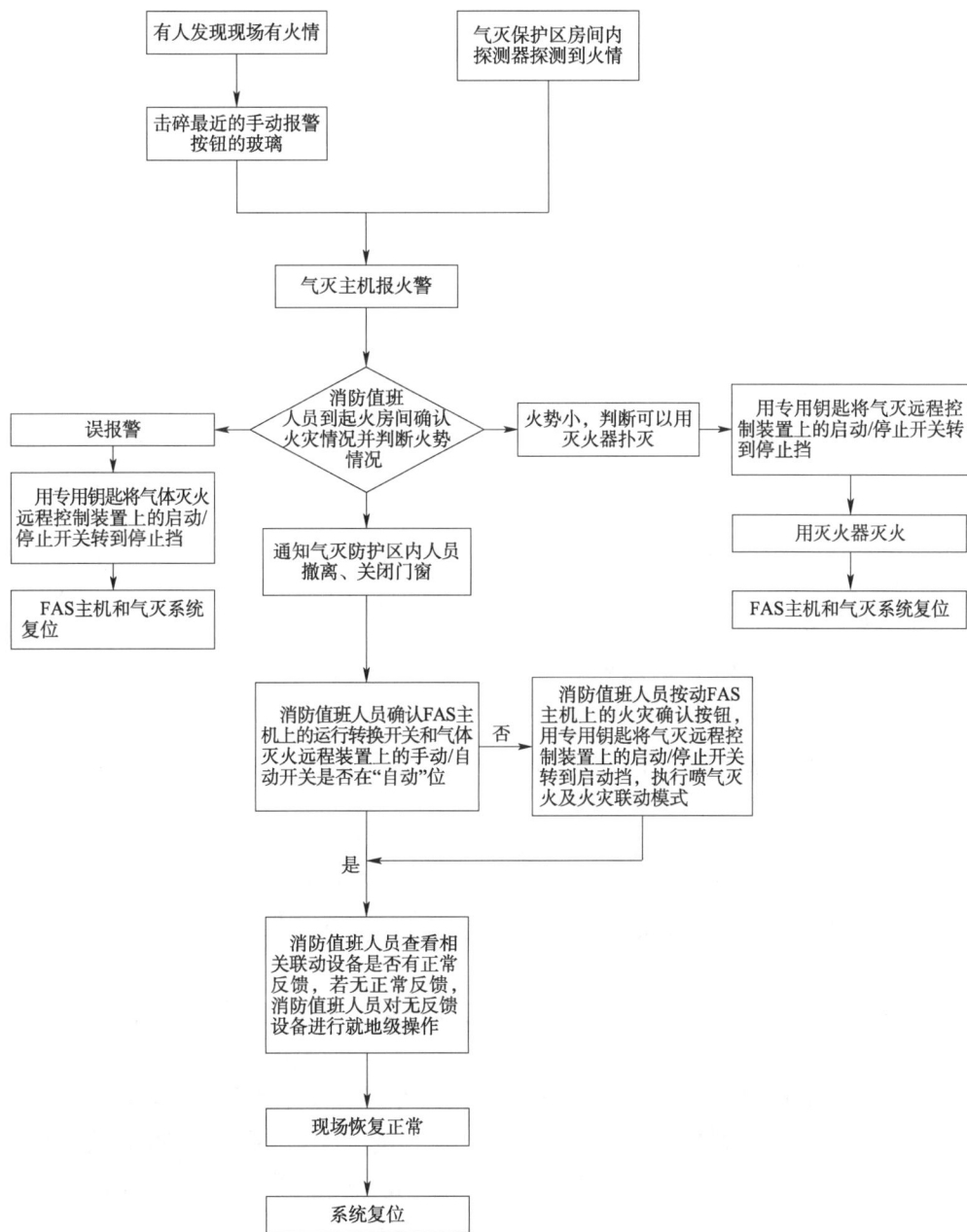

图 7-30 气体灭火系统火警操作流程

（7）误喷放操作

若气体灭火系统发生误喷放,应按以下流程操作:

①值班人员应赶到保护区,保护现场,禁止人员进入保护区内;

②报告调度,等待专业消防人员到场;

③锁好控制盘,禁止对控制盘进行复位和其他操作;

④打开防火阀进行排气,如需进入设备房才能打开防火阀时,应穿着防护服、佩戴防毒面具;

⑤按环控模式开启相应的送、排风机;

⑥排气完毕后应对设备、管线、管道和钢瓶组件进行检查,确认损坏情况;

⑦对已喷气的钢瓶进行更换或重新充装灭火剂;

⑧分析误喷原因,查找并排除故障;

⑨设备恢复正常后,对系统和设备进行测试,包括一点报警、二点报警、模拟联动气体喷放、手动操作等功能,并做好相应的测试记录。

(8)气体灭火系统复位操作

①当系统发生报警或误操作导致系统启动,现场实际情况为正常或可控时,首先,在延时30s之内按下设在防护区门外气体灭火控制盘上的"停止"按钮或用专用钥匙将气体灭火远程控制装置上的"启动/停止"开关转到"停止"位并保持3s以上,暂时停止释放气体,然后,对系统进行复位,先在车控室气灭主机进行复位,再复位现场的气灭控制盘。

②如果火灾发生,延时30s之后喷洒气体扑灭火灾,复位完气灭主机和气灭控制盘之后,还需用专用复位工具复位电磁启动器和压力启动器。

8.进出气体灭火保护房间的规定

(1)进房间的操作步骤

①检查远程控制装置或气体灭火控制盘的"手/自动"状态指示灯处于何种状态;

②若手动状态指示灯点亮,可以直接进入房间;

③若自动状态指示灯点亮,采用专用钥匙将远程控制装置的"手/自动"开关转至"手动"位,手动状态指示灯点亮;或用专用钥匙打开气体灭火控制盘,点击"手/自动"转换按钮,手动指示灯点亮,处于手动状态后,可以进入房间。

(2)出房间的操作步骤

①如进入前系统处于"手动"状态,可以直接离开房间,无须操作气体灭火控制盘或远程控制装置;

②如进入前系统处于"自动"状态,离开时,采用专用钥匙将远程控制装置的"手/自动"开关转至"自动"位,自动状态指示灯点亮;或用专用钥匙打开气体灭火控制盘,点击"手/自动"转换按钮,自动状态指示灯点亮,处于自动状态后,可以离开房间。

五、其他消防设备

为了尽快控制火势,应尽可能减少火灾隐患,降低火灾带来的损失。城市轨道交通车站应配备足够数量的常用消防设备,如消火栓、手提式灭火器等。

车站工作人员必须了解和掌握车站基本的消防设备和设施的使用方法,如消火栓、灭火器、防烟面具、空气呼吸器等,掌握其配置情况,熟悉其配置地点,以便能独立熟练操作。

1. 消火栓

消火栓是消防供水设备的终端,在灭火时提供较高压力的水源供直接灭火或为消防车供水。

地铁室内消火栓的设置应符合下列要求:

①消火栓口径应为 DN65mm,水枪喷嘴直径应为 19mm,每根水龙带长度应为 25m,栓口距地面、楼板或道床面高度应为 1.1m。

②车站宜设单口单阀消火栓,困难地段可设双口双阀消火栓。

③地下区间隧道的消火栓,宜设消火栓口,可不设消火栓箱,但水龙带和水枪应放在邻近车站站台端部专用消火栓箱内。

④消火栓的布置应保证每个防火分区同层有两支水枪的充实水柱同时到达室内任何部位。

⑤地下车站水枪充实水柱长度不应小于 10m,地面车站、高架车站水枪充实水柱长度应符合国家标准《建筑设计防火规范》(GB 50016—2014)的有关规定。

⑥消火栓的间距应按计算确定,但单口单阀消火栓不应超过 30m,双口双阀消火栓不应超过 50m。地下区间隧道(单洞)内消火栓的间距不应超过 50m。人行通道内消火栓间距不应超过 30m。

⑦消火栓口的静水压力和出水压力应符合国家标准《建筑设计防火规范》(GB 50016—2014)的有关规定。

⑧车站、车辆基地的消火栓与灭火器宜共箱设置,箱内应配备衬胶水龙带和水枪、自救式消防软管卷盘和灭火器,如图 7-31 所示。

⑨当消火栓系统由消防水泵加压供给时,消火栓处应设水泵启动按钮。

2. 灭火器

(1)灭火器的用途

灭火器担负的任务是扑救初起火灾。一具质量合格的灭火器,如果使用得当,扑救及时,可将一些损失巨大的火灾扑灭在萌芽状态。因此,灭火器是很重要的。

(2)灭火器的种类

按充装灭火剂的类型来划分,常见的灭火器有以下四种。

①干粉灭火器。其药剂的主要成分是碳酸氢钠,即小苏打和磷酸氢二铵,如图 7-32 所示。干粉灭火器适用于易燃、可燃液体、气体及带电设备的初起火灾(A、B、C 类火灾)。

②二氧化碳灭火器。其结构简单、操作灵活、使用方便,具有灭火速度快、效率高,可连续或间歇喷射等优点,如图 7-33 所示。它适用于扑救油类、易燃液体、固体有机物、气体和电气设备的初起火灾。

③泡沫灭火器,如图 7-34 所示。其内部有两个容器,分别盛放两种液体,分别是硫酸铝

图 7-31 消火栓箱

和碳酸氢钠溶液,两种溶液互不接触,不发生任何化学反应。平时千万不能碰倒泡沫灭火器。当需要泡沫火火器时,把火火器倒立,两种溶液混合在一起,就会产生人量的二氧化碳气体。由于泡沫灭火器喷出的泡沫中含有大量水分,它不像二氧化碳液体灭火器,灭火后不污染物质,不留痕迹。泡沫灭火器主要适用于扑救各种油类火灾,木材、纤维、橡胶等固体可燃物火灾。

图7-32　干粉灭火器

图7-33　二氧化碳灭火器

④清水灭火器,如图7-35所示。采用清水作为灭火药剂,加入一定量的添加剂,可扑灭纸张、木材、纺织品等引起的A类火灾。

图7-34　泡沫灭火器

图7-35　清水灭火器

任务7-2　消防系统日常检查

【工具准备】　消防实训设备。

【知识准备】　任务一"车站消防系统认识"。

【实施方式】　本任务由教师示范操作,学生分组实操。

实训工作页 7-1   消防设备的日常检查

设备	检查内容
FAS 系统	对 FAS 主机、探测设备和报警类设备、消防电话系统设备外观进行检查。控制盘、联动盘(箱)和图形监视工作站计算机在位且完整,显示系统正常运行,无报火警信息,设备卫生良好。值班人员每日检查集中报警控制器和区域报警控制器的功能(如火警功能、故障功能、复位、消音等)是否正常,有关指示灯是否损坏,值班人员应将每日检查、处理问题情况记录在日记录表中
气体灭火系统	(1)查看气灭 EST 主机工作情况。 ①要求控制盘箱体外观完好,面板显示正常运行,无报警信息。 ②查看气灭 EST 主机日期、时间,要求日期、时间正确。 ③对气灭 EST 主机试灯,要求气灭主机试灯正常。 (2)操作标识、手/自动开关、紧急启动按钮及紧急止喷按钮在位且完整。 (3)探测器、警铃、蜂鸣器、灭火指示牌在位且完整,管道、喷头安装牢固,无被遮挡
消火栓	(1)封条完好,则箱内设备完好,否则开箱检查:栓箱门开启无异常,无漏水,水带无破损,水枪配套,阀门不锈蚀,箱体内外不锈蚀,数量无缺; (2)消火栓箱里外保持无灰尘、无碎屑、纸屑等杂物; (3)消火栓箱门玻璃、把手完好无损; (4)消火栓箱周围 1m 范围内无任何物资(物品); (5)编号标签及箱内检查记录表完好无损
灭火器	(1)灭火器箱封条完好。灭火器箱封条有效期一个月,封条到期后必须开封检查箱内设施,确认完好后重新贴上封条,若封条破坏或没有,则打开,检查箱内设备是否在位、完整有效,灭火器配置位置无变动、无丢失、无挪用; (2)灭火器箱里外无灰尘、无碎屑、纸屑等杂物; (3)灭火器箱在指定标志场所水平直角置; (4)灭火器箱周围 1m 范围内无任何物资(物品); (5)编号标签及箱内检查记录表完好无损

任务 7-3   消防设备日常操作

【工具准备】 消防实训设备。

【知识准备】 任务一、任务二的理论知识。

【实施形式】 本任务由教师示范操作,学生分组实操。

实训工作页 7-2　FAS 操作

操作项目	操作步骤
FAS 报火警	FAS 报火警现象:FAS 主机报警音鸣响、报警指示灯红灯闪烁,FAS 主机显示屏幕显示报警事件内容及地址;图形工作站红色火警图标闪烁,同时显示报警时间、内容及地址。参见图 7-36FAS 主机操作盘。 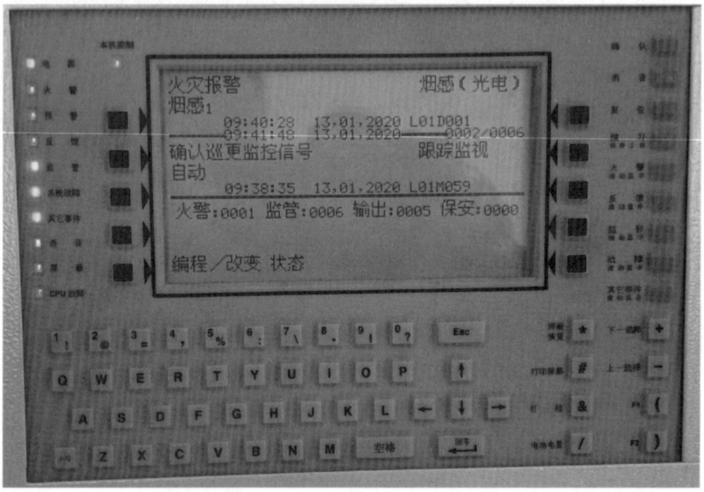 图 7-36　FAS 主机操作盘示意图 系统发生报警或其他突发事件时按以下流程执行: (1)在图形显示系统上或 FAS 主机操作盘上的报警栏内查看火警位置,再按确认键进行确认并做好记录。 (2)利用对讲机、电话或其他方式通知邻近人员立即查看现场,有关人员应立即携带对讲机、插孔电话等通信工具,迅速到达报警现场进行火灾确认。 (3)如确有火情发生,现场人员应立即用通信工具向车站控制室报告火灾信息,利用现场灭火器材进行先期扑救;若车站将火扑灭,及时向指挥中心汇报。 (4)车站控制室值班人员应立即报告调度,通知有关人员到现场协助灭火。火势较大,车站无法灭火时,根据值班站长指示报 119、120、公安,报告单位值班领导并按以下要求操作: ①报警系统处于自动(联动)工作状态,通过 BAS 界面检查报警系统是否按规定的火灾工况执行,根据联动工况图(表)逐项确认消防联动设备的工作状态; ②若消防报警系统发生断电或其他故障,消防联动设备、通风空调、排烟风机、风阀、AFC、门禁等未按规定动作自动执行,应根据环控调度的指令通过车控室的 IBP 盘或其他应急操作装置进行紧急操作; ③车控室无法远程操作的应立即到设备现场进行就地操作; ④车站广播设备无法进行自动广播的,应根据火灾预案进行人工广播,组织疏散; ⑤消防救援人员到达后,根据消防指挥员的指令进行操作。 (5)完成灭火及排烟后按照要求将系统复位。 (6)如发现是假火情,则按复位键进行复位

续上表

操作项目	操作步骤
车站级 FAS 报故障	报警系统在正常运行和操作过程中发生故障或不正常现象,应按以下流程处理: (1)报警系统发生故障,主机(控制盘)会发出报警声,故障(黄)指示灯会闪亮(显示屏显示信息或故障内容及地址),在图形工作站上会出现相应的事件信息(出现新的故障,最上面一栏的相应提示会闪); (2)查看控制盘上显示的信息(参见图7-34FAS 主机操作盘),或点击图形工作站信息显示条,确定报警点的位置;读出相应的信息或故障,进行确认消音并做好记录;如果新的事件和 FAS 主机是重复的,按照 FAS 主机显示的信息内容进行登记; (3)值班员到现场或通知相关人员进行现场确认; (4)如发生误报或监视故障时,应立即报告调度,并按以下流程处理: ①按确认键进行确认,指示灯常亮,报警声消音; ②如探测器或其他监视故障无法复位时,应对故障点进行隔离(屏蔽)操作; ③系统进行复位,恢复正常运行; ④通知检修人员,经维护人员核实修复可恢复正常状态。 (5)如是防火阀、消防泵、水喷淋等监控信号报警,经现场对设备动作确认后,报告调度后对系统进行确认和复位
手动启动火灾模式	当各车站需要手动启动火灾模式进行防排烟时,可以在烟雾区内按下最近的手动报警按钮,并将车控室内的控制显示联动板上旋钮置于自动位置,实现防排烟联动功能
FAS 简单故障	(1)如图形显示系统有死机现象,重新启动计算机并进行登录。 (2)有时候在 FAS 主机操作盘上会在同一时间报气灭系统故障信号、气灭系统隔离信号,这不是故障,是因为气灭系统 RP 上的手/自动开关打在了手动状态,在恢复手/自动开关自动状态后故障现象一般能自行恢复。如果无法恢复,及时报环控调度,由环控调度报故障报警中心或车站维护中心

实训工作页 7-3 气体自动灭火系统操作

控制模式	设备状态	火警确认	操作步骤
自动模式	(1)气体自动灭火系统应 24h 正常工作,主机和保护区控制盘处于不间断运行状态;	(1)在控制盘或火灾自动报警系统主机上查看报警信息,确定报警点的位置、保护区的名称;	控制系统处于自动控制状态,系统自动完成火灾探测、报警、联动控制及灭火整个过程,动作和程序如下: (1)状态:保护区内一次火警,灭火盘"探测区 A"火警灯亮,同时相应保护区内警铃与防火阀动作。 操作:工作人员赶到相应保护区,先把灭火盘"手自动按钮"调至手动状态(手动指示灯亮),再进入保护区内查看火警是否真实,若确有火警且人工无法处理,可直接按下灭火盘上"手动启动"按钮并保持待"延时"灯亮松开,再按"手动启动"按钮并保持待"延时"灯亮,系统进入 30s 倒计时;若是确有火灾发生但仅使用手提式灭火器和其他灭火设备即可扑灭火灾或者系统误报,可先把消防控制室内气体报警主机火警复位,然后复位现场灭火盘;待火情处置完毕系统正常后灭火盘调至自动状态。

控制模式	设备状态	火警确认	操作步骤
自动模式	（2）主机、保护区控制盘的控制模式处于自动状态； （3）各保护区门口的气灭远程控制装置"手/自动"开关位于"自动"位置； （4）感烟探测器、感温探测器、警铃、声光报警器、闪灯等处于正常工作状态； （5）防火阀、风阀等联动设备处于联动状态； （6）控制器主机、保护区控制盘应运行正常，无故障报警，只有电源状态指示灯亮； （7）气体储存室钢瓶组的钢瓶气体压力表在规定范围内；	（2）有关人员携带对讲机、插孔电话等通信工具，赶到发生报警的保护区进行查看； （3）进入保护区室内前，将保护区外的控制盘"自/手动"开关转到"手动"位置；	（2）状态：保护区内二次火警，灭火盘"探测区 A"火警灯亮、"探测区 B"火警灯亮，进入 30s 延时状态，同时声光报警器鸣响。 操作：①无人干预：经过 30s 延时，控制盘将启动气体钢瓶组上瓶头阀的电磁启动器和对应保护区域的区域选择阀上的电磁启动器；气体沿管道输送到相应的保护区，通过喷头释放气体灭火。②有人干预：工作人员在 30s 内赶到相应保护区，并按下灭火盘"紧急停止"按钮保持 3s，灭火盘"手动停止"灯亮，然后进入保护区内确认火警。若确有火警且人工无法处理，可直接按下灭火盘上"紧急启动"按钮并保持待"延时"灯亮松开，再按"手动启动"按钮并保持待"延时"灯亮，或把远程控制装置用钥匙转到"启动"位置并保持待"延时"灯亮松开，再转换到"启动"位置并保持待"延时"灯亮，系统进入 30s 倒计时；若属误报或确有火灾发生但仅使用手提式灭火器和其他灭火设备即可扑灭火灾，可先把消防控制室内火灾报警主机火警复位，然后复位现场灭火盘。待设备恢复正常后将控制盘恢复自动模式。若延时时间到，放气指示灯点亮，此时切记不可进入；若为误喷放，按相关操作程序执行。 注意：手按启动按钮之前，应将"手/自动"转换开关置于"自动"位置。 （3）机械应急操作： 气灭保护房间内发生火灾，自动方式和手动方式均失效时，应立即通知有关人员迅速撤离现场，并在 FAS 主机上启动相应的火灾联动模式，操作人员采用应急机械手动方式启动灭火系统。具体步骤为： ①确认发生火灾的防护区的名称； ②通知（或确认）该防护区内的人员已撤出； ③确认影响灭火效果的设备或装置已关闭（或手动关闭防护区的防火阀、风阀）； ④进入该防护区对应的灭火系统气瓶储存室； ⑤按照标牌指引，拔下发生火灾的气体保护房间对应的选择阀紧急机械手拉启动器上的保险栓，向 SET 箭头相反方向推到底，听到"啪"一声响，即完成选择阀的开启； ⑥同时找到发生火灾的气体保护房间对应的启动瓶瓶头阀，以相同方式拔掉瓶头阀上的紧急机械手拉启动器上的保险栓，向 SET 箭头相反方向推到底，听到"啪"一声响，即开启了整个气体灭火系统；

控制模式	设备状态	火警确认	操作步骤
自动模式	(8)钢瓶组的选择阀、瓶头阀电磁启动器连接可靠，并处于自动启动状态	(4)进入保护区查看火情，并观察探测器上的红色指示灯是否常亮；向车站值班员汇报现场火情，并按其指示执行	⑦钢瓶组气体释放，压力开关动作，当收到反馈信号时，点亮启动喷洒指示灯并锁定直至控制器复位，向火灾报警系统发出信号。 注意：紧急机械操作必须按照顺序先开启选择阀，再启动瓶头阀。否则有生命危险！切记！ 注意：严格按照"先开选择阀，再启瓶头阀"顺序操作，体现"精益求精"的工匠精神。任何顺序颠倒均可能引发重大安全事故！
手动模式	(1)气体自动灭火系统应24h正常工作，主机和保护区控制盘处于不间断运行状态； (2)保护区控制盘的控制模式处于手动状态； (3)各保护区门口的气灭远程控制装置"手/自动"开关位于"手动"位置； (4)感烟探测器、感温探测器、警铃、声光报警器、闪灯等处于正常工作状态； (5)防火阀、风阀等联动设备处于联动状态； (6)控制器主机、保护区控制盘应运行正常，无故障报警，只有电源状态指示灯亮；	火警确认： (1)在控制盘或火灾自动报警系统主机上查看报警信息，确定报警点的位置、保护区的名称； (2)有关人员携带对讲机、插孔电话等通信工具，赶到发生报警的保护区进行查看； (3)进入保护区室内前，确认保护区外的控制盘"自/手动"开关在"手动"位置；	当保护区内进行检修作业或有人工作时，可将系统的控制转为手动控制状态，在此状态下，(无论一点火警还是两点火警)，仅向FAS主机发送火灾确认信号，灭火控制模块不会响应火灾报警控制器的联动信号。 ①监视火灾报警状态，并点亮面板上的相应指示灯，鸣响蜂鸣器； ②探测A区或B区报警时，启动警铃； ③探测A区和B区同时报警时，启动警铃。 (1)手动模式 操作：工作人员赶到相应保护区，先确认灭火盘"手动按钮"在手动状态(手动指示灯亮)，再进入保护区内查看火警是否属实。 若确有火警且人工无法处理，按下灭火盘上"紧急启动"按钮并保持"延时"灯亮松开，再按"手动启动"按钮并保持"延时"灯亮，或把远程控制装置用钥匙转换到"启动"位置并保持"延时"灯亮松开，再转换到"启动"位置并保持"延时"灯亮，系统进入30s倒计时；控制盘发出声、光报警信号，启动火灾联动控制程序；保护区内外蜂鸣器鸣叫、声光报警器闪烁；进入延时阶段，点亮延时指示灯；30s延时后启动钢瓶和选择阀上的电磁启动器，向管道输送气体；气体喷放，压力开关动作，当收到反馈信号时，点亮启动喷洒指示灯并锁定直至控制器复位，向火灾报警系统发出信号。若是确有火灾发生但仅使用手提式灭火器和其他灭火设备即可扑灭火灾或未发现火情确认为误报，按控制盘上的"复位"按钮复位。待设备恢复正常后将控制盘恢复自动模式。 注意：手按启动按钮之前，应将"手/自动"转换开关置于"自动"位置。 (2)机械应急操作： 气灭保护房间内发生火灾，手动方式失效时，应立即通知有关人员迅速撤离现场，并在FAS主机上启动相应的火灾联动模式，操作人员采用应急机械手动方式启动灭火系统。具体步骤为：

续上表

控制模式	设备状态	火警确认	操作步骤
手动模式	(7)气体储存室钢瓶组的钢瓶气体压力表在规定范围内； (8)钢瓶组的选转阀、瓶头阀电磁启动器连接可靠，并处于自动启动状态	(4)进入保护区查看火情，并观察探测器上的红色指示灯是否常亮；向车站值班员汇报现场火情，并按其指示执行	①确认发生火灾的防护区的名称； ②通知(或确认)该防护区内的人员已撤出； ③确认影响灭火效果的设备或装置已关闭(或手动关闭防护区的防火阀、风阀)； ④进入该防护区对应的灭火系统气瓶储存室； ⑤按照标牌指引，拔下发生火灾的气体保护房间对应的选择阀紧急机械手拉启动器上的保险栓，向SET箭头相反方向推到底，听到"啪"一声响，即完成选择阀的开启； ⑥同时找到发生火灾的气体保护房间对应的启动瓶头阀，以相同方式拔掉瓶头阀上的紧急机械手拉启动器上的保险栓，向SET箭头相反方向推到底，听到"啪"一声响，即开启了整个气体灭火系统； ⑦钢瓶组气体释放。 注意：紧急机械操作必须按照顺序先开启选择阀，再启动瓶头阀。否则有生命危险！切记！

补充说明：

【重要提示】本实训操作直接关系消防安全，必须牢固树立"安全第一、生命至上"的理念，培养严谨规范、沉着冷静、勇于担当的职业素养。

FAS、气体灭火系统使用注意事项如下：

(1)在车站综控室、运转值班室，可实现对FAS的监控和对气体灭火系统的监视，要求车站综控室24h有人值班。

(2)如果发现FAS主机上和图形显示系统上有新的故障或信息，应及时做好登记并上报环控调度，由环控调度报故障报警中心或车站维护中心。如果有故障或信息未或未及时报，将会造成系统无法正常工作及设备损坏。

(3)车站综控室的FAS控制显示面板上的系统控制旋钮在正常情况下位于"自动"位置。

(4)不能随意变动消防设备的安装位置。

(5)对于有气体灭火系统保护的防护区(设备间)：

【操作提示】严格遵守设备间进出流程和模式切换规定，是保障自身安全和系统有效性的前提。

有气体灭火系统保护的设备用房无人时，要求防护区的所有防火门处于关闭状态。

①当人员进入设备间前将门口的灭火控制盘上的自动/手动旋钮放在"手动"位置，并保证通向外部的防火门处于打开状态。

②在离开设备间时，确保防护区的所有防火门已经处于关闭状态。

③在离开设备间后，将门口的灭火控制盘上的自动/手动旋钮恢复到"自动"位置。

④防护区内禁止抽烟。

⑤平时进出设备间，需要操作RP设备时，须到车站综控室处借用RP钥匙。在发生火警需要操作RP设备时，可以直接打碎RP的玻璃进行相应的操作。

⑥气体灭火系统喷放气体后，一定要等到防护区内气体排完才能进入设备间。

(6)如果出现报火警，除了按照操作说明进行操作外，还应按照公司相关的火灾处理流程进行。

(7)当需要手动启动火灾模式进行防排烟时，可以在烟雾区内按下最近的手动报警按钮，并将车站综控室内的FAS控制显示联动板上的旋钮置于"自动"位置，实现防排烟联动功能。

(8)不同的RP对应不同的保护区，当需要在RP内进行手动释放操作时，一定要确保需要的保护区所对应的RP是正确的

实训工作页7-4　消防软管卷盘及消火栓的使用

设备	使用方法
消防软管卷盘	消防软管卷盘使用方法简单、方便,适用于扑救初起火灾。使用消防软管卷盘时,打开消火栓箱,向外侧展开软管卷盘至90度位置,拉出软管至着火地点;甲打开消防卷盘上的水枪阀门,准备就绪后通知守候在消火栓箱附近的乙;乙打开卷盘上的阀门供水,同时询问甲水量、水压是否足够,甲、乙沟通过程中,要保持高效的沟通;如果水压不够,乙按下消火栓按钮启动水泵加压供水;灭火完毕,关闭供水阀门并把软管内的水排净;按照打开的逆序把软管绕在卷盘上归位。在操作过程中,保持良好的职业道德和安全意识
消火栓	1.使用方法(图7-37) (1)取水带:打开消火栓箱,取出水带。 (2)抛水带:右手呈虎口形握住水带的两个接头,用五指扣压水带的外圈,同时,左手拇指和四指分别插入水带两头接口内,并握紧两个水带头,两手协力托住水带,用力向正前方抛出,左手握水带头向上抽拉,使水带向正前方摊开。 (3)接水带:右手将水带接头与消火栓接头对接,并顺时针转动至卡紧为止。 (4)接水枪:打开阀门,迅速拿起另一端水带接头,将水枪头接上水带接口,将消火栓消防阀门按逆时针方向转动打开。 (5)灭火:射水时采取包围灭火战术,以阻止火势和烟雾向四周扩散,以便有效控制,直至将火扑灭。 注意:用水灭火时如遇电气火灾,应先断电后灭火。 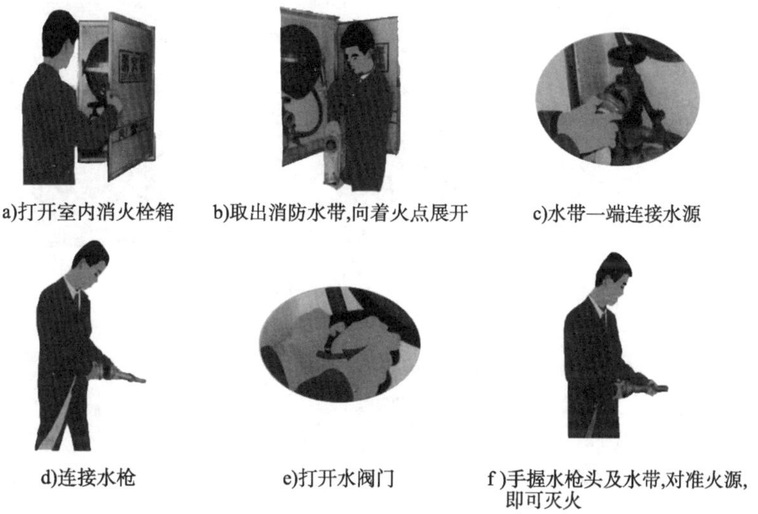 a)打开室内消火栓箱　　b)取出消防水带,向着火点展开　　c)水带一端连接水源 d)连接水枪　　e)打开水阀门　　f)手握水枪头及水带,对准火源,即可灭火 图7-37　消火栓操作示意图 注意:①消火栓前2m以内不许堆放任何物品;②非火灾时不要使用;③扑救火灾后将消防水带晾干并恢复原状态。 2.注意事项 (1)注意火场与消火栓的距离,车站内消防水带和消防软管长度一般为25m。 (2)用消火栓时,应注意着火物品是否带电,若属带电物品,必须先切断电源方可用水灭火。 (3)定期检查消火栓,确保消火栓水压正常,物品齐全

实训工作页 7-5　灭火器的使用

步骤	使用方法
1. 选择灭火器	根据着火物质和场景选择类型适应的灭火器,识别灭火器的型号,如图7-38所示 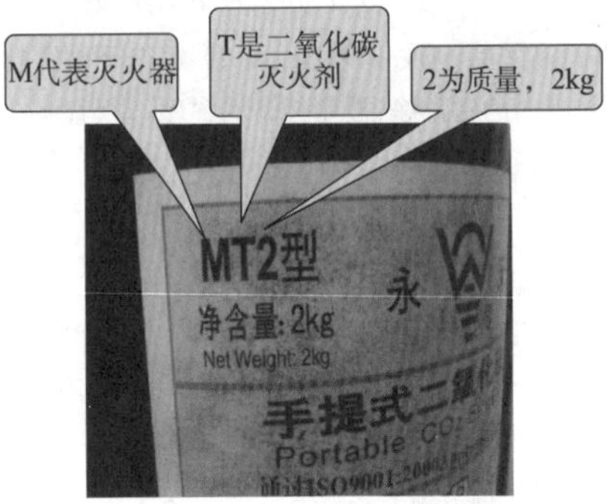 图7-38　灭火器识别
2. 检查灭火器	对灭火器进行检查,检查压力范围及有效期是否符合要求,看是否能正常使用,如图7-39所示  图7-39　灭火器检查图示
3. 实施灭火	站在上风位置,迅速采取正确的操作方法,将火源扑灭。 (1)手提式干粉灭火器使用方法 ①灭火时,使用者站在上风方向; ②灭液体火灾时,不能直接向液面喷射,要由近及远,在燃烧物约10cm处快速摆动,覆盖燃烧面,切割火焰; ③灭A类火灾时,先由上向下压制火焰后,对燃烧物上下左右前后都要均匀喷洒灭火剂,以防复燃; ④存放时不能靠近热源或日晒; ⑤不适用于扑救电压超过50kV的带电物质火灾。 灭火操作步骤如下: 一摇——防止灭火器内灭火剂凝固,影响灭火效果,如图7-40所示。 二拔——拔出保险销,如图7-41所示。 三瞄——瞄准火焰根部,如图7-42所示。

续上表

步骤	使用方法
3.实施灭火	四压——压灭火器手柄,如图7-43所示。 五扫——左右扫射,如图7-44所示。  图7-40　摇动灭火器 　　　　图7-41　拔出保险销  图7-42　瞄准火焰根部 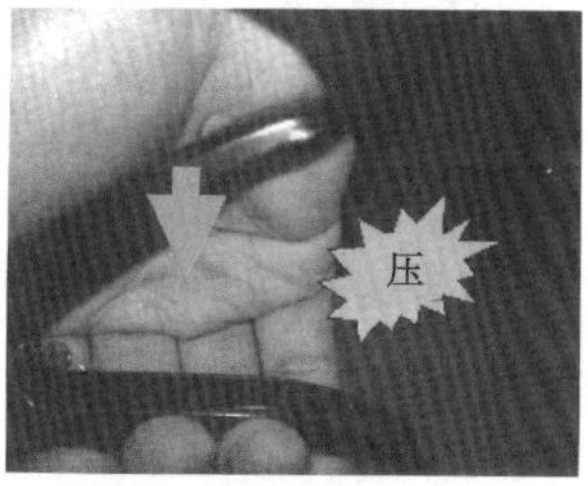　　　　图7-43　压灭火器手柄  图7-44　左右扫射 (2)90kg推车式干粉灭火器使用方法(图7-45) 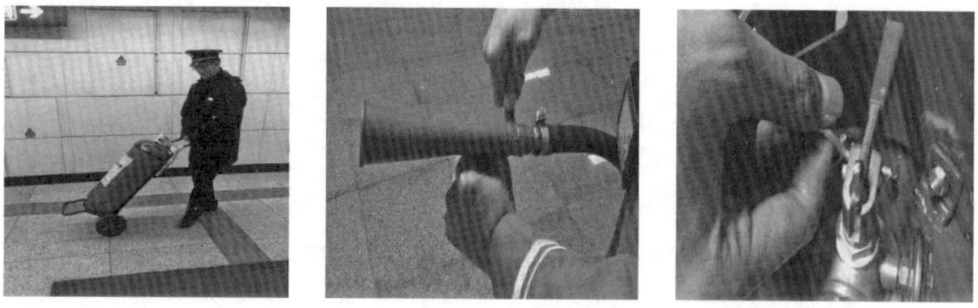 图7-45　推车式干粉灭火器的使用 ①推车式干粉灭火器需要双人配合操作,火灾时,将灭火器拉至距着火点6~10m左右; ②一人迅速展开软管并紧握喷枪呈立射姿势对准燃烧物做好喷射准备,打开枪头阀门,示意开阀;

步骤	使用方法
3.实施灭火	③另一人拔掉保险销,向上扳动启动把手; ④使用方法与手提式干粉灭火器相同。 (3)二氧化碳灭火器使用方法 ①使用二氧化碳灭火器灭火时应先将灭火器提到距燃烧物5m左右的地方,放下灭火器,拔出保险销,一只手握住喇叭筒根部的手柄,另一只手紧握启闭阀的压把,由近而远向燃烧物质火焰喷射; ②灭火器在喷射过程中应保持直立状态,不能倒置; ③不要用手直接握喇叭筒外壁或金属连接管,以防冻伤; ④在室外使用时应选择上风方向; ⑤在狭小室内使用时,灭火后应迅速撤离; ⑥灭室内火灾时,应先打开门窗通风,以防窒息。 (4)MPZ/3型水基灭火器使用方法 ①将灭火器提到距离燃烧物5m左右的地方,然后拔掉保险销; ②一只手按压压把,另一只手握住喷嘴,空气泡沫将从喷嘴喷出; ③喷出泡沫后,将喷嘴对准火焰最旺处,并保持灭火器垂直状态,不可横卧或倒置; ④灭带电火灾时,必须首先切断电源,严禁带电操作,以免触电

任务7-4　车站火灾应急处置

【工具准备】　消防实训设备。

【知识准备】　任务一、任务二的理论知识及任务三的基本操作内容。

【实施形式】　分组演练,六人为一组,分别扮演站台站务员、售票员1、售票员2、客运值班员、行车值班员、值班站长。

实训工作页7-6　车站设备区火灾应急处理(无气体保护)

负责人	处理程序
站台站务员 (巡视岗)	(1)立即赶到现场协助灭火,确认火灾不可控制时,立即关停扶梯,并组织站台乘客向站外疏散。 (2)确认站台乘客疏散完毕后报车控室。 (3)听从值班站长安排
行车值班员	(1)接收到火警信息后,立即通知值班站长、客运值班员到报警点确认。 (2)确认发生火灾后,通知巡视岗、保洁等驻站人员协助灭火;报环控调度、行车调度、119、地铁公安和120,根据情况向行调申请列车在本站通过。 (3)按压AFC紧急按钮,将闸机设为紧急模式。 (4)广播通知所有岗位执行设备区火灾应急疏散处理程序,并反复广播引导乘客疏散。

负责人	处理程序
行车值班员	(5)及时将火灾情况报告行车调度,并与行车调度、值班站长保持联系,确认保洁人员到紧急出口外等待消防人员。 (6)撤退时,随身携带与行调联系的无线电台。 (7)必要时,将相关设备区通道门门禁设置为常开状态,以方便抢险
值班站长	(1)接到火警通知后,立即携带相应房间钥匙等到现场确认,组织灭火。 (2)确认火灾不可控制时,关闭火灾房间的防火门,执行设备区火灾应急疏散处理程序,及时组织乘客疏散。 (3)安排人员在出入口拦截乘客进站。 (4)消防人员到现场后,将有关信息通报给消防负责人,视情况组织员工灭火或撤退;当撤退时负责确认所有站内人员疏散完毕。 (5)负责与各方协调与沟通
客运值班员	(1)接到火警通知后,立即赶到现场协助灭火,确认火灾不可控制时,立即赶到车控室,确认相应的火灾模式开启(注意:确认疏散指示开启,下同)。 (2)确认所有闸机已设为紧急模式,按照环控调度的指示操作有关设备,确认行车值班员报警情况。 (3)听从值班站长安排
售票员1	(1)接到执行火灾应急疏散处理程序的通知后,收好钱和票,关闭售票处电源,确认闸机进入紧急模式,打开边门。利用手提广播疏导乘客出站。 (2)确认已关停自动扶梯。 (3)到出口拦截进站乘客并做好解释工作
售票员2	(1)接到执行火灾应急疏散处理程序的通知后,收好钱和票,关闭售票处电源。 (2)确认闸机进入紧急模式,打开边门,利用手提广播疏散乘客出站。 (3)确认站厅乘客全部疏散出站后报车控室。 (4)听从值班站长安排

实训工作页7-7 车站设备房火灾应急处理(有气体保护)

负责人	处理程序
站台站务员 (巡视岗)	(1)接到执行火灾应急处理程序的通知后,立即关停扶梯并到达站台组织站台乘客向站外疏散。 (2)确认站台乘客疏散完毕后报车控室。 (3)协助灭火
行车值班员	(1)接收到火警信息后,通知值班站长、客运值班员立即到报警点确认。 (2)确认发生火灾后,报行调、环调、119、地铁公安和120,根据情况向行调申请列车在本站通过。 (3)现场不能控制时,广播通知所有岗位执行设备区火灾应急处理程序,并反复广播引导乘客疏散。 (4)按压AFC紧急按钮,将闸机设为紧急模式。 (5)及时将火灾情况报告行调,并与行调、值班站长保持联系。

续上表

负责人	处理程序
行车值班员	（6）需要员工疏散时，要确认广告照明、一般照明以及电扶梯等已关闭，并要随身携带与行调联系的无线电台
值班站长	（1）接到火警通知后，立即携带相应钥匙等与客运值班员到现场确认。 （2）将报警房间外的气体控制打为手动，通过闻和触感房门的温度判断是否发生火灾。 （3）初步判断无火灾发生、气体无喷放时，打开房间门观察确认（如为高/低压室，不可直接进入）。 （4）确认发生火灾后，立即关闭房门，手动操作释放气体灭火。 （5）当火灾不可控制时，担任事故处理主任，宣布执行设备区火灾应急处理程序，组织疏散。 （6）消防人员到现场后，将有关信息通报给消防负责人，根据情况组织员工撤退，并负责确认所有站内人员疏散完毕。 （7）安排人员在出口拦截乘客进站
客运值班员	（1）接到火警通知后，立即与值班站长赶到现场确认。 （2）配合值班站长进行现场确认，当值班站长需要进入房间确认时，负责维持房门敞开状态，并及时进行信息传递。 （3）火灾不可控制时，立即赶到车控室，在EMCS上确认相应的火灾模式开启（注意：确认疏散指示开启）。 （4）确认所有闸机已设为紧急模式，关闭广告照明，按照环调的指示操作有关设备，确认行车值班员报警情况。 （5）协助灭火
售票员1	（1）接到执行火灾应急处理程序的通知后，收好钱和票，关闭售票处电源，将闸机和边门打开，疏导乘客出站。 （2）关停电扶梯。 （3）到出口拦截乘客并做好解释工作
售票员2	（1）接到执行火灾应急处理程序的通知后，收好钱和票，关闭售票处电源，将闸机和边门打开，利用手提广播疏散乘客出站。 （2）确认站厅乘客全部疏散出站后报车控室。 （3）听从值班站长安排

实训工作页7-8 车站站厅公共区火灾应急处理

负责人	处理程序
站台站务员 （巡视岗）	（1）接到火警通知后赶到现场协助灭火，工作时应提高安全意识，判断火灾等级，接到执行火灾应急疏散处理程序的通知后，立即到达站台从远离火灾的一端疏散站台乘客，关停站台自动扶梯。 （2）当站台停有列车时，立即通知司机火灾信息，可将站台乘客疏散到列车上，通知司机立即关门发车。在这个过程中，应准确表述相关信息。 （3）确认站台乘客疏散完后报车控室。 （4）听从值班站长安排

续上表

负责人	处理程序
行车值班员	(1)接到火警信息后,立即通知值班站长、客运值班员到报警点确认。 (2)确认发生火灾后,通知巡视岗、保洁等驻站人员协助灭火;报环控调度、行车调度、119、地铁公安和120,根据情况向行车调度申请列车在本站通过。 (3)按压 AFC 紧急按钮,将闸机设为紧急模式。 (4)广播通知所有岗位执行站厅火灾应急疏散处理程序,并反复广播引导乘客疏散。 (5)及时将火灾情况报告行车调度,并与行车调度、值班站长保持联系,安排保洁人员到出口外等待消防人员。 (6)必要时,将相关设备区通道门门禁设置为常开状态,以方便抢险。 (7)需撤退时,随身携带与行车调度联系的无线电台
值班站长	(1)接到火警通知后,立即到现场确认,组织灭火。 (2)确认火灾不可控制时,执行站厅火灾应急疏散处理程序,及时组织乘客疏散。 (3)安排人员在出入口拦截乘客进站。 (4)消防人员到现场后,将有关信息通报给消防负责人,视情况组织员工灭火或撤退;当撤退时负责确认所有站内人员疏散完毕。 (5)负责与各方协调与沟通
客运值班员	(1)接到火警通知后,立即赶到车控室,确认情况和相应的火灾模式开启(注意:确认疏散指示开启,下同)。 (2)赶到现场协助,当火灾不可控制时,确认所有闸机已设为紧急模式。 (3)听从值班站长安排,在站厅组织乘客疏散。 (4)接收到站台乘客疏散完的信息后,最后确认站厅乘客全部疏散出站后报车控室。 (5)听从值班站长安排
售票员 1	(1)确认并向车控室报告火灾位置、大小、火灾性质等,第一时间进行灭火。 (2)确认火灾不可扑救后,立即关停自动扶梯并疏散乘客出站。 (3)确认站厅乘客疏散完毕后报车控室。 (4)听从值班站长安排
售票员 2	(1)接到火警通知后收好钱和票,关闭售票处电源,赶到现场协助灭火,接到执行火灾应急疏散处理程序的通知后,确认闸机进入紧急模式,打开边门,利用手提广播疏导乘客出站。 (2)确认已关停自动扶梯。 (3)到出入口拦截乘客进站并做好解释工作。 (4)听从值班站长安排

实训工作页 7-9　车站站台公共区火灾应急处理

负责人	处理程序
站台站务员 （巡视岗）	（1）确认并报告车控室火灾位置、大小、火灾性质等，第一时间进行灭火。 （2）确认火灾不可扑救后，立即向站厅疏散乘客，并关停站台扶梯。 （3）确认站台乘客疏散完毕后报车控室。 （4）听从值班站长安排
行车值班员	（1）接收到火警信息后，命令巡视岗到报警点确认火警，并将情况报告值班站长。 （2）确认发生火灾后，报行调、环调、119、地铁公安、120。 （3）广播宣布执行站台火灾应急处理程序，并反复广播引导乘客疏散。 （4）按压 AFC 紧急按钮，将闸机设为紧急模式，关闭广告照明，确认相应的火灾模式已启动。 （5）及时将乘客疏散和灭火情况报告行调，并与行调、值班站长保持联系
值班站长	（1）接到火警通知后，立即到站台确认。 （2）确认发生火灾后通知车控室，宣布执行火灾应急处理程序，组织疏散乘客和灭火。 （3）负责最后确认站台所有乘客已疏散完，及时将现场情况报车控室。 （4）消防人员到现场后，将有关信息通报给消防负责人，视情况组织员工灭火或撤退；当撤退时负责确认所有站内人员疏散完毕。 （5）站厅安全时，到车控室指挥。 （6）安排人员在出入口拦截乘客进站
客运值班员	（1）接到执行火灾应急处理程序的通知后，赶到车控室，确认所有闸机已设为紧急模式，相应的通风排烟模式开启，广告照明已关闭，扶梯已关停。 （2）完成步骤1后，拿对讲机、手提广播到站厅组织乘客疏散。 （3）接到站台乘客疏散完的信息后，最后确认站厅乘客全部疏散出站后报车控室。 （4）听从值班站长安排
售票员1	（1）接到执行火灾应急处理程序的通知后，收好钱和票，关闭售票处电源，将闸机和边门打开，疏导乘客出站。 （2）关停站台扶梯，到站台协助灭火。 （3）灭火工作交给消防人员后，到出入口拦截乘客进站
售票员2	（1）接到执行火灾应急处理程序的通知后，收好钱和票，关闭售票处电源，将闸机和边门打开，利用手提广播疏散乘客出站。 （2）确认站厅乘客全部疏散出站后报车控室。 （3）听从值班站长安排

188

实训工作页7-10 列车在站台火灾应急处理
(包括列车区间火灾后运行到车站的情形)

负责人	处理程序
站台站务员 (巡视岗)	(1)收到列车在站台发生火灾的信息后,马上赶到站台确认并报告车控室/司机火灾位置、大小、火灾性质等(初步判断),通知司机将该车扣在车站处理,关停站台扶梯。 (2)第一时间用灭火器灭火,疏散车内乘客。 (3)在火灾不可扑救后,停止扑救,疏散列车和站台的乘客出站。 (4)检查确认车内/站台没有乘客遗留后报车控室。 (5)听从值班站长安排
行车值班员	(1)接到火警信息后,命令巡视岗到报警点确认火警,并将情况报告值班站长。 (2)确认发生火灾后,将列车扣在车站处理,报行调、119、地铁公安、120。 (3)广播宣布执行列车站台火灾应急处理程序,并反复广播引导乘客疏散。 (4)按压AFC紧急按钮,将闸机设为紧急模式,关闭广告照明,确认相应的火灾模式已启动。 (5)及时将乘客疏散和灭火情况报告行调,并与行调、值班站长保持联系。 (6)当接到区间火灾列车正开往本站时,立即宣布执行列车站台火灾应急处理程序
值班站长	(1)接到火警通知后,立即到站台确认。 (2)确认发生火灾后,通知车控室宣布执行列车站台火灾应急处理程序,组织乘客疏散和灭火;在使用水灭火前,要先确认有关设备已停电。 (3)负责最后确认列车、站台乘客疏散完,报车控室。 (4)消防人员到现场后,将有关信息通报给消防负责人,视情况组织员工灭火或撤退;当撤退时负责确认所有站内人员疏散完毕。 (5)站厅安全时,到车控室指挥。 (6)安排人员在出入口拦截乘客进站
客运值班员	(1)接到执行火灾应急处理程序的通知后,赶到车控室,确认所有闸机已设为紧急模式,相应的通风排烟模式开启,广告照明已关闭,扶梯已关停。 (2)完成步骤1后,拿对讲机、手提广播到站厅组织乘客疏散。 (3)接到列车、站台乘客疏散完的信息后,最后确认站厅乘客全部疏散出站后报车控室。 (4)听从值班站长安排
售票员1	(1)接到执行火灾应急处理程序的通知后,收好钱和票,关闭售票处电源,将闸机和边门打开,疏导乘客出站。 (2)关停站台扶梯,到站台协助灭火。 (3)灭火工作交给消防人员后,到出入口拦截乘客进站
售票员2	(1)接到执行火灾应急处理程序的通知后,收好钱和票,关闭售票处电源,将闸机和边门打开,利用手提广播疏散乘客出站。 (2)确认站厅乘客全部疏散出站后报车控室。 (3)协助灭火

续上表

补充说明:

(1)当进行现场处理时,要注意做好个人防护。

(2)当员工需撤离到站外时,需到紧急出口外进行集中,由值班站长点名确认,并向行车调度留下联系人姓名及其电话。

(3)换乘站发生类似紧急情况时,车站要进行联动处理。

(4)只有一个售票处岗的车站,由值班站长安排人员负责完成售票员1和售票员2的应急工作。

(5)有需要时进行门禁紧急释放按钮操作,保证相关人员可以顺利地进出车站设备区。

(6)车站无气体灭火系统保护的供电用房报火警时:

①若确认是办公、生活用品、明敷低压电线着火,车站立即用二氧化碳或干粉灭火器进行灭火并按规定报告。确认火势不可控制时,按前程序处理。

②供电用房内设备着火时:

a.若确认为直流开关柜室内的整流器柜、负极柜,或者制动控制室、制动电阻室内设备着火,进入房间灭火时不得打开柜门,只需用灭火器对准设备外表喷洒。

b.若整流变压室报火警,只需打开室门确认即可,严禁打开室内的围网。确认火灾后,立即在围网外用灭火器对准设备外表喷洒。

c.上述供电用房内的其他设备以及其他供电用房内的设备着火时,若可以打开柜门的设备,均可打开柜门灭火,并要注意做好个人防护(戴绝缘手套、穿绝缘靴)。

d.供电用房内凡张贴了禁止开柜门灭火标志的设备,均严禁开柜门灭火

知 识 巩 固

一、填空题

1.火灾自动报警系统控制中心配置两台计算机,分别为_____操作终端和_____操作终端。

2.车站级火灾自动报警系统由_____、_____和其他设备组成。

3.IG541混合气体灭火系统的结构形式采用_____系统。

4.作为灭火药剂的IG541混合气体,由_____、_____和_____三种存在于大气中的气体组成。

5.IG541混合气体灭火系统由_____子系统和_____子系统两部分组成。

6.IG541混合气体灭火系统具有_____、_____和_____三种控制方式。

7.每座车站及相邻区间隧道的消火栓系统由_____、_____、_____组成。

8.影响气体灭火系统灭火效果的主要因素,一方面是_____,另一方面是_____,不可以持续灭火。

二、选择题

1.人行通道内消火栓间距不应超过( )。

    A.25m   B.45m   C.50m   D.30m

2.消火栓的布置应保证每个防火分区同层有两支水枪的充实水柱同时到达室内任何部位,保证水枪充实水柱不小于( )。

    A.10m   B.25m   C.30m   D.45m

3.依据国家标准《火灾分类》(GB/T 4968—2008),带电火灾属于( )。

    A.A 类火灾   B.B 类火灾   C.D 类火灾   D.E 类火灾

4.在车站的设备用房,由于仪器众多、设备复杂,在此类相对封闭的区域应以( )为主。

    A.消火栓   B.气体自动灭火系统

    C.自动喷水系统   D.灭火器

5.影响气体灭火系统灭火效果的主要因素之一是( )。

    A.火灾位置   B.火灾大小   C.可燃物性质   D.防护区封闭情况

6.IG541 混合气体中的 5 指( )气体。

    A.氧气   B.氮气   C.氩气   D.二氧化碳

7.灭火器压力表指针在( )区域表示压力正常。

    A.黄色   B.红色   C.绿色   D.白色

8.IG541 混合气体灭火系统中不存在的气体是( )。

    A.氩气   B.氮气   C.二氧化碳   D.一氧化碳

9.正常情况下,REL 盘内的所有指示灯应该是( )。

    A.绿色   B.红色   C.黄色   D.白色

10.IG541 混合气体灭火系统灭火原理是( )。

    A.降温   B.化学抑制   C.物理窒息   D.降温加窒息

三、判断题

1.FAS 有中央级和车站级两级监控。   ( )

2.FAS 所有的防排烟系统联动控制功能由机电设备监控系统(BAS)实现。   ( )

3.火灾报警在车站内设置警铃或警笛,而不设火灾事故广播。   ( )

4.灭火器能担负的任务是扑救所有火灾。   ( )

5.防灾报警系统确认火警后直接启动环控设备进入火灾模式。   ( )

6.细水雾灭火系统一方面冷却燃烧反应,另一方面大量产生的水蒸气能降低封闭火场的氧浓度,起到窒息燃烧反应的作用,达到双重物理灭火的效果。   ( )

7.二氧化碳灭火系统可以用于有人场所。   ( )

8.IG541 灭火剂不破坏大气臭氧层,对环境无任何不利影响。   ( )

9.卤代烷类气体灭火剂通过化学作用抑制燃烧过程中的化学反应达到灭火目的。

                                               ( )

10.消火栓的布置应保证每个防火分区同层有两支水枪的充实水柱同时到达室内任何部位。   ( )

四、简答题

1.城市轨道交通消防系统包括哪些设备?

2. 地铁火灾有何特点？

3. 消防标志有何作用？

4. FAS 系统由几部分组成？

五、综合题

1. 标出下列常见消防标志表示的含义。

(1) 红色的消防标志

(2) 绿色的发光疏散指示标志

2. 标出灭火器压力表图标的含义。

① _____

② _____

③ _____

3. 叙述泡沫灭火器的使用方法。

项目 8
车站给排水系统设备

🏵 知识目标

1. 阐述给排水系统功能。
2. 了解排水系统的组成。
3. 说明给排水系统的运行原理。

🏵 能力目标

1. 能够启动给排水系统。
2. 能够关闭给排水系统。
3. 能够使用不同的给排水控制模式。
4. 能够明确给排水系统应急处理的工作内容。

🏵 素养目标

1. 加强安全意识和责任意识，能够及时准确处理排水系统故障。
2. 具备良好的职业道德和专业素养。

🏵 建议学时

4 学时

🏵 知识体系与技能要求

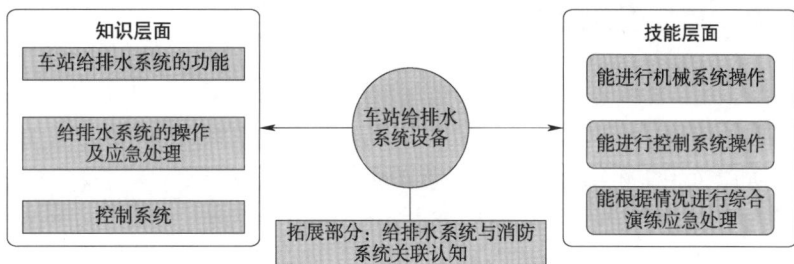

```
        知识层面                                      技能层面
  ┌─────────────────┐                          ┌─────────────────┐
  │ 车站给排水系统的功能 │          车站给排水        │  能进行机械系统操作  │
  ├─────────────────┤          系统设备         ├─────────────────┤
  │  给排水系统的操作   │  ◄───    (     )    ───►  │  能进行控制系统操作  │
  │    及应急处理     │                          ├─────────────────┤
  ├─────────────────┤                          │  能根据情况进行综合  │
  │      控制系统     │                          │    演练应急处理    │
  └─────────────────┘                          └─────────────────┘
                        拓展部分：给排水系统与消防
                          系统关联认知
```

任务8-1 车站给排水系统预备知识学习

地铁车站作为工作人员工作和生活的区域,无论是工作人员还是空调等设备均离不开水,同时,雨季来临时地下车站为保证安全,排水也是重要的方面。本任务将对车站给排水系统进行简单介绍。在学习过程中,应善于思考与总结,保持积极向上的学习态度。

一、给水系统

1. 车站给水系统功能

地铁车站给水(包括水消防)系统设备主要有以下作用:
①提供地铁运营所必需的生产、生活、消防等用水。
②提供完整的水消防系统,保证地铁安全、正常运营。

2. 车站给水方式

地铁的生产、生活及消防水源取自城市自来水供水管网。消防用水为两路供水,地铁地下车站内不设消防蓄水池,消防增压水泵直接从供水管道抽水加压供消防使用,生产、生活用水为单路供水。

> **思考**
>
> 给排水与消防、暖通空调之间有哪些联系? 给排水系统是否可以单独存在? 这说明了什么?

图8-1 生活给水设备

车站给水系统可分为以下三个独立系统。

(1)车站生产、生活供水系统

图8-1为生活给水设备。

(2)消火栓供水系统

①地下车站的消火栓系统由城市自来水管网引入两路水源进入车站消防泵房,泵房内设有两台IS型单级离心水泵直接从供水管道中抽水加压,消防泵房外的消火栓管道在车站内呈环状布置,并与地铁区间隧道内的消火栓管道连通,每个地下车站消火栓增压水泵负责1/2区间隧道内消火栓的增压。图8-2为消防给水布置示意图。

②水幕系统设备用于车站的防火分隔水幕喷头,设在各站站台层的每个扶梯口,由城市自来水管网两路供水,消防泵房内设有两台IS型单级离心水泵。该系统增压水泵同样直接从供水管道中抽水加压,管道在车站内呈环状布置。水幕系统管道不与其他管道相接,每个车站管网独立组成环路。

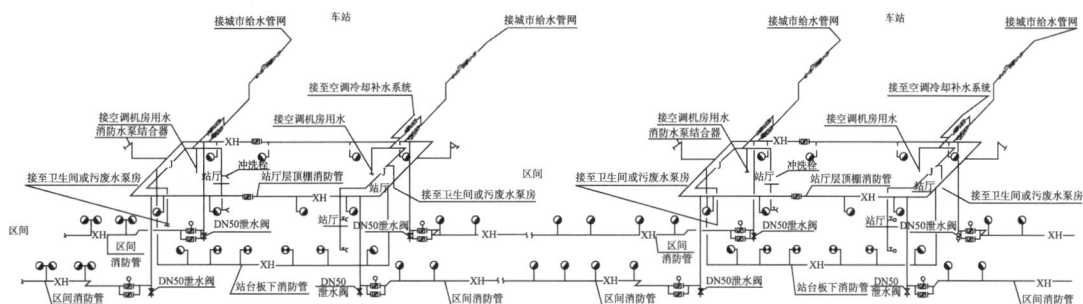

图 8-2　消防给水布置示意图

（3）冷却循环给水系统（空调用水）

地下车站需设置冷却循环给水系统。冷却循环给水系统主要由冷却塔、循环水泵、补充水和管道及配件组成。冷却循环水泵布置在车站的冷水机房内，冷却塔一般设置在车站主体结构的地面上，冷却塔台数与冷却循环泵台数对应，一般至少两台，不考虑备用，从生产、生活给水管上引出一根支管作为冷却循环补充用水，接至冷却塔。

冷冻水、冷却水系统知识详见项目九。

3. 车站用水量

城市轨道交通地下车站的生产、生活给水管网是独立的内部供水系统，从两根接自市政管网的消防进水管中的任意一根接出生产、生活给水管，一般采用 DN70mm 管径，单独设置水表后，进入车站，呈枝状布置，保证车站生产、生活用水的水质、水量和水压。车站还设开水间，内设电加热开水器，以满足车站职工的饮水需要。

知识拓展

生产、生活和消防的排水量分别按照以下标准和基本原则进行计算：工作人员生活排水量 50L/（人·班），时变化系数采用 2.5～3.0，生活及清洁排水量按用水量的 95% 计算，结构渗水量按 1L/（m² · 天）计，消防废水量与消防用水量相同。

二、排水系统

1. 车站排水

地下车站的排水种类有污水、废水、雨水。排水系统采用分流制，分为污水、废水、雨水系统，原则上采用分类集中，经泵提升至压力窨井后，就近排入市政下水道，污水须设置污水检测井，排水水质必须符合有关排放标准。

（1）车站污水系统

污水仅为车站工作人员和乘客厕所所有卫生器具排水，站内厕所污水通过管道排入污水泵房内的污水集水池，污水经潜水排污泵抽至室外压力窨井后，经污水检测，随后排入城市污水管道，一般设置两台潜污泵，一备一用。

（2）车站废水系统

车站废水种类分为：隧道结构渗水，站厅、站台地面冲洗水，环控机房和各类排水泵房洗涤排水以及消防废水。车站主排水泵房设置在车站内线路最低点，一般结合车站端头井布置。

（3）车站雨水系统

敞开式出入口的自动扶梯下面设集水坑和两台雨水排出潜水泵，一备一用，雨水排出潜水泵提升雨水经压力窨井后，再排入市政雨水管道系统。

> **知识拓展**
>
> 车站敞开式出入口的设计雨水量按照30年一遇的暴雨重现期计算，高架区间雨水设计重现期采用4年。

2. 排水泵的设置

线路最低处设区间主废水泵站，中间风井处设辅助废水泵站，隧道洞口设雨水泵站，卫生间处设污水泵房，最低处设主废水泵房，出入口自动扶梯下、局部下沉地段设局部废水泵房。

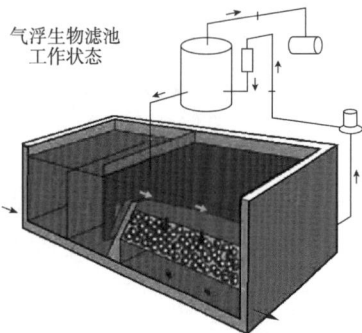

图 8-3　污水池

3. 地下车站的排水方式

地下车站主要有以下四个独立系统。

①地下车站废水由设在站厅、站台的地漏，将废水排入车站轨道两侧明沟和站台板下排水沟后汇集至车站端头废水池内由排水泵提升，排入市政排水管道。

②污水由厕所的下水管道汇集至污水池（图8-3），然后由排污泵提升排入城市污水管道或地面化粪池。

③出入口雨水汇集至出入口的集水池后，由排水泵提升排入市政排水管道。

④地下结构渗漏水汇集于就近的集水池，由排水泵提升排出车站。

任务 8-2　给排水系统设备预备知识学习

给排水系统是地铁和日常生活中常见的系统，其主要设备在日常生活中都能见到，如水管、阀门、水表等。在此主要对水泵和洒水栓进行介绍。

1. 水泵

为了满足地铁水压和水量的要求，在给排水的各个部分均需要水泵。水泵是水的加压设备，能够将水供给到需要的点位，并保证一定的水压。一般情况下，每座地下车站设置一个冷冻机房。冷冻机房一般布置在车站一端风道的下层或站厅层。冷冻水泵、冷却水泵及定压装置安装于冷冻机房内。地下车站包括消防加压泵、卧式生活污水排污泵、车站及地下区间立式排水泵、潜污排水泵、出入口排水泵、临时排水泵等。地上车站包括潜污排水泵、出入口排水泵、临时排水泵等。

2. 洒水栓

以北京地铁 8 号线某车站为例,站厅、站台两端均设置冲洗用洒水栓(见图 8-4 和图 8-5),由生活给水系统引出,如果此处出现跑水现象,可先关闭洒水栓内阀门,如果该阀门不能关断跑水管道,就需要关闭生活给水系统总阀门。

图 8-4 站厅洒水栓外部

图 8-5 站台洒水栓内部

任务 8-3 给排水系统基本操作

一、给水泵站的控制方式

地下车站生产和生活给水由车站附近的大口径自来水管引出,先引出两路口径 DN200mm 管道,在其中一路管道上再引出口径 DN80mm ~ DN100mm 管道一路,作为车站的生产、生活给水总管道,如图 8-6 所示,并在地面设有水表井,装有水表和阀门。供水管道一般沿车站风道、出入口等部位进入车站,管道在车站呈枝状形式布置,车站站厅层供水管道安装在靠墙的顶部,车站站台层供水管道安装在站台板下,车站站厅层、站台层设有冲洗水。

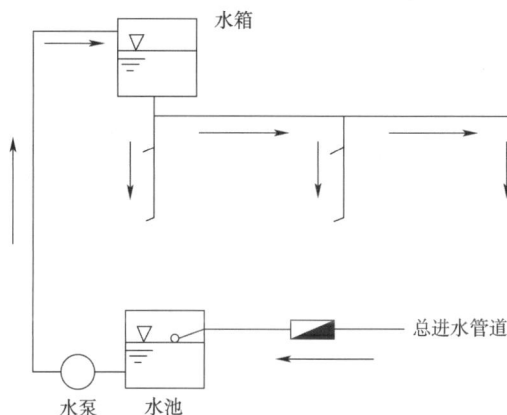

图 8-6 地下车站生产、生活给水和消防给水系统箱

二、排水泵站的控制方式

①排水泵站均采用就地水位自动控制运行，在就地设置电气控制箱，当把电气控制箱上的转换开关设定在1用2备或2用1备的位置时，水泵即根据水位高低自动运行排水。

②车站控制室内遥信显示水泵运行情况（开泵、停泵、运行时间等）和高低水位报警。

③车站废水泵站、区间泵站（包括消防增压水泵）等地铁主要泵站均采用双电源供电。当集水池高水位时，上述主要排水泵站均可双泵并联启动排水，在地铁车站废水泵站、污水泵站和区间隧道内的排水泵站等主要排水泵站，均加装有应急排水接口装置，以便设备维修等情况时应急排水之用。

任务8-4　给排水系统故障应急处理

【工具准备】　劳保用具、对讲机。

【知识准备】　本项目任务一理论知识。

实训工作页8-1　给排水系统应急处理

操作项目	现象	操作步骤	备注
给排水系统	发现故障水泵	（1）发现或接报生活水泵有故障时，值班人员应立即停止故障水泵运行，开启备用水泵。 （2）水泵的变频器发生故障时，应立即关闭变频器，由专人手动操作控制水泵，根据管网压力控制水泵启停。 （3）及时报告主管工程师安排维修。 在处理过程中，加强安全意识和责任意识，能够快速准确处理故障	
	垂直管网漏水	（1）发现或接报垂直管网漏水时，值班人员应立即关闭故障区域的水泵。 （2）排空管网的积水后，更换或修补破损管道。 （3）如一时无法修复，应报告主管工程师	
	地下水池出水管漏水	（1）发现或接报地下水池出水管漏水时，值班人员应立刻关闭水池出水阀和水泵。 （2）即刻通知主管工程师，由其安排维修，并在事后写出维修报告	
	污水井出现异常	（1）发现或接报污水井水位过高时，值班人员应立即手动开启污水泵抽水。 （2）污水泵故障，则立刻使用备用潜水泵将水抽至室外排污管道。 （3）即刻报告主管工程师，由其安排维修水泵或控制电路，并于事后写出维修报告	
	通知乘客	（1）给排水系统发生故障后，主管工程师应预计修复时间。 （2）4h可修复的故障，由车站中心通过车站广播通知车站乘客	

知 识 巩 固

一、选择题

1. 车站给水系统的主要任务是为了满足地铁生产、生活和消防用水对(　　)的要求。

    A. 水质、水量、水压　　　　　　B. 水温

    C. 浓度　　　　　　　　　　　　D. 密度

2. 车站排水系统的主要任务是为了及时排出(　　)。

    A. 生活污水　　　　　　　　　B. 生产废水、事故消防废水

    C. 敞开式出入口部分的雨水　　D. 以上选项都是

3. 下列哪些是生产、生活给水系统组成设备(　　)。

    A. 水流指示器　　　　　　　　B. 水塔(水箱)

    C. 排水泵　　　　　　　　　　D. 水泵接合器

4. 地铁宜采用哪种给水系统(　　)。

    A. 生活和生产分开的给水系统

    B. 生活和消防分开的给水系统

    C. 生活、生产和消防分开的给水系统

    D. 生活、生产和消防共用的给水系统

5. 下列选项中,主排水泵房主要排出(　　)。

    A. 结构渗漏水　　　　　　　　B. 事故漏水

    C. 消防污水　　　　　　　　　D. 以上选项都是

二、简答题

1. 简述车站给排水系统的组成。

2. 简述地铁车站给排水系统的功能。

3. 给排水系统的相关设备有哪些?

城市轨道交通车站设备

（第4版）

项目 9
车站暖通空调和环境与设备 监控系统设备

🌀 知识目标

1. 掌握暖通空调系统的概念及组成。
2. 掌握车站暖通空调系统的控制方式。
3. 掌握暖通空调系统的日常巡视要求和内容。

🌀 能力目标

1. 能够完成车站设备监控系统的基本操作。
2. 熟练进行车站设备监控系统报警的处置。
3. 能够安全完成暖通空调系统各项操作。

🌀 素养目标

1. 具有较强的学习能力和创新能力。
2. 具有良好的协作能力,对社会、企业和乘客有强烈责任感,厚植工匠精神。
3. 具有良好的沟通能力。

🌀 建议学时

12 学时

🌀 知识体系与技能要求

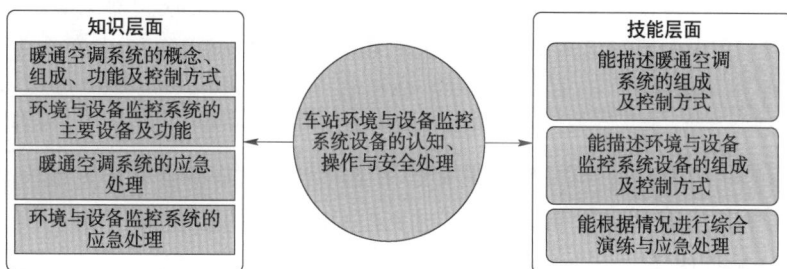

知识层面		技能层面
暖通空调系统的概念、组成、功能及控制方式	车站环境与设备监控系统设备的认知、操作与安全处理	能描述暖通空调系统的组成及控制方式
环境与设备监控系统的主要设备及功能		能描述环境与设备监控系统设备的组成及控制方式
暖通空调系统的应急处理		能根据情况进行综合演练与应急处理
环境与设备监控系统的应急处理		

任务9-1 暖通空调系统预备知识学习

城市轨道交通暖通空调系统是指对车站站厅、站台、隧道、设备及管理用房等场所的环境进行空气处理的系统,主要是调节指定区域内的空气温度、湿度、空气流速和空气品质等,以此创造一个适用于地铁设备正常运转、人员安全舒适的人工环境。正常条件下,暖通空调设备可通过就地级、车站级和中央级三级进行控制,通过自动控制系统进行监控,实现设备集中监控和科学管理,如图9-1所示。

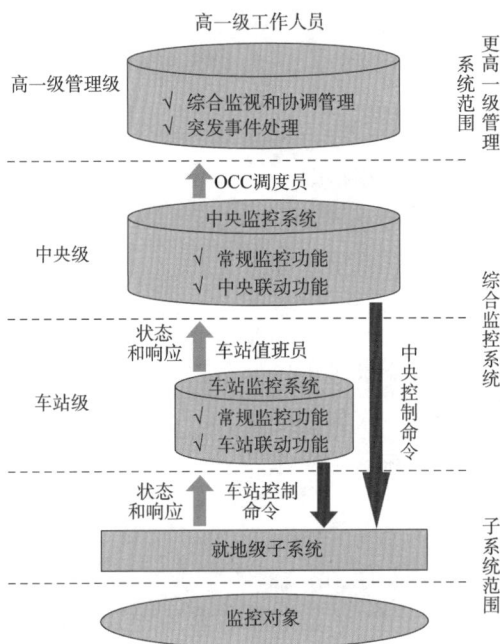

图9-1 暖通空调系统控制层级

一、暖通空调系统概况

思考

如果地铁车站内没有空调,缺少通风设备,地铁车站会变成何种景象?如果是在寒冷的冬天,没有空调和通风设备可以吗?在学习过程中,要善于思考与总结,增强安全意识和责任意识。

我们在项目一的学习过程中了解到,地铁车站的主要作用是供乘客候车、换乘。它是一个人流密集的场所。地铁中除了密集的人流外,还有大量的设备,在这样一个复杂的环境下,如果单纯依赖自然通风,会出现什么情况呢?

那些我们看不到的气体、粉尘会极大地影响整个车站的环境,更重要的是当发生火灾等突发情况时,致命的烟雾将夺去人们的生命。

正因如此,在车站内设有专门的暖通空调系统,其目的就是在地铁正常运行期间为乘客提供舒适的环境,以及在紧急情况下迅速帮助乘客离开危险地并尽可能减少损失。下面我们具体介绍暖通空调系统。

1. 暖通空调系统的概念

暖通空调系统即城市轨道交通的内部空气环境控制系统,其采用通风和空调系统进行控制。

2. 暖通空调系统的功能

①正常运行时为乘客提供舒适的乘车环境,为城市轨道交通工作人员提供舒适的工作环境,为设备系统提供良好的运行环境。

②阻塞运行时能保证阻塞列车空调系统正常运行,为疏散乘客提供足够新风并引导乘客安全疏散。

③当列车在区间隧道发生火灾事故或车站内发生火灾事故时,具备防灾排烟通风功能。

3. 暖通空调系统的构成

地下线的暖通空调系统分为通风系统和空调系统。由于地铁制冷规模巨大,空调系统一般采用水冷式制冷。

> **思考**
>
> 家中的空调一般采用的是风冷式空调机组,地铁车站一般采用水冷式空调系统。那么,地铁车站的空调里有水吗?

地铁暖通空调系统按控制区域分为隧道通风系统和车站暖通空调系统两部分,如图 9-2 所示。其中,隧道通风系统又分为区间隧道通风系统和车站隧道通风系统。车站暖通空调系统又分为车站公共区域暖通空调系统(大系统)、车站设备管理用房暖通空调系统(小系统)和空调水系统。

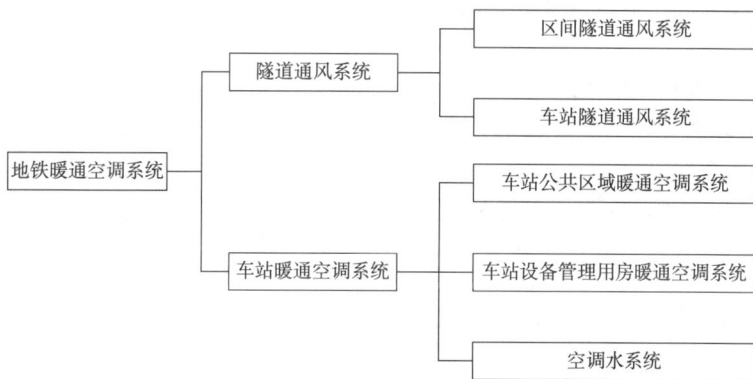

图 9-2 地铁暖通空调系统构成

（1）区间隧道通风系统

区间隧道通风系统主要出可逆反式隧道通风机、推力风机、射流风机、风阀、消声器、风室和风道组成。

在早晚运营前后半小时，按预定的运营模式开启隧道通风系统。正常运行时，系统通过列车运动的活塞效应实现隧道内的通风。列车阻塞于区间时，按与列车运行一致的方向组织气流，对阻塞区间进行机械通风，保证列车空调冷凝器正常运行。列车发生火灾而停在区间时，按预定的运行模式并与多数乘客撤离相反方向送风和排出烟气。由于每端的隧道风机互为备用，运行工况的隧道风机出现故障时，可以切换到备用风机运行。特长区间根据消防疏散的原则，按照事故列车的停车位置，启动区间中部及相应车站端部的隧道风机系统，组织排烟和人员疏散。

（2）车站隧道通风系统

车站隧道通风系统主要由耐280℃高温连续有效工作0.5h的排风兼排烟风机、站台及轨道风量调节阀、防火阀及排风道组成。

在正常运营时，车站隧道排风系统运行，列车停站时，排出车顶冷凝器和车厢底部发热设备的热量。列车火灾停靠在车站时，利用车站隧道排风系统进行排烟。在事故所在区间隧道运行时，根据系统的控制模式要求开启或关闭车站隧道通风系统。

（3）车站公共区域暖通空调系统

车站公共区域（站厅、站台）暖通空调系统设备组成的通风系统习惯称之为"大系统"，同时兼做车站公共区域排烟系统。

车站大系统主要组成设备有大型表冷器、回/排风机、小新风机、通风管道、组合式电动风阀、防火阀、静压箱、混合室、新风井道、排风井道、消声器、全新风机等。

大系统主要设备一般集中对称地分布于车站站厅层两端的环控通风机房，机房内一般分别设置1~2台组合式空调机组，每台机组对应1台回/排风机，车站每端还设置1台空调小新风机。

知识拓展

通风管道担负着输送空气的任务，要求其内部材料光滑、摩擦力小、不吸湿、不可燃、耐腐蚀、刚度好、强度可靠、质量小、气密性好、不积灰、易清洗等。

防火阀是指在一定时间内能满足耐火稳定性和耐火完整性要求，用于通风、空调管道内阻火的活动式封闭装置。

静压箱的主要作用是稳压、降噪。一般规定，静压箱内的风速不大于2.5m/s。根据风量、风速就可以确定静压箱的容积，静压箱一般是定做的。

消声器是安装在空气动力设备（如鼓风机、空压机）的气流通道上或进排气系统中的降噪装置，消声器能够阻挡声波的传播，允许气流通过，是控制噪声的有效工具。

（4）车站设备管理用房暖通空调系统

车站设备管理用房暖通空调系统（兼排烟系统）又称为"小系统"，其设备一般位于车站站厅两端的环控机房和小系统通风机房内。

车站小系统主要组成设备有组合式空调机组、风机盘管、回/排风机、通风管道、电动风阀、消声器、防风阀、新风井道、排风井道等。

(5)空调水系统

空调水系统是指车站制冷空调循环水系统,由冷水机组、冷冻泵、冷却泵、冷却塔、集水器、分水器、膨胀水箱、二通调节阀、输水管等设备器件组成。

水系统为车站公共区及车站设备管理用房空调器提供冷源,空调系统通过冷冻水循环、制冷剂循环、冷却水循环把室内的热量传到室外。

知识拓展

冷水机组、冷冻泵、冷却泵位于站厅层制冷机房。制冷剂在冷水机组里循环,经过压缩机时温度升高,这时用被称为冷却水的水将制冷剂温度降下来,冷却水通过冷水机组把制冷剂的热量带走,再经过冷却塔把热量释放到空气中,然后回到冷水机组,这就构成了冷却水循环系统。这个系统上的泵是冷却泵。

制冷剂被降到冷却水的温度后,经过节流阀,温度变得更低,这时制冷剂与被称为冷冻水的水进行热交换,使冷冻水温度降低,然后冷冻水回到空调系统末端与室内空气换热,冷冻水温度升高后再回到冷水机组与制冷剂进行热交换,这就构成了冷冻水循环系统。这个系统上的泵称为冷冻水泵。

冷水机组是中央空调系统的心脏,也是空调系统的耗能大户,控制模式的选择将直接影响制冷与节能效果。

冷却塔则是一种广泛应用的热力设备,其作用是通过热交换将高温冷却水的热量散入大气,从而降低冷却水的温度,其作用原理主要是靠冷源两股流体在塔内混合接触,借助两股流体间的水蒸气压力差使热流体部分蒸发并自身冷却。

4.暖通空调系统控制方式

(1)中央级控制

中央级控制是暖通空调系统的最高一级,它负责监控城市轨道交通各站通风机和空调机组的设备运行状态。中央级控制主要是用来监控和调度全线暖通空调系统设备的运行。

(2)车站级控制

城市轨道交通自动化程度很高,暖通空调系统的正常运行由设备监控系统来控制,实现自动运行。通风空调系统的车站级控制就是自动控制的一个平台,通过车站级控制,城市轨道交通暖通空调系统可以按照预定的模式来运行。

(3)就地级控制

简单地说,就地级控制就是在通风空调设备现场对其进行控制。这种控制主要是通过人工操作设在环控设备现场的电控箱上的启动/关停(或复位)按钮来实现。这种控制方式主要是为了暖通空调系统的安装调试与维护维修。

就地级控制设置在各车站的环控电控室,具有对单台环控设备就地控制的功能,便于各种设备调试、检查和维修,单台环控设备同时设有就地控制柜,如图9-3、图9-4所示。

图9-3 暖通空调系统设备

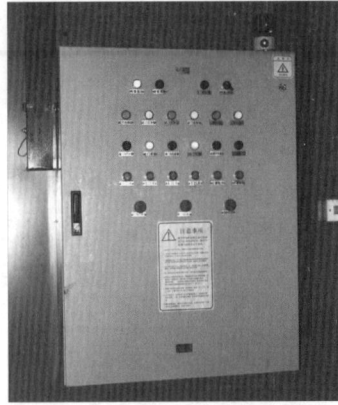

图9-4 暖通空调系统就地控制柜

以上两图为不同设备的就地控制盘。组合式空调机组就地控制盘各按钮分别具有各自的功能,如右门开、左侧电动机关等,其指示明确。

就地级控制为优先级,车站级控制为次优级,中央级控制为最后级。以上三个级别规定的含义为:设备处于就地级控制时,后两级控制不能控制设备的运行状态(开、关、复位);设备处于车站级控制时,中央级不能控制设备的运行状态。

5.暖通空调系统的制冷原理

空调制冷就是通过制冷剂的状态变化(气态→液态,放热;液态→气态,吸热)将一个地方(蒸发器周围)的热量带到另一个地方(冷凝器周围),其中四个必要组成部分分别为:压缩机、冷凝器、节流(膨胀)装置、蒸发器。图9-5为空调制冷的循环原理。

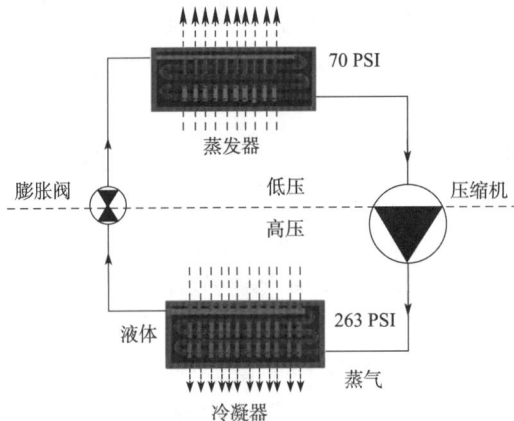

图9-5 空调制冷的循环原理

具体来说,气态的制冷剂先经过压缩机的高压压缩,再经过冷凝器的冷凝彻底转变为液态的制冷剂,在此过程中释放能量;再经由膨胀阀的降压和蒸发器的热量吸收转变为气态的制冷剂,在此过程中吸收外界的能量。

将以上原理应用到地铁空调水系统中即实现空调水制冷。图9-6为空调水系统对设备或管理工作房冷冻水供应,左侧水(红色)为冷冻水,右侧水(绿色)为冷却水。空调制冷的具体过程如下。

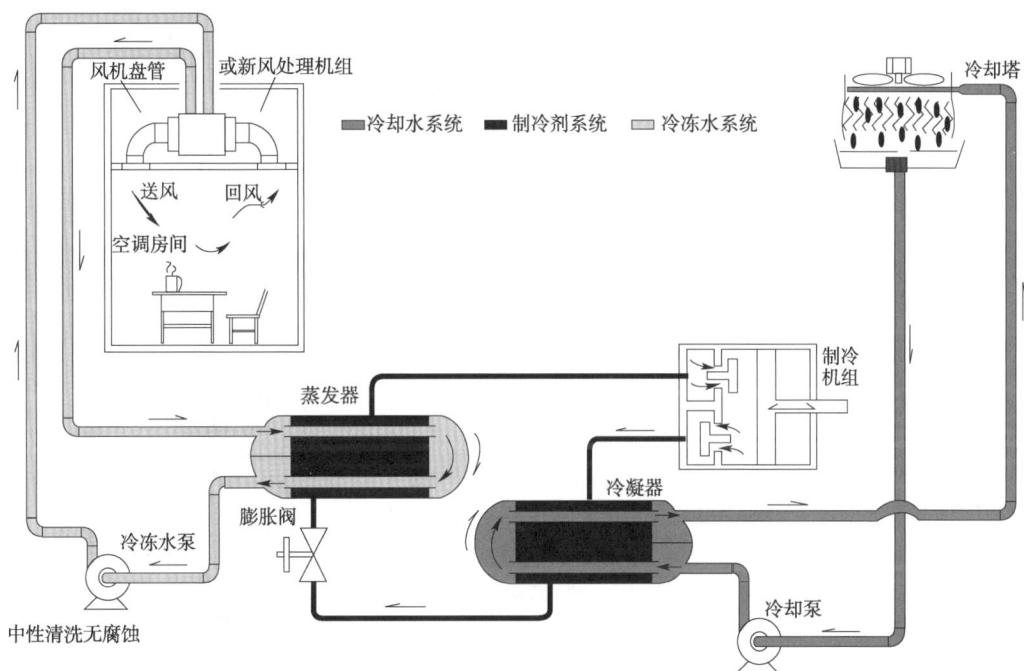

图9-6 空调水系统对设备或管理工作房冷冻水供应

①气态的制冷剂经压缩机加压后到冷凝器进行放热冷凝,将热量释放给冷却水,从而变为液态的制冷剂。

②液态的制冷剂经膨胀阀减压后到蒸发器中吸收冷冻水的热量,从而变为气态的制冷剂。

以上两个步骤循环,完成制冷循环。在此过程中,冷却水吸收了制冷剂的热量,失去冷却的功能后,被抽到车站上方的冷却塔中进行冷却,冷却完成后循环工作。冷冻水的热量被制冷剂吸走变成有制冷效果的水,送到组合式空调机组以及风机盘管等设备内部,以冷却混合风送到站台、站厅以及设备用房。不同城市不同车站的空调水系统中的冷冻水生产有所不同,例如一些城市地铁采用了集中制冷系统,即两三个车站(3km 内)共用一个冷冻水集中生产处,经过远距离传输到达各车站完成制冷。

制冷循环的四部分不断转换热量生产冷冻水,由此实现制冷。

实训工作页9-1 冷水机组设备认知

操作项目	主要设备	功能原理	结构图
冷水机组设备认知	压缩机	耗电压缩做功,将低温低压的制冷剂气体压缩成高温高压的制冷剂气体	

续上表

操作项目	主要设备	功能原理	结构图
冷水机组设备认知	冷凝器	冷凝放热,将高温高压的制冷剂气体变为高温高压的液体	
	膨胀阀	降低冷媒压力,调整冷媒流量,将高温高压液体变为低温低压液体	
	蒸发器	蒸发吸热,将低温低压的制冷剂液体变成气体	

实训工作页 9-2 冷水机组开关机顺序

操作项目	操作内容及步骤
冷水机组启动前准备工作	(1)确保所有电源接线符合规格,且接线正确; (2)检查与机组相连水流开关是否安装正确; (3)机组上安全阀下的球阀必须打开; (4)机组系统内部的所有阀门必须全部打开; (5)机组外观无零件损坏; (6)系统管道是否已安装压力表、温度计,并已经清洗; (7)冷却塔、水泵末端已经调试并合格; (8)现场管道设置及环境能满足开机 >15℃,运行时 >20℃的要求; (9)机组外围配套设施包括冷却塔、水泵、压力表、温度计、水流开关、排气阀、补充水、过滤网等,并已按照机组安装使用说明书要求安装完成; (10)机组外围冷冻水、冷却水管路系统已完成水压试验并清洁妥当。水泵运行测试已完成,水泵连锁线路接通,水管路内的气体已排出,系统及机组水流量调节完成,可提供水泵试运行记录(系统清洗时,水不允许进入机组)

操作项目	操作内容及步骤
冷水机组启动前准备工作	
冷水机组开机顺序	（1）冷却塔风机启动； （2）冷冻水泵启动； （3）冷却水泵启动； （4）冷水机组启动。 注意冷冻泵和冷却泵的启动顺序
冷水机组关机顺序	（1）冷水机组停； （2）冷却塔风机停； （3）冷却水泵停； （4）冷冻水泵停。 注意冷却泵和冷冻泵的关泵顺序

续上表

操作项目	操作内容及步骤
关注运行参数	(1)制冷剂高低压压力； (2)冷冻水进出水温度； (3)冷却水进出水温度； (4)压缩机工作电流

二、暖通空调系统设备

从图9-5可以看出,空调要实现大空间的制冷需要大量设备的配合,至少需要冷却塔、水泵、水管、风管、空调机组和制冷循环等相关设备。那么这些设备的真实样子是怎样呢?接下来,我们就来介绍相关的系统设备。在此只介绍相对重要的设备,要求同学们能够准确识别。

1. 风管与水管

风管(图9-7)是暖通空调系统中连通各个部分的重要构件。一般情况下,风管一端连接着风阀风机,另一端连接风口,将合适的风送出或排出。风管一般采用金属、非金属薄板或其他材料制作而成,是用于空气流通的管道。

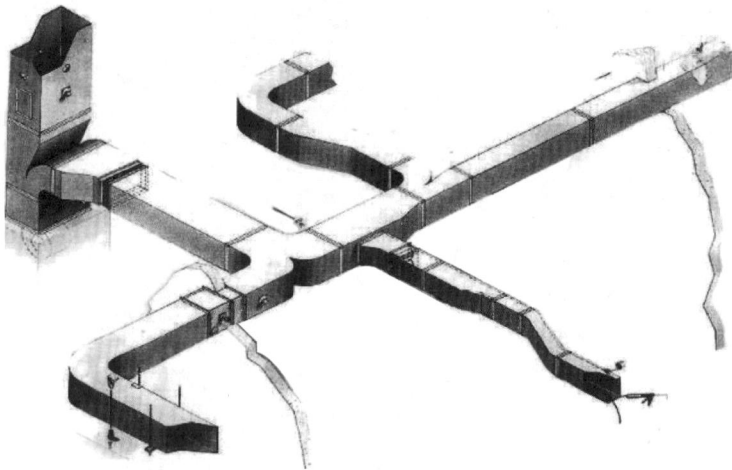

图9-7　风管示意图

风管配件指风管系统中的弯管、三通、四通、各类变径及异形管、导流叶片、法兰等,风管部件指通风、空调风管系统中的各类风口、阀门、排气罩、风帽、检查门和测定孔等。表9-1展示了不同的风管配件和部件。

暖通空调系统对水管的密闭性要求较高,并且对部分水管的保温性要求也较高。水管一般设置为圆形。

风管配件和部件　　　　　　　　　　　　　　　　　　　　　表 9-1

系列	配件和部件的图形及名称				
风口系列	方形散流器	圆形散流器	扩散出风口	可调式喷流风口	旋流风口
	双层格栅出风口	扁叶散流器	可开式百叶回风口	蛋格式可开回风口	可开式花板回风口
防火阀、调节阀系列	防火调节阀	全自动防烟防火阀	全自动排烟防火阀	排烟阀	多叶排烟口送风口
	板式排烟口	手动多叶对开调节阀	电动多叶对开调节阀	圆形单叶蝶阀	矩形止回阀
软管、螺旋风管、空调器、消声器系列	 铝箔伸缩保温软管 	标准形蝶旋管 	风管附件 	消声器 	组合式空调器

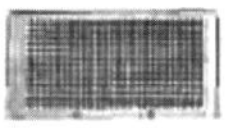

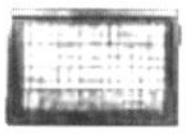

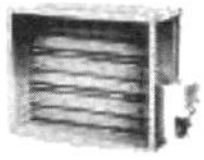

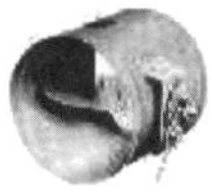

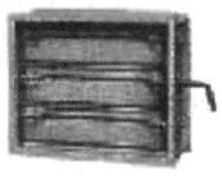

思考

请同学们观察地铁车站的相关水管,说出哪些是冷却水管,哪些是冷冻水管。

2. 组合式空调箱

组合式空调箱是暖通空调系统的核心——制冷的功能部件,是将各种空气处理设备及风机、风量调节阀等制成带箱体的单元体。这些单元体可根据工程需要由设计人员进行组合,成为一组能实现不同空气处理要求的组合式空调箱,如图 9-8 所示。

图 9-8　组合式空调箱外观

组合式空调箱的主要功能段分别起不同的作用,具体说明如下。

①新回风混合段,利用风量调节阀来控制新回风比例,以便于在不同时期和模式下调节不同结构的风。

②初效过滤段,过滤输入空气中的杂质,保持风的清洁,按照过滤器的结构可分为板式过滤器、袋式过滤器、卷轴式过滤器。

③表冷挡水段,利用表冷器通过其内部循环的冷冻水起到制冷空气的作用,并利用滴水盘将空气中的凝结水收集在一起。

④风机送风段,其作用是将处理完毕的优质的温度和强度适中的空气输出,以完成整个流程。

组合式空调箱的内部结构如图9-9所示。

图 9-9　组合式空调箱的内部结构

组合式空调箱是核心构件,对其结构上的具体要求如下。

①各功能段有足够的强度。

②机组检修门严密、灵活,开启及锁紧功能良好。

③机组设排水口,无溢出或渗漏。

④机组横断面上气流不应产生短路。

⑤机组应留有检测孔和测试仪表接口。

⑥设置检修门和 24V 低压照明灯。

3. 风机设备

风机设备是通过送排风排出局部区间隧道的余热、余湿,其主要类型有以下几种。

(1)轴流风机(TVF)

轴流风机设置于车站两端隧道风机房内,风道独立。

其主要部件分为:叶片、轮毂、电动机、轴承等,如图 9-10 所示。轴流风机要求结构紧凑、可灵活拆卸,具有一定的防腐性。

图 9-10　轴流风机

在火灾工况时,保证 280℃条件下,持续有效运行 0.5h,设计使用寿命≥20 年,叶片角度可调节。

(2)排热风机(TEF)

排热风机设置于车站两端,为站台下排热和车行道顶部排热,兼排烟系统,通常排出风道与公共区排风道共用。

(3)射流风机(JET)

射流风机配合轴流风机进行气流组织。可逆转射流风机一般安装在区间隧道顶板下方。

4. 风机盘管

地铁的管理用房或车站综控室等场所均设置可室内调节的空调形式。此种形式需要在管理用房内设置风机盘管装置。图 9-11 即为风机盘管的设置方式。

经处理的新风通过新风送风管送到房间,室内的风通过回风口与送入的新风混合,再经过风机盘管处理,达到要求后再送入房间,这样不断地循环,达到房间的使用要求。风机盘管空调系统由风机盘管、新风机组、送风管道以及控制阀门等组成。

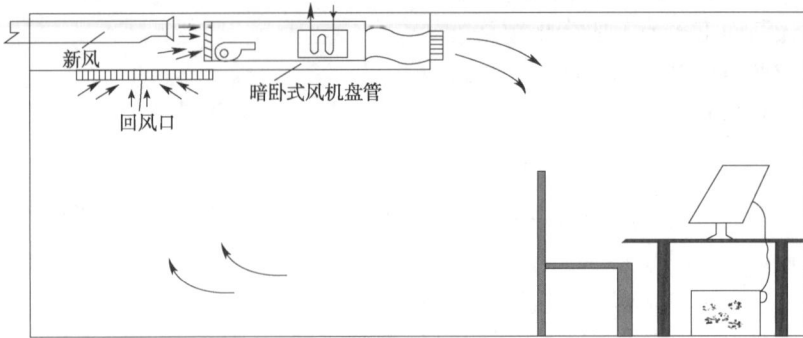

图9-11 风机盘管的设置方式

5. 冷却塔

冷却塔是循环冷却水系统中的一个重要设备,用于将冷却水降温的过程。冷却塔一般放置在地铁车站外,分为逆流式冷却塔、横流式冷却塔、射流式冷却塔、蒸发式冷却塔等四种类型,常用的是逆流式冷却塔(圆形、方形)、横流式冷却塔(圆形、方形)两种,如图 9-12所示。

a)方形冷却塔

b)圆形冷却塔

图9-12 冷却塔

6. 冷水机组

冷水机组是实现制冷循环的重要组件。地铁中一般采用螺杆式冷水机组。它由压缩器、冷凝器、膨胀阀、蒸发器四部分组成,是生产冷冻水的核心部件,也是水冷空调进行制冷循环的核心组件。图9-13是螺杆式冷水机组,上下两个圆柱形设备分别为蒸发器与冷凝器,压缩机与膨胀阀为中间设备。

每个冷水机组上面均有一个控制柜,并有面板用于显示冷水机组中的水压、水温等参数,供维修人员查看设备的状态。

除了以上设备外,暖通空调系统还包括大型的表冷器(存放冷冻水以实现制冷)、大型风机、各种电动(手动)阀门、水温水压传感器、仪表、水泵等设备,在此不一一介绍。

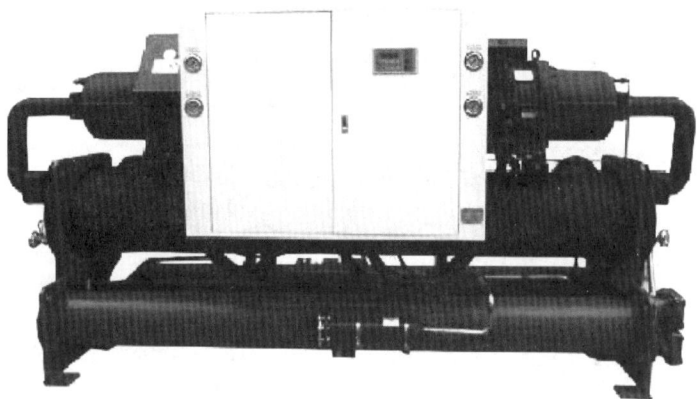

图 9-13　螺杆式冷水机组

7. 风阀

风阀主要种类有:防烟防火阀、排烟防火阀、全电动防火阀、电动风量调节阀、手动风量调节阀、电动组合风阀(标准站 14 个)。

防烟防火阀:安装在通风、空调系统的送风、回风管路上,平时呈开启状态(常开),火灾时当管道内气体温度达到 70℃时,易熔片熔断,阀门在扭簧力作用下自动关闭,在一定时间内能满足耐火稳定性和耐火完整性要求,起到隔烟阻火作用,阀门关闭时,输出关闭信号。

排烟防火阀:安装在排烟系统管路上,平时一般呈关闭状态(常闭/常开),火灾时手动或电动开启,起排烟作用,当排烟管道内烟气温度达到 280℃时关闭,在一定时间内能满足耐火稳定性和耐火完整性要求,此阀门能起排烟作用,北京地铁 6 号线均含 5m 手动复位装置。

8. 暖通空调设备的布置位置

暖通空调系统中的冷水机组、组合式空调机组等集中制冷的空调,设置在站厅两侧的"环控电控机房"或"车站小系统机房"内(不同车站叫法不同,一般布置在站厅层两端),而风管与水管则根据需要布置在车站的各个角落。

> **课后实践**
>
> 　　小组合作,去地铁车站寻找风管、水管、冷却塔等设备,总结各设备的安装位置,了解其构造及原理。

暖通空调系统作为一个庞大的系统,也是学科上一个重要的专业。在本书中,我们无法对该系统进行深入的介绍,同学们可以查找有关材料丰富这部分知识,较好地掌握其基本设备与系统功能。

实训工作页 9-3　组合式空调机典型故障的产生原因及排除方法

序号	故障	产生原因	排除方法
1	轴承箱振动剧烈	(1)机壳或进风口与叶轮摩擦; (2)基础刚度不够或不牢固; (3)叶轮铆钉松动或轮盘变形; (4)叶轮轴盘与轴松动; (5)机壳与支架、轴承箱与支架、轴承箱盖与座等连接螺栓松动; (6)风机进出气管道的安装不良,产生振动; (7)转子不平衡; (8)风机皮带轮与电机皮带轮不在同一中心线上	(1)调整叶轮与机壳或进风口的间隙; (2)增强基础刚度或使连接部位连接牢固; (3)重新铆接或对轮盘整形; (4)查明松动原因,视情况更换键、轴或轴盘; (5)拧紧松动螺栓; (6)按照规范对管道的安装进行调整; (7)修正转子使其达到动/静平衡要求; (8)调整电机位置,使风机带轮与电机带轮在同一平行中心线和径向平面上
2	轴承温升过高	(1)轴销振动剧烈; (2)润滑油脂质量不良、变质或填充过多,含有灰尘、黏砂、污垢等杂质; (3)轴承箱盖座连接螺栓紧力过大或过小; (4)轴与滚动轴承安装歪斜,前后两轴承不同心; (5)滚动轴承损坏	(1)查明轴承箱振动的原因,并消除振动; (2)清除不良油脂或除去多余油脂,清除杂质并重新加油,确保轴承箱内有适量的优质油脂; (3)调整连接螺栓紧力,使之达到松紧合适的程度; (4)重新安装,确保前后两轴承同心; (5)更换新轴承
3	电机电流过大或温升过高	(1)流量超过规定值或管道漏风; (2)电机输入电压过低或电源单相断电; (3)受轴承箱振动剧烈的影响; (4)受并联风机工作情况恶化或发生故障的影响	(1)调节流量在规定范围内或消除管道漏风; (2)确保电压稳定或消除电气故障; (3)查明轴承箱振动原因,并消除轴承箱的振动; (4)查明原因,并消除对本风机的影响
4	皮带滑下	两皮带轮位置彼此不在同一中心线上,使皮带从小皮带轮上滑下	调整皮带轮的相对位置,使两皮带轮在同一中心线上
5	皮带跳动	两皮带轮距离较近或皮带过长	调整两皮带轮之间的距离到合理值,并使皮带的松紧度以压下到一个皮带的厚度为合适
6	空调柜风机段积水	(1)排水口堵; (2)接水盘漏水; (3)风机段负压过大	(1)清理排水口杂物及控制好封水位; (2)更换接水盘; (3)清洗尘网过滤袋或表冷器,调节风柜的进出风阀,保证风速,加防漂水盘盖等

实训工作页 9-4　组合式空调机组的维修周期和工作内容

设备	修程	维修工作内容	周期
组合式空调机组	日常巡视	(1) 检修门的密封性检查； (2) 滤袋内积尘情况检查； (3) 滤袋固定情况检查； (4) 皮带松紧度检查； (5) 风机运行情况检查； (6) 各紧固件检查； (7) 积水槽积水检查； (8) 风机段积水检查； (9) 底盘漏水检查； (10) 机体变形检查	每周
	月检查	(1) 同日常巡视全部内容； (2) 检修门密封条的更换； (3) 内部照明装置的维修； (4) 滤袋的清洁； (5) 皮带松紧度的调整或更换； (6) 风机及内部环境的清洁； (7) 电器安全性能检查	每月
	季小修	(1) 同月检查全部内容； (2) 滤袋的更换； (3) 风机轴承的检查及润滑油的更换； (4) 表冷器表面积尘的清洁； (5) 机体泄漏检查及补漏； (6) 积尘报警器检查； (7) 消声器检查	每季
	年维修	(1) 同季小修全部内容； (2) 表冷器内部的清洗； (3) 机体强度的加固； (4) 机体及支架的防锈处理	每年

实训工作页 9-5　冷水机组的维修周期和工作内容

设备	修程	维修工作内容	周期
冷水机组	日常巡视	(1)启动柜及控制箱内外检查及清扫; (2)制冷系统泄漏检查; (3)主机及周围环境清扫; (4)运行参数的检查; (5)检查主机运行情况是否正常(噪声及振动情况等)	每周
	月检查	(1)同日常巡视全部内容; (2)启动柜或控制箱内接触器的检查或更换; (3)电源线接点松脱检查; (4)温度、压力传感器的校验或更换; (5)水流开关的检验; (6)电器安全性能检查	每月
	季小修	(1)同月检查全部内容; (2)安全阀的检查或更换; (3)控制元件的检查或更换; (4)添加制冷剂; (5)开关柜触点打磨(必要时)	每季
	年维修	(1)同季小修全部内容; (2)控制程序测试; (3)添加冷冻机油; (4)冷冻机油的化验或更换; (5)油过滤器的清洁或更换; (6)导叶阀(调节马达)的检验; (7)机组表面防锈处理; (8)热交换器的内部清洁; (9)机组的主件测试或更换	每年 必要时

任务 9-2　环控系统预备知识学习

　　地铁系统的正常运营是通过多种机电设备协同作用来保证的,诸如暖通空调、给排水、电梯、站台门等,其运行状态关系到地铁的服务质量。监控及管理上述各类设备运行的就是环境与设备监控系统。环境与设备监控系统在地铁运营中处于较重要的位置,我国城铁设计规范称其为 BAS(Building Automatic System)。

　　BAS 通过通信骨干网,可对全线的设备进行监视与控制,对线路的环境进行实时把控,再通过现场系统对设备进行控制。

　　BAS 监控范围如图 9-14 所示。北京地铁 4 号线通信骨干网如图 9-15 所示。

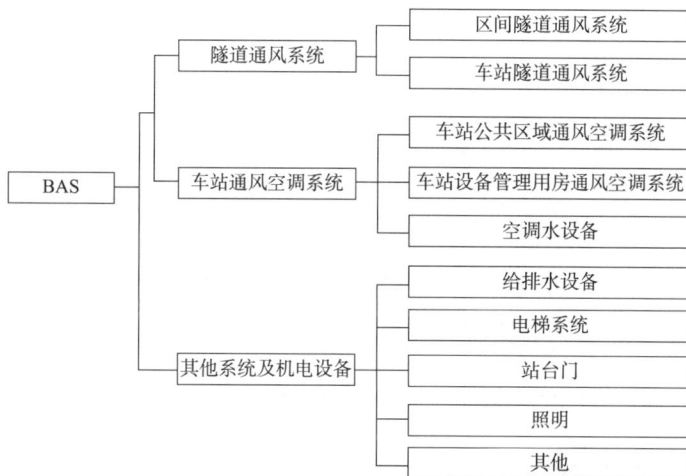

图 9-14　BAS 监控范围

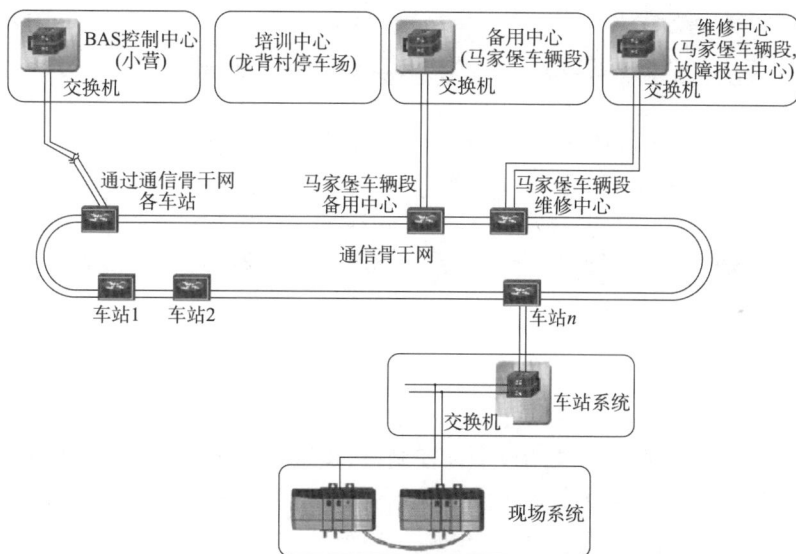

图 9-15　北京地铁 4 号线通信骨干网

信息提示

　　BAS 不同于本书的其他设备。它是一个将各个设备联系在一起的"神经网络",它没有复杂的机电系统,但是拥有复杂的监控网络,对车站的设备进行监视与控制。因此,在学习本部分内容时,要转换思路,可以将其想象为机电设备的控制中心。

1. 系统构成

环境与设备监控系统通常由中央、车站、就地三级实现对暖通空调、给排水、电梯、站台门、照明等设备进行监视和控制。系统主要设备分中央级、车站级和就地级设备,如图9-16所示。

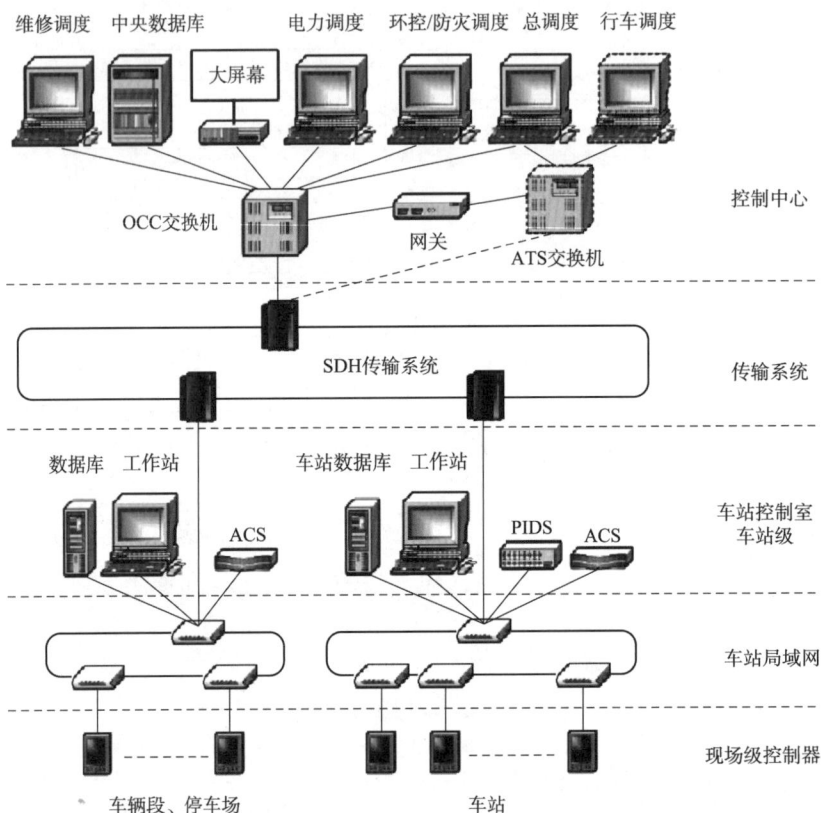

图9-16　环境与设备监控系统结构

（1）中央级

中央级设于运营控制中心（OCC）中央控制室,负责监视全线环控设备的状态和全线的环境状况并向各站发布控制命令,定时记录设备运行状态,记录车站温度、湿度等数据,同时,可根据操作人员的需要绘制曲线图、定制报表等。

（2）车站级

车站级位于各站的车站控制室,系统通过车站级监控工作站和模拟屏设备提供相应的人机界面（HMI）,监控本站及所辖区间隧道的环控、给排水、自动扶梯、照明、站台门、防淹门、车站事故照明电源等设备的运行状态。

（3）就地级

就地级相对集中于环控电控室、车站的重要房间（水泵房、冷水机房等）及公共区等地。它实现对所控设备的直接控制,并传送设备的运行状态及故障信息到车站工作站,执行车站级发出的指令。

2. 系统主要设备

（1）中央级

①工作站及服务器。配置两台或两台以上的操作工作站，采用并列运行或冗余技术，使工作站处于热备状态，保证故障情况下的自动投入，同时，根据系统实际需要选用服务器或小型机对整个系统实现优化控制、管理以及数据备份。

②模拟屏。中央级配置背投式模拟屏等，直观显示全线重要设备运行状态、重要报警、主要运行参数等，便于环控调度掌握总体情况，及时发现问题。

③维修工作站。为了提高系统运行的可靠性，及时发现并排除故障，减少故障的维修时间，一般在 OCC 设备房及车辆段的系统维修车间设置。

（2）车站级

车站级设备包括监控工作站、应急控制盘、与火灾自动报警系统（FAS）的接口、维修工作站。

①工作站。车站级配置操作工作站实现人机操作界面功能，一般运用工业控制计算机。

②应急控制盘。车站应急控制盘是系统在紧急情况下（车站工作站故障或火灾等）的后备操作手段，盘面以火灾及紧急工况操作为主，车站级应急控制盘采用按键式，操作程序简便直接。

③与火灾自动报警系统的接口。车站级设有相应的接口设备，接收车站火灾自动报警系统发送的车站火警信息。

（3）现场级

①现场控制器。控制设备可选用分散控制系统（DCS 系统）或可编程逻辑控制器（PLC 系统）。现场控制器一般主要集中设置在环控电控室内，部分分散设置于现场被监控设备的附近。为提高监控系统可靠性，现场控制器可采用冗余配置。

现场控制器须具备软件联锁保护设置、控制被控对象设备顺序动作、冗余设备故障切换控制、冗余设备运行时间平衡计算及选择执行、系统各种运行参数的采集及存储等功能，可通过一定的计算，来实现优化控制和各种模式控制，对中央级下达的控制指令和控制模式、设定值的更改和其他相关联参数的修正，也由现场控制器处理后执行。

②现场检测仪表及执行机构。在公共区站厅/站台、上下行线隧道口、新风道、排风道、混合室、送风室及重要设备房分别设置温度、湿度感应器，测量环境中需要重点监测及控制的参数。

在水系统管路上，设置水温、压力、压差、流量、液位传感器，检测水系统中的重点监测及控制参量。在冷冻水管路上，设置二通或三通流量调节阀，对冷量进行调节。

3. 系统功能

①环境检测。BAS 通过布置在公共区、有人值班的管理用房及对环境有要求的设备用房的温度和湿度检测设备，实现环境温度和空气湿度的检测。

②机电设备监控。BAS 实现对全线通风空调、给排水、照明等机电设备的实时或定时监控。监视电梯、站台门的运行状态，紧急情况下，可实现对自动扶梯的紧急停止控制，对电梯紧急情况下上升或下降到安全层的控制。

③水位监测及报警。BAS 监视车站和区间各类排水泵房水位,接收水位报警信息,并具有对废水泵的远程控制功能。

④优化控制与节能。BAS 通过对环境参数检测以及相关计算,自动将暖通空调系统调控在最佳运行状态,一方面提高城市轨道交通系统整体环境的舒适度,另一方面实现节能控制,降低运营成本。

⑤防灾救灾。接收车站火灾自动报警系统发出的火灾控制模式指令,执行车站防灾设备的火灾控制模式。在火灾自动报警系统与 BAS 之间通信中断情况下,接收车站综合监控系统车站火灾模式控制指令,执行车站防灾设备的火灾控制模式。接收综合监控系统区间火灾模式控制指令,执行隧道排烟模式。接收区间列车阻塞通风模式控制指令,执行列车区间阻塞通风模式。

⑥数据管理。系统具有对受控设备运行参数分类存储、统计报表、自动生成系统设备维护报表和自动打印的功能。

任务 9-3　环控系统监视界面下的日常检查

空调系统主要包括车站空调大系统、车站空调小系统、隧道通风系统、空调水系统。

一、BAS 界面下的车站空调大系统

车站空调大系统网络结构如图 9-17 所示。

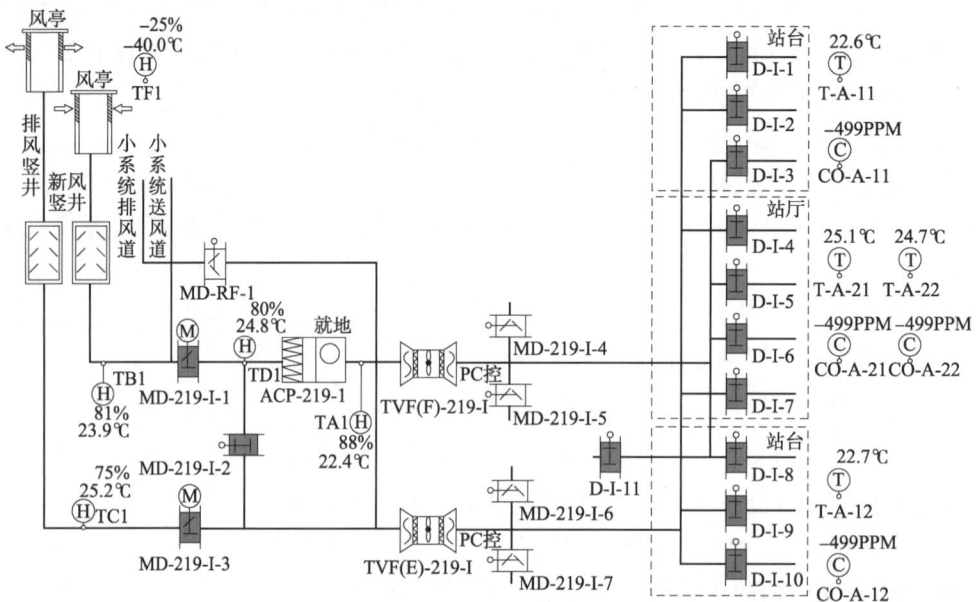

图 9-17　车站空调大系统网络结构

1. 大系统表冷器

在车站空调大系统监控画面中,点击"表冷器"图形,可进行表冷器相关参数的监视及调节,可得到当前表冷器运行状态及控制模式,并可调整控制模式为自动或遥控。当控制模式设置为自动时,相应的遥控启动或停止按钮失效,如图9-18所示。

2. 大系统变频风机

在车站空调大系统监控画面中,点击"变频风机"图形,可进行变频风机相关参数的监视及调节,可得到当前变频风机运行状态及控制模式,并可调整控制模式为自动或遥控。当控制模式置为自动时,相应的遥控启动或停止按钮失效。

大系统风机采用变频变风量控制,在自动运行和遥控情况下,频率可以独立控制,在火灾情况下,频率最大值为50Hz,如图9-19所示。

3. 大系统人防风阀

在车站空调大系统监控画面中,点击"风阀"图形,可进行人防风阀相关参数的监视及调节,可得到当前人防风阀控制模式及开关状态,并可调整控制模式为自动或遥控。当控制模式设置为自动时,相应的遥控启动或停止按钮失效,如图9-20所示。

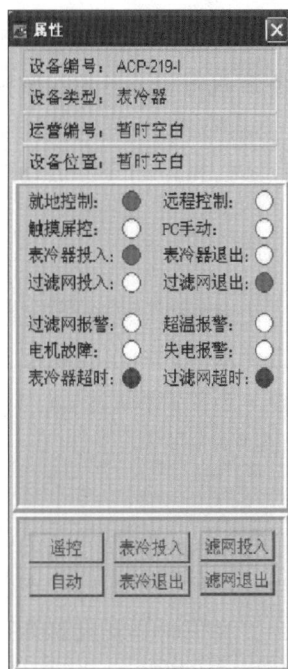

图9-18 大系统表冷器　　图9-19 大系统变频风机　　图9-20 大系统人防风阀

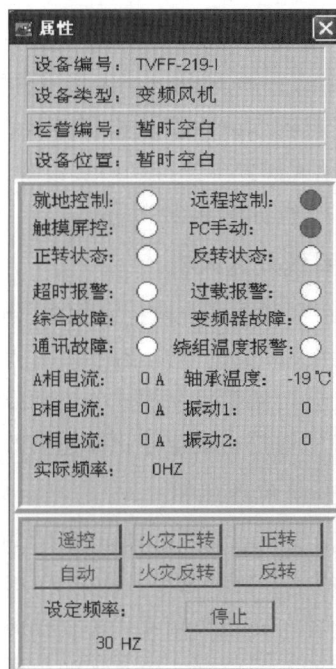

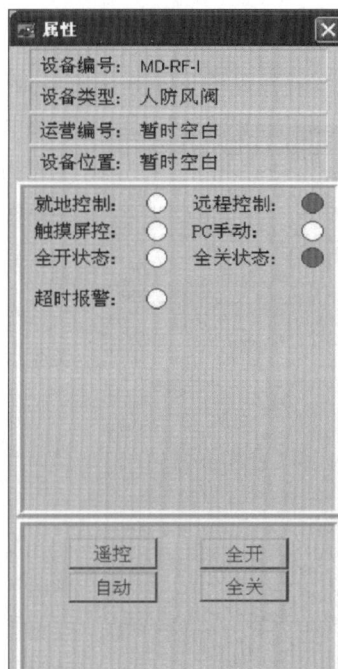

二、BAS界面下的车站空调小系统

车站空调小系统网络结构如图9-21所示。

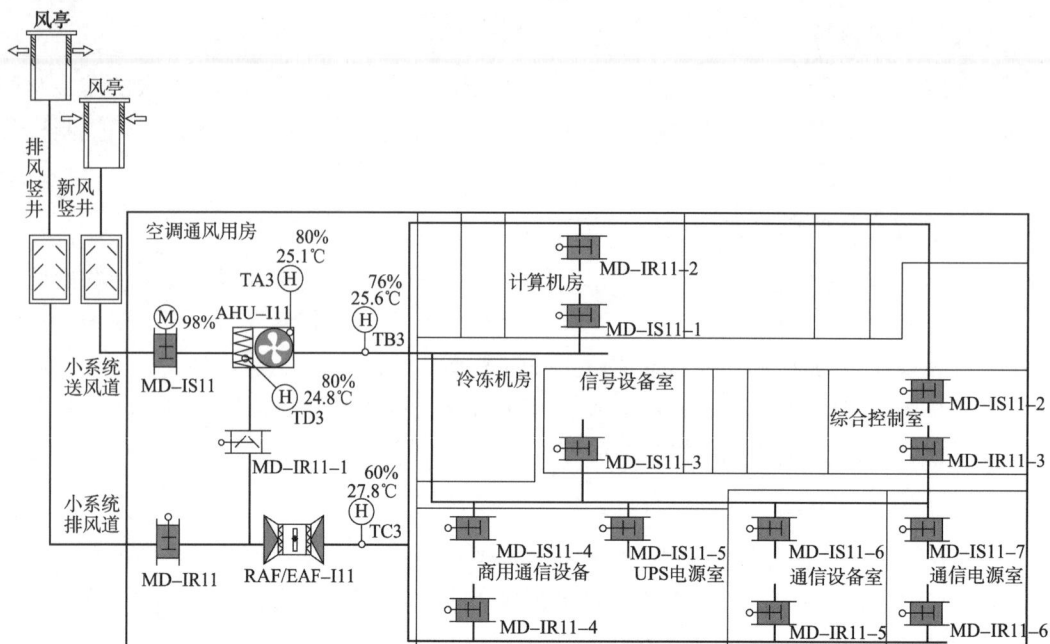

图 9-21　车站空调小系统网络结构

1. 小系统空调机组

在车站空调小系统监控画面中,点击"空调机组"图形,可进行空调机组相关参数的监视及调节,可得到当前空调机组运行状态及控制模式,并可调整控制模式为自动或遥控。当控制模式设置为自动时,相应的遥控启动或停止按钮失效,如图9-22所示。

2. 小系统双速风机

在车站空调小系统监控画面中,点击"双速风机"图形,可进行双速风机相关参数的监视及调节,可得到当前双速风机运行状态及控制模式,并可调整控制模式为自动或遥控。当控制模式设置为自动时,相应的遥控启动或停止按钮失效,如图9-23所示。

3. 小系统单速风机

在车站空调小系统监控画面中,点击"单速风机"图形,可进行单速风机相关参数的监视及调节,可得到当前单速风机运行状态及控制模式,并可调整控制模式为自动或遥控。当控制模式设置为自动时,相应的遥控启动或停止按钮失效,如图9-24所示。

4. 小系统风量调节阀

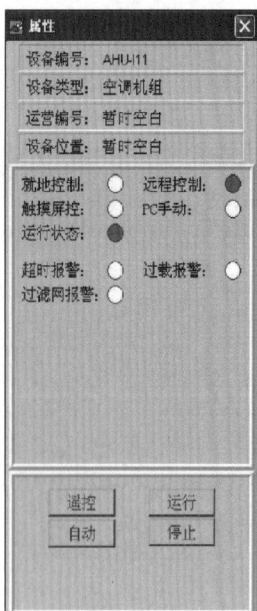

图 9-22　小系统空调机组

在车站空调小系统监控画面中,点击"电动风量调节阀"图形,可进行电动风量调节阀相关参数的监视及调节,可得到当前电动风量调节阀开关状态及控制模式,并可调整控制模式为自动或遥控。当控制模式设置为自动时,相应的遥控启动或停止按钮失效,如图9-25所示。

图 9-23 小系统双速风机	图 9-24 小系统单速风机	图 9-25 小系统风量调节阀

三、监控界面下的隧道通风系统

车站区间隧道通风系统监控画面,主要显示立转门、车站 TVF 隧道风机、射流风机的当前状态,如图 9-26 所示。

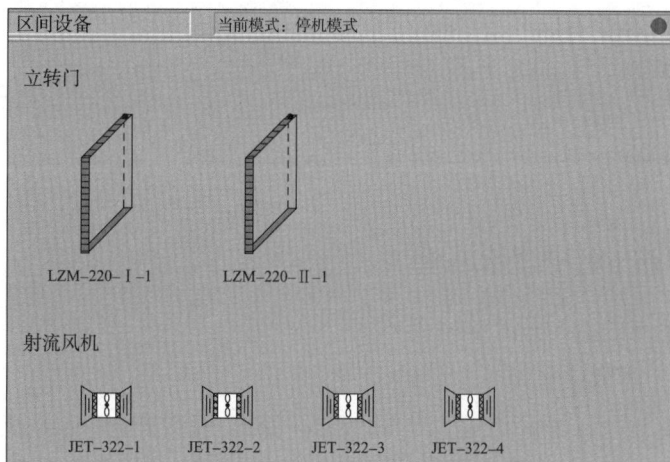

图 9-26 车站区间隧道通风系统监控画面

1. 隧道通风系统立转门

在区间隧道通风系统监控画面中,点击"立转门"图形,可进行区间立转门相关参数的调节,可得到当前立转门运行状态及控制模式,并可调整控制模式为自动或遥控。当控制模式设置为自动时,相应的遥控启动或停止按钮失效,如图 9-27 所示。

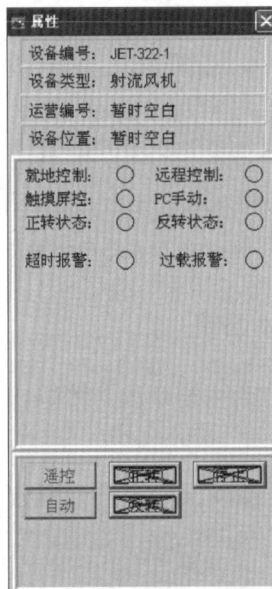

2. 隧道通风系统射流风机

在区间隧道通风系统监控画面中,点击"射流风机"图形,可进行射流风机相关参数的调节,可得到当前射流风机运行状态及控制模式,并可调整控制模式为自动或遥控。当控制模式设置为自动时,相应的遥控启动或停止按钮失效,如图9-28所示。

3. 隧道通风系统轴流(TVF隧道)风机

在区间隧道通风系统监控画面中,点击"轴流(TVF隧道)风机"图形,可进行轴流(TVF隧道)风机相关参数的调节,可得到当前轴流(TVF隧道)风机运行状态及控制模式,并可调整控制模式为自动或遥控。当控制模式设置为自动时,相应的遥控启动或停止按钮失效,如图9-29所示。

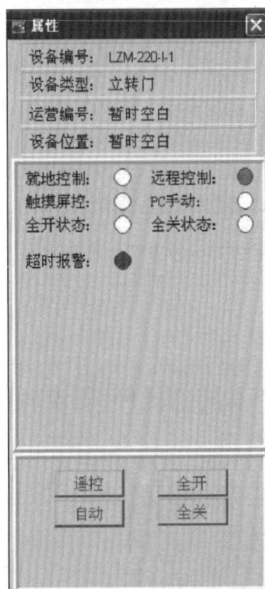

图 9-27　隧道通风系统立转门　　图 9-28　隧道通风系统射流风机　　图 9-29　隧道通风系统轴流
(TVF隧道)风机

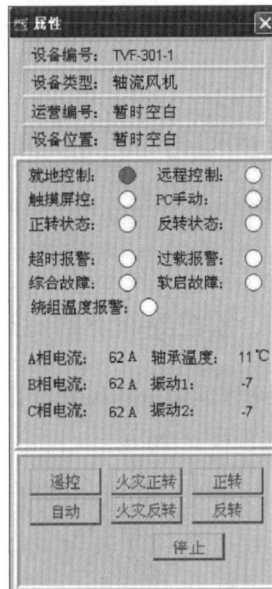

四、监控界面下的空调水系统

车站空调水系统的结构如图9-30所示。

1. 空调水系统调节型水阀

在空调水系统监控画面中,点击"调节型水阀"图形,可进行空调水系统调节型水阀相关参数的调节,可得到当前调节型水阀运行状态及控制模式,并可调整控制模式为自动或遥控。当控制模式设置为自动时,相应的遥控启动或停止按钮失效。

2. 空调水系统表冷器

在空调水系统监控画面中,点击"表冷器"图形,可进行空调水系统表冷器相关参数的调节,可得到当前表冷器运行状态及控制模式,并可调整控制模式为自动或遥控。当控制模式设置为自动时,相应的遥控启动或停止按钮失效。

AHU-Ⅰ11 AHU-Ⅰ21　　AHU-Ⅱ11　　　　　CT1　手动　　　CT2　手动

手动　　　　　　手动

-48%　　-64%　　　　-49%

MV-7-1　MV-8-1　MV-9-1　MV-10-1

就地Ⓜ　就地Ⓜ　　就地Ⓜ

MOV-4　MOV-5　　MOV-3

MV-7-2　MV-8-2　MV-9-2　MV-10-2

就地　就地Ⓜ MV-11　　　　就地ⓂMV-12　就地

就地Ⓜ MOV-1　　　就地Ⓜ MOV-1

ACP-201-Ⅰ　　　　　　　　ACP-201-Ⅱ

系统状态

系统总报警 ◯

系统总管冷冻水回水压力：
0.0kPa

系统总管冷冻水出水温度：
0.0℃

系统总管冷冻水回水温度：
0.0℃

系统总管冷却水出水温度：
0.0℃

系统总管冷却水回水温度：
0.0℃

CHWP-1 手动　　MV-1　MV-2　MV-3　　CWP-1 手动
CHWP-2 手动　　　　　　　　　　　　CWP-2 手动
CHWP-3 手动　蒸发器　蒸发器　蒸发器　CWP-3 手动
CHWP-4 手动　WCC-1 WCC-2 WCC-3　CWP-4 手动
　　　　　　　冷凝器 冷凝器 冷凝器
MV-4　MV-5　MV-6

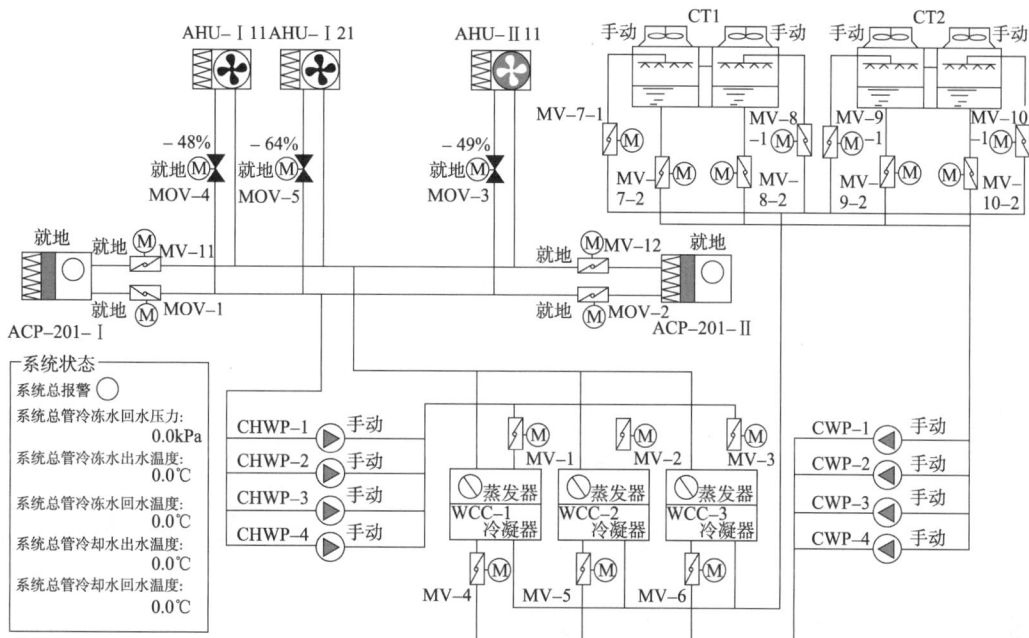

图 9-30　车站空调水系统的结构

在车站综控室内，通过 BAS 的监控界面，可以清晰地看到相关设备的运行情况。当发生故障时，设备将会通过颜色的变化来说明其出现了问题，能够执行此操作的人员需要有一定的级别，一般为综控员或值班站长以上。当发现机电设备出现问题时，需要及时报给车站的维护工作人员。

此外，BAS 的监视内容并不限于此。如前所述，它还能够对电梯、站台门等机电系统进行监视。

任务 9-4　环控系统基本操作

一、环控系统的控制模式

环控系统的控制模式一般至少包括正常模式、火灾模式和阻塞模式三种状态，在此仅介绍后两种模式。在操作过程中要严谨认真，准确判断控制模式。

1. 火灾模式

火灾模式为发生火灾时，环控系统会紧急启动和关闭相关的排烟与通风设备，具体实现需要根据起火的地点来判定，举例如下。

站台层发生火灾时，停止车站冷水系统，控制风管相关风阀的开/闭，向站厅层送风，停止向站台层送风，站台层进入排烟状态(高速排烟)，此时站台层对站厅层形成负气压，阻止烟雾向站厅层蔓延，并形成楼梯或扶梯通道的逃生气流通道，如图 9-31 所示。

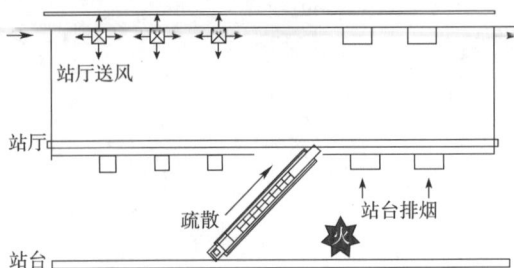

图 9-31 站台火灾排烟示意图

> **思考**
>
> 站厅层发生火灾时,应该如何控制各风机的回/排风?

站厅层发生火灾时,停止车站冷水系统,控制风管的相关风阀开/闭,向站台层送风,停止向站厅层送风,站厅层进入排烟状态,使得站厅层对地面、站台层形成风压,阻止烟雾向站台层蔓延,形成地面楼梯通道的逃生气流通道,如图 9-32 所示。

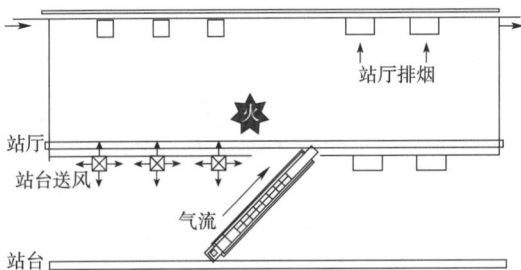

图 9-32 站厅层火灾排烟示意图

站台火灾大系统
排烟模式

2. 阻塞模式

阻塞模式为列车突发意外而停在隧道中时,为了保证乘客的氧气获得,需要进行通风,下述举例有两种情形。

①在列车由于各种原因停留在区间隧道内,此时列车内载有乘客,顺列车运行方向进行送排机械通风,冷却列车空调冷凝器等,使车内乘客仍有舒适的乘坐环境,图 9-33 所示为列车阻塞或火灾时隧道内的送排风情况。

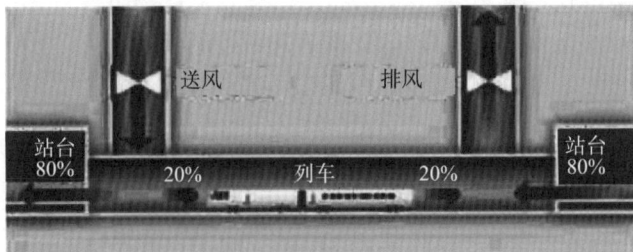

图 9-33 列车阻塞或火灾时隧道内的送排风

列车阻塞时
隧道通风

②当发生火灾的列车无法行驶到车站而被迫停在隧道内时,应立即启动风机进行排烟降温;隧道一端的隧道风机向火灾地点输送新鲜空气,另一端的隧道通风机从隧道排烟,以引导乘客朝逆向气流方向撤离事故现场,消防人员顺着气流方向进行火灾和抢救工作。

> **信息提示**
>
> 在地铁实际工作中,此工作一般需要较高级别工作人员完成火灾模式和阻塞模式控制,新入职员工切不可随意触动,以免造成严重后果。

二、环境与设备监控系统的模式操作

开机后,环境与设备监控系统的主菜单如图 9-34 所示。

图 9-34　环境与设备监控系统的主菜单

其中【火灾模式】和【阻塞模式】按钮显示绿色,表示区间模式下发的方式在手动位。当区间火灾模式取消手动下发时,【火灾模式】按钮显示灰色。当区间阻塞模式为 ATS 信号自动下发时,【阻塞模式】按钮显示灰色。

1. 火灾模式

(1)点击【火灾模式】按钮进入区间火灾模式画面,如图 9-35 所示。典型图素状态说明见表 9-2。

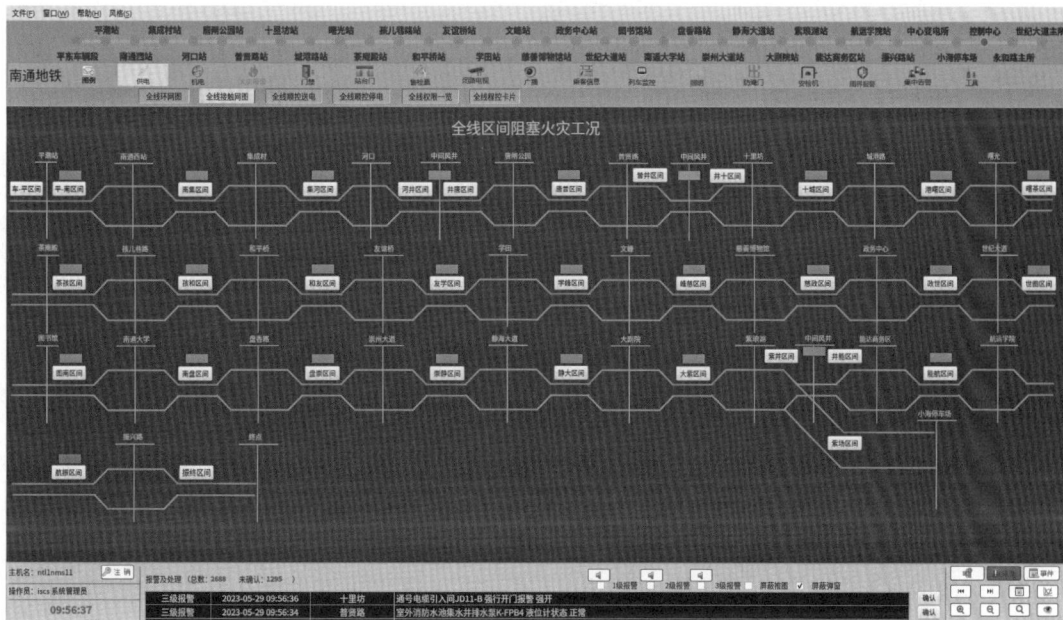

图 9-35　区间火灾模式画面

典型图素状态说明　　　　　　　　　　　　　　　　表 9-2

编号	典型图素状态	说明
1	●	● 绿灯表示与 FAS 主机通信正常 ○ 白灯表示与 FAS 主机通信故障
2	手动下发火灾模式	手动下发火灾模式 绿色表示手动下发功能生效 手动下发火灾模式 灰色表示手动下发功能失效
3	取消手动下发模式	取消手动下发模式 绿色表示手动下发功能失效 取消手动下发模式 灰色表示手动下发功能生效
4	区间隧道	区间隧道 字变为黑色表示手动下发可控 区间隧道 不显示变化表示手动下发不可控
5	🚆	边框红/黄闪烁表示接收到 FAS 发出的区间火灾信息 🚂 下行车头火灾 🚂 下行车尾火灾 🚂 上行车头火灾 🚂 上行车尾火灾

(2)手动下发区间火灾模式步骤:

BAS 接收到 FAS 发出的区间火灾信息,相应区间的列车图素边框出现红/黄闪烁,根据行车调度员报告的列车火灾发生的部位,下发相应的火灾模式。

①点击 手动下发火灾模式 ,弹出对话框点击"确定"按钮,按钮背景变为绿色。

画面中"区间隧道"字样变为黑色字体,表示手动下发可控。

②点击 区间隧道 ,弹出对话框,如图 9-36 所示。根据列车火灾发生的部位,点击相应模式按钮,弹出对话框点击"确定"按钮,即可下发相应的火灾模式。

当画面中列车图素显示相应火灾部位时,表示模式已成功下发至车站 IBP 盘,如:下发某区间下行方向的车头火灾模式,列车图素变为 🚂 ,则模式已成功下发。

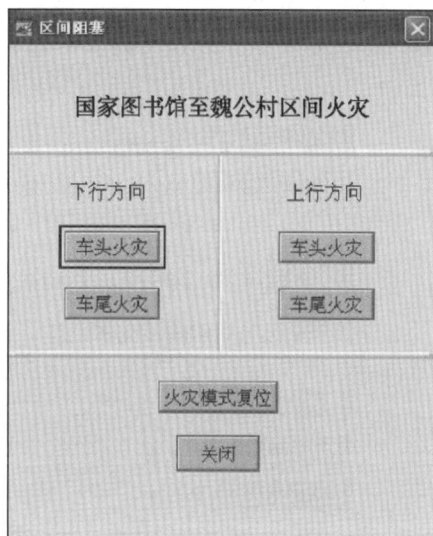

图 9-36　区间隧道对话框

2. 阻塞模式

（1）点击 阻塞模式 进入区间阻塞模式画面，如图 9-37 所示。

图 9-37　区间阻塞模式

（2）画面右下角 ATS自动下发模式 与ATS主机通信:● 显示与 ATS 主机的通信状态，手动下发阻塞模式 为手动下发功能使能按钮，ATS自动下发模式 为自动下发功能按钮，阻塞模式下的典型图素状态说明，见表 9-3。

阻塞模式下的典型图素状态说明 　　　　　　　　　　　　　　　表 9-3

编号	典型图素状态	说明
1	●	● 绿灯表示与 ATS 主机通信正常 □ 白灯表示与 ATS 主机通信故障
2	手动下发阻塞模式	手动下发阻塞模式 绿色表示手动下发功能生效 手动下发阻塞模式 灰色表示手动下发功能失效

编号	典型图素状态	说明
3	ATS自动下发模式	ATS自动下发模式 绿色表示自动下发功能生效 ATS自动下发模式 灰色表示自动下发功能失效
4	区间隧道	区间隧道 字样变为黑色表示手动下发可控 区间隧道 字样不显示变化表示手动下发不可控
5		边框红/黄闪烁表示接收到 ATS 发出的区间火灾信息 下行阻塞 上行阻塞

(3)正常情况下,区间阻塞模式的控制方式为接收 ATS 信号自动下发阻塞模式至车站。特殊情况下,启用手动下发阻塞模式功能。

注意:当启用手动下发功能时,自动下发功能将被屏蔽。

(4)手动下发区间阻塞模式步骤:

点击 手动下发阻塞模式,弹出对话框,点击"确定"按钮,按钮背景变为绿色,画面中"区间隧道"字样变为黑色字体,表示手动下发可控,弹出对话框,如图9-38所示。根据列车阻塞的区间,点击相应模式按钮,弹出对话框点击"确定"按钮,即可下发相应的阻塞模式。

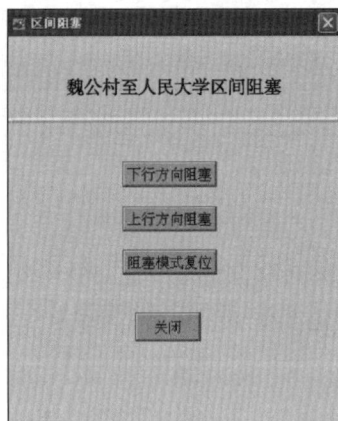

图 9-38　区间隧道

当画面中列车图素亮起来时,表示模式已成功下发至车站 IBP 盘,如:下发某区间上行方向的阻塞模式,列车图素 显示亮色,则模式已成功下发。

3. 汇总

点击 汇总 进入设备汇总界面,汇总界面只监视不控制,如图9-39所示。

变频风机2

序号	站名	设备编号	当前状态	当前权限	序号	站名	设备编号	当前状态	当前权限	序号	站名	设备编号	当前状态	当前权限
13	西直门	EAF-SEF-1-1	○	就地	17	人大站	TVFE-217-I	○	就地	21	圆明园	TVFE-221-I	○	PC控
		EAF-SEF-1-2	○	就地			TVFF-217-I	○	就地			TVFF-221-I	○	PC控
							TVFE-217-II	○	就地			TVFE-221-II	○	PC控
							TVFF-217-II	○	就地			TVFF-221-II	○	PC控
14	动物园	TVFE-214-I	○	就地	18	海淀庄	TVFE-218-I	○	就地	22	西苑站	TVFE-222-I	○	
		TVFF-214-I	○	就地			TVFF-218-I	○	就地			TVFF-222-I	○	
		TVFE-214-II	○				TVFE-218-II	○	就地			TVFE-222-II	○	
		TVFF-214-II	○				TVFF-218-II	○	就地			TVFF-222-II	○	
15	国图站	TVFE-215-I	○	就地	19	中关村	TVFE-219-I	○	就地	23	北宫门	TVFE-223-I	○	就地
		TVFF-215-I	○	就地			TVFF-219-I	○	就地			TVFF-223-I	○	
		TVFE-215-II-1	●	就地			TVFE-219-II	●	就地			TVFE-223-II	○	
		TVFF-215-II-1	○	就地			TVFF-219-II	●	就地			TVFF-223-II	○	
		TVFE-215-II-2	●		20	北大东	TVFE-220-I	○		24	安河桥			
		TVFF-215-II-2	○	就地			TVFF-220-I	○						
16	魏公村	TVFE-216-I	○	就地			TVFE-220-II	○						
		TVFF-216-I	○	就地			TVFF-220-II	○						
		TVFE-216-II	●											
		TVFF-216-II	●											

图 9-39　设备汇总界面

知识拓展

一、综合监控系统

综合监控系统是近年来地铁中使用的一套集成系统,集成了地铁中除行车外所有的设备系统,供中央监控人员与车站监控人员使用。该系统一般采用分层分布式体系结构设计,按照一级管理、两级控制的层次构建。当出现异常情况由正常运行模式转为灾害运行模式时,综合监控系统能迅速转变为应急模式,为防灾、救援和事故处理指挥提供方便。综合监控系统按全线同一时间只发生一次火灾设计系统的防灾救灾能力。

1. 系统组成

(1)综合监控系统从硬件设备配置上分为三层:

①中央级综合监控系统。

②车站级综合监控系统。

③现场级控制设备。

(2)综合监控系统的软件从逻辑上分为以下三层。

①数据接口层:专门用于数据采集和协议转换。

②数据处理层:专门用于各系统数据处理。

③人机界面层:用于工作站上显示人机界面,使运营人员完成各种监控和操作。

该系统包括以下子系统:PSCADA、BAS、FAS、AFC、SI、CCTV、ACS、PA、PIS、集中报警系统、时钟系统、PSD 系统、IBP 盘。

2. 控制方式

综合监控系统采用中央、车站两级管理(即中央级和车站级管理),三级控制方式(即中央级、车站级和现场级三级控制)。正常情况下,由运营控制中心对所有设备进行统一监视和管理,常规设备由车站级监控。在紧急情况下,可通过中央授权车站对全部设备进行监视和控制。

IBP 盘作为车站 ISCS 系统控制的后备操作手段,用于车站车控室 ISCS 操作站或车站 ISCS 网络故障的应急操作手段,其操作优先级高于车站 ISCS 系统和运营控制中心。在车站控制室 IBP 盘上可对隧道通风及车站环控火灾模式进行人工操作。

运营控制中心 ISCS 系统、车站 ISCS 系统和车站 IBP 盘控制之间存在互斥关系,同一时刻只允许其中一个位置对一个设备进行控制操作。

二、车站综控室内 IBP 盘的紧急操作

BAS 作为环境与设备监控系统,以监视为主,控制为辅。其中,部分机电设备为保证安全性一般不实行远程控制,如电扶梯设备。但是,当发生紧急情况时,车站综控室内有另外一个设备,可对部分车站设备进行控制。它就是 IBP 盘,即紧急控制盘(或综合后备盘)。在此,简单介绍一下 IBP 盘的具体操作。

1. 隧道紧急通风系统

IBP 盘隧道紧急通风盘面,如图 9-40 所示。

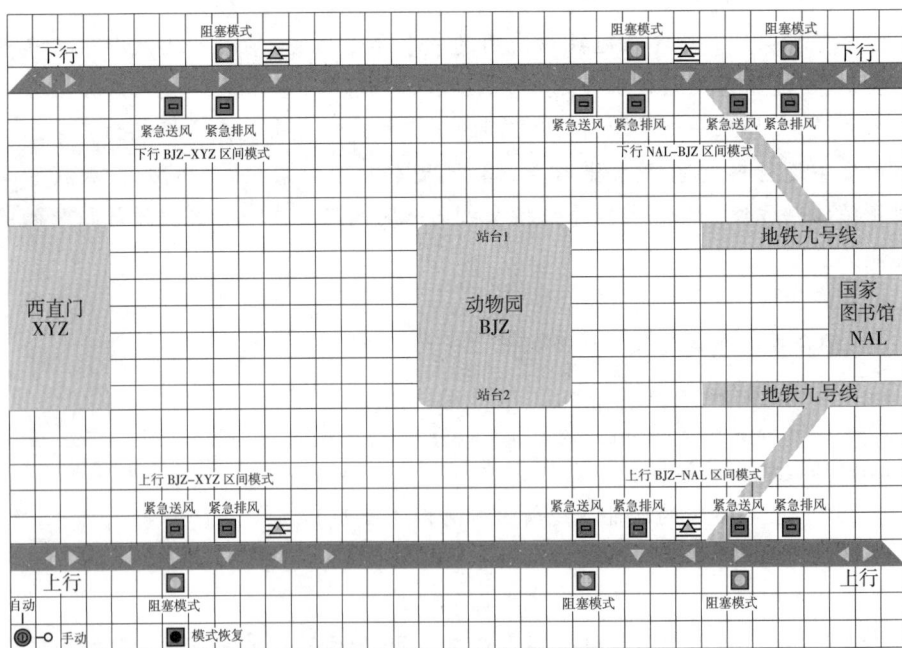

图 9-40 IBP 盘隧道紧急通风盘面

操作人员通过 IBP 盘手动发出隧道火灾/阻塞紧急通风模式指令的操作步骤如下。

（1）IBP 盘隧道紧急通风区域的使能钥匙开关使能时可以控制此区域按钮,此时 IBP 盘此区域手动使能指示灯变成绿色。

（2）操作人员按下需要执行的隧道火灾/阻塞紧急通风模式按钮,此模式对应的风向指示灯变为绿色(若模式执行按钮灯"快闪"表示模式执行中,"慢闪"表示模式执行失败,"常亮"表示执行成功)。

（3）若需要模式复位,按隧道紧急通风分区的"模式恢复"按钮。

2. 车站紧急通风系统

IBP 盘车站紧急通风盘面,如图 9-41 所示。

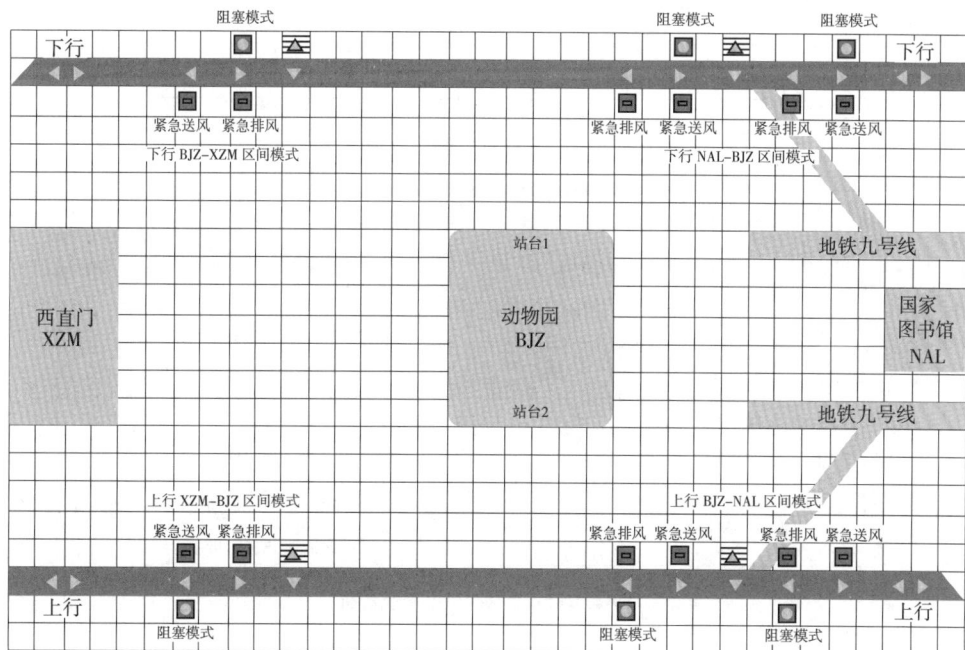

图 9-41　IBP 盘车站紧急通风盘面

操作人员通过 IBP 盘手动发出车站火灾紧急通风模式指令的操作步骤如下。

（1）IBP 盘车站紧急通风区域的使能钥匙开关使能时可以控制此区域按钮,同时 IBP 盘此区域手动使能指示灯变成绿色。

（2）操作人员按下需要执行的车站火灾紧急通风模式按钮。若模式执行按钮灯"快闪"表示模式执行中,"慢闪"表示模式执行失败,"常亮"表示执行成功。

（3）若需要模式复位,按车站紧急通风分区的"模式恢复"按钮。

3. 牵引供电系统(750V,GDZ)

IBP 盘牵引供电系统盘面,如图 9-42 所示。

操作人员通过 IBP 盘手动发出紧急断电控制指令的操作步骤如下。

（1）IBP 盘牵引供电区域设置一个使能开关,使能开关处于使能位置时可以控制此区域按钮,同时 IBP 盘此区域手动使能指示灯变成绿色。

（2）操作人员按下需要区域轨道断电的按钮,该区域轨道断电。

（3）若不继续发出紧急断电控制指令,再按一下对应的紧急停电按钮,把 IBP 盘牵引供电区域使能开关打到"无效"位置。

（4）IBP 盘牵引供电区域上设置区间紧急按钮屏蔽停电钥匙开关处于"无效"位置时,按下对应区间内的紧急停电按钮不起作用。

（5）IBP 盘牵引供电区域上设置区间紧急按钮屏蔽停电钥匙开关处于"有效"位置时,按下对应区间内的紧急停电按钮起作用。

注意:除需要发出紧急断电控制指令外,牵引供电区域的钥匙开关全部应处于"无效",使能开关处于"自动"。

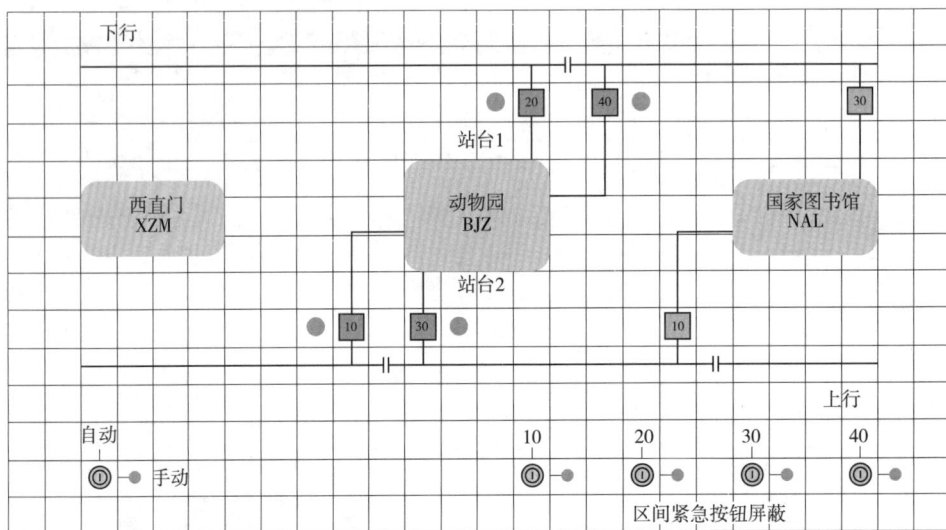

图 9-42　IBP 盘牵引供电系统盘面

4. 站台门(PSD)

IBP 盘站台门系统盘面,如图 9-43 所示。

操作人员通过 IBP 盘手动发出单侧站台门应急开门命令的操作步骤如下。

（1）IBP 盘站台门区域设置一个使能开关,使能开关处于使能位置时可以控制此区域开关,同时 IBP 盘此区域手动使能指示灯变成绿色。

（2）IBP 盘站台门区域上旋钮开关处于"开门"位置时,IBP 盘已手动发出单侧站台门应急开门命令。

（3）若不继续发出单侧站台门应急开门命令,把旋钮开关拨到"自动"位置即可。

（4）IBP 盘站台门区域上旋钮开关处于"自动"位置时,IBP 盘未手动发出单侧站台门应急开门命令。

（5）若站台门非正常状态声音报警,可以按"报警消音"按钮确认此报警。

5. 信号系统(ATS)

IBP 盘信号系统盘面,如图 9-44 所示。

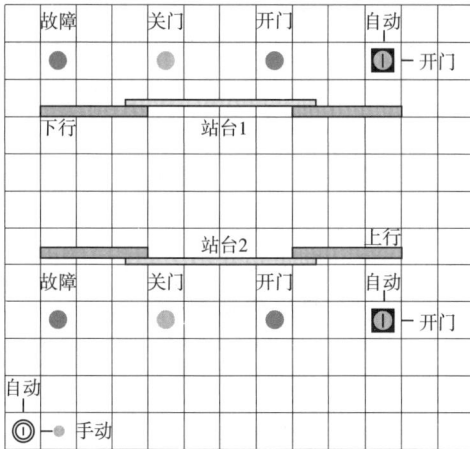

图 9-43　IBP 盘站台门系统盘面

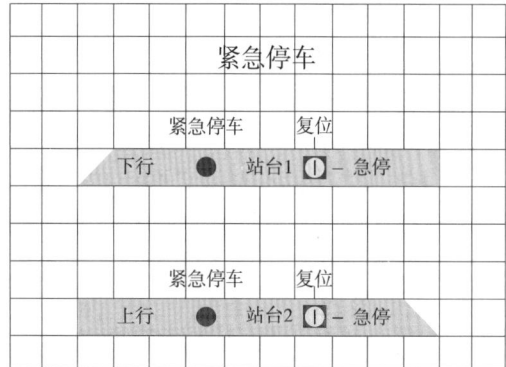

图 9-44　IBP 盘信号系统盘面

操作人员通过 IBP 盘手动启动紧急停车指令的操作步骤如下。

（1）IBP 盘信号区域把旋钮开关拨到"急停"位置即可。

（2）若反馈紧急停车状态，会有列车紧急停止状态声音报警，可以按"报警消音"按钮确认此报警。

（3）若不继续发出紧急停车指令，把旋钮开关拨到"复位"位置即可。

6. 综合区域

IBP 盘综合区域盘面，如图 9-45 所示。

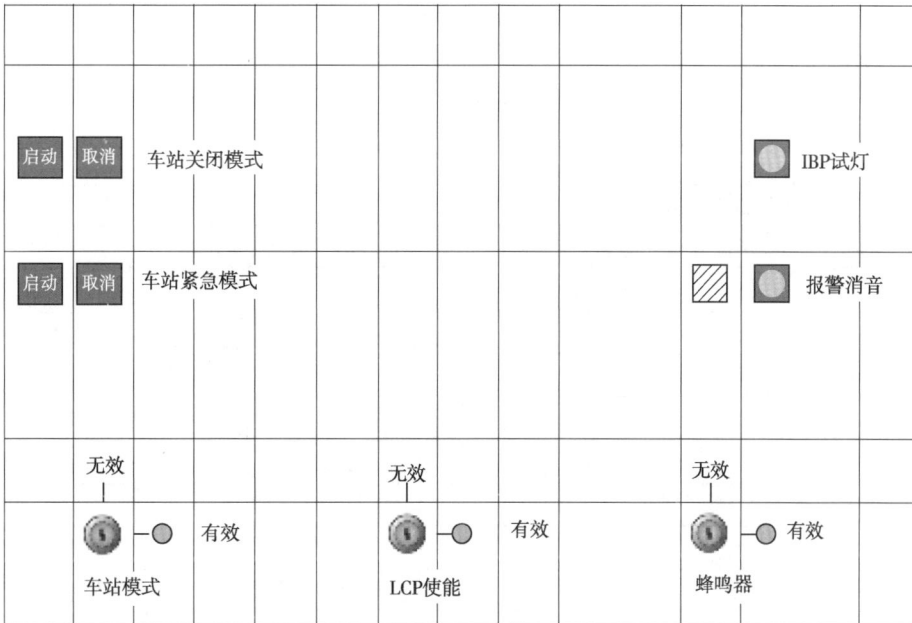

图 9-45　IBP 盘综合区域盘面

（1）操作人员通过 IBP 盘手动启动车站分闸模式指令的操作步骤如下。

①IBP 盘综合区域设置一个车站模式使能开关，使能开关处于使能位置时可以控制此区域按钮。

②若按下车站分闸模式"启动"按钮，PIS 和 AFC 同时启动车站分闸模式。

③启动过程中，车站分闸模式"启动"按钮闪烁；启动完毕后，车站分闸模式"启动"按钮常亮。

④若按下车站分闸模式"取消"按钮，PIS 和 AFC 同时取消车站分闸模式。

（2）操作人员通过 IBP 盘手动启动车站紧急模式指令的操作步骤如下。

①IBP 盘综合区域设置一个车站模式使能开关，使能开关处于使能位置时可以控制此区域按钮。

②若按下车站紧急模式"启动"按钮，PIS 和 AFC 同时启动车站紧急模式。

③启动过程中，车站紧急模式"启动"按钮闪烁；启动完毕后，车站紧急模式"启动"按钮常亮。

④若按下车站紧急模式"取消"按钮，PIS 和 AFC 同时取消车站紧急模式。

（3）"IBP 试灯"按钮的使用。

按住"IBP 试灯"按钮，IBP 盘面上的指示灯和带灯按钮常亮；松开"IBP 试灯"按钮，IBP 盘面上的指示灯和带灯按钮熄灭。

（4）蜂鸣器的使用。

①IBP 盘综合区域设置一个蜂鸣器使能开关，使能开关处于使能位置时蜂鸣器才可以使用。

②确认声音报警，按一下"报警消音"按钮。

7. AFC

IBP 盘 AFC 区域盘面，如图 9-46 所示。

图 9-46　IBP 盘 AFC 区域盘面

（1）操作人员通过 IBP 盘手动启动车站运营/停运模式指令的操作步骤如下。

①IBP 盘 AFC 区域设置一个车站模式使能开关，使能开关处于使能位置时可以控制此区域按钮。

②若按下车站运营模式"启动"按钮，AFC 启动车站运营模式。

③启动过程中，车站运营模式"启动"按钮闪烁；启动完毕后，车站运营模式"启动"按钮常亮。

④若按下车站运营模式"停运"按钮，AFC 启动车站停运模式。

（2）操作人员通过 IBP 盘手动启动闸机紧急打开指令的操作步骤如下。

①IBP 盘 AFC 区域设置一个车站模式使能开关，使能开关处于使能位置时可以控制此区域按钮。

②若按下车站运营模式"全开"按钮，AFC 启动闸机紧急打开指令。

③启动过程中，闸机紧急打开模式"启动"按钮闪烁；启动完毕后，闸机紧急打开模式"启动"按钮常亮。

④若按下闸机紧急打开模式"取消"按钮，AFC 取消闸机紧急打开指令。

（3）蜂鸣器的使用。

若有乘客服务中心报警及票务室声音报警，确认声音报警，按一下"报警消音"按钮。

8. 电扶梯

IBP 盘电扶梯区域盘面，如图 9-47 所示。

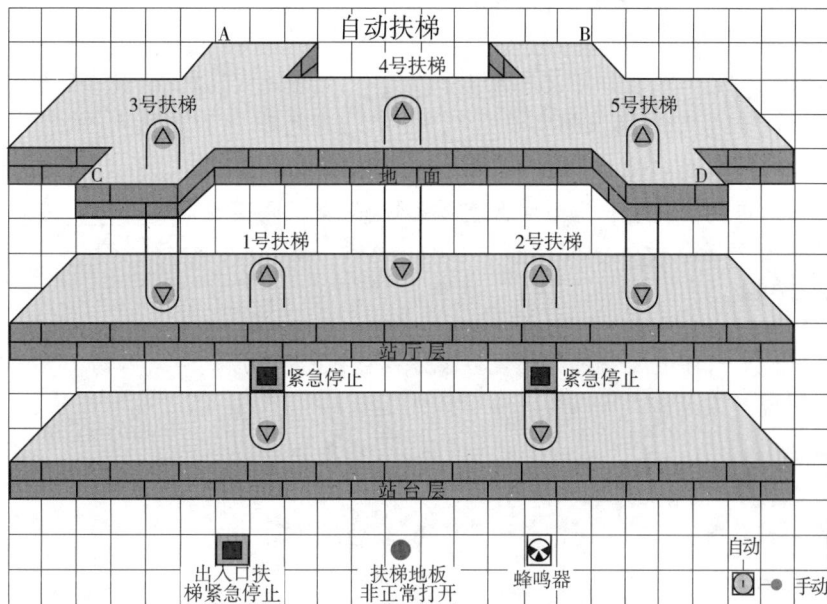

图 9-47　IBP 盘电扶梯区域盘面

若有设备非正常停止声音报警,确认声音报警,按"报警消音"按钮,应注意如下五点。

①IBP盘为优先级最高的输入设备,一旦按下,系统将立即执行相应的动作模式。因此,不得随意按下IBP盘的按钮。

②IBP盘在同一时间内只能有一个按钮被按下。如果有两个或更多的按钮被按下,系统将只接收最先按下的按钮的指令。

③由于BAS可能会接收到来自FAS、IBP盘的车站和隧道火灾信号,按照同一时间只发生一次火灾的设计原则,对火灾信息的处理优先级如下:

1级(最高):车站IBP盘(包括车站和隧道火灾);

2级(次高):FAS-BAS接口(车站火灾)。

④同级别的火灾信号,先发优先;只有在原火灾复位之后,才接收新的同级信号。

⑤IBP盘位于综合控制室操作台上,用于火灾时对设备进行紧急操作。

知 识 巩 固

一、填空题

1. 压缩式制冷机由_____、_____、_____和蒸发器四个主要部件组成,并用管道连接,构成一个封闭的循环系统。

2. 常见的冷却塔类型有_____冷却塔和_____冷却塔。

3. 通风机按气流运动方向可以分为_____、轴流式风机、斜流式风机。

4. 通风系统由通风机、通风管路、_____、消声器、风口等组成。

5. 风管阀门分为调节阀、_____、止回阀。

6. 地下车站空调系统可分为公共区空调系统、附属房间空调系统、_____。

二、选择题

1. 城市轨道交通环控大系统的环境调节范围包括(　　)。

    A. 车站站厅及站台　　　　　　　　B. 站台门

    C. 隧道　　　　　　　　　　　　　D. 管理用房

2. 以下控制方式中,优先级最高的为(　　)。

    A. 中央级控制　　　　　　　　　　B. 车站级控制

    C. 就地级控制　　　　　　　　　　D. 系统级控制

3. 环控系统的运行模式包括(　　)。

    A. 正常运行模式　　　　　　　　　B. 列车阻塞模式

    C. 紧急情况运行模式　　　　　　　D. 以上选项都是

4.既有地铁线路中最常用的空调冷源有( )。

 A.离心冷水机组   B.直燃机组

 C.活塞冷水机组   D.螺杆冷水机组

三、简答题

1.简述暖通空调系统的功能和构成。

2.暖通空调系统的控制方式中,哪个优先级最高?

城市轨道交通车站设备

（第4版）

课情介绍

【课程类型】 理实一体化课程

【学时/学分】 64/4

【适用专业】 城市轨道交通运营管理专业(核心课程),城市轨道车辆应用技术专业、城市轨道交通机电技术专业(拓展课程)

【前续课程】 城市轨道交通概论

【后续课程】 城市轨道交通客运组织、客运服务、行车组织、安全与应急等

一、课程概述

1. 课程性质和地位

城市轨道交通运营管理专业主要面向城市轨道交通企业,培养车站客运组织管理、车站行车管理作业的高素质技能人才。本课程是城市轨道交通运营管理专业的专业核心课程。通过课程学习,学生应了解车站设备的组成、正常使用注意事项及操作方法,掌握设备常见故障现象及处理流程。该课程对城市轨道交通运营管理专业其他核心课程学习具有重要的支撑作用。

2. 主要学习内容

车站机电设备包括站台门、防灾报警系统、电扶梯、给排水、低压配电及照明、通风空调系统、机电设备控制系统监控等(见如下车站设备关系图),为乘客提供安全、舒适、便捷的乘车环境。通过本课程的学习,学生应能正确使用车站机电设备;能够判断车站机电设备的常见故障现象并进行处理;能综合运用车站设备,组织乘客安全进站、乘降、换乘和出站,保障车站的正常运营;对学生职业能力提升和职业素质养成起主要支撑或明显促进作用。

二、教学设计及实施

实施项目教学法,以改变学与教的行为。每个项目的学习都以机电设备管理与使用的工作任务为载体来设计教学活动,以工作任务为中心整合理论与实践,实现理论与实践的一体化教学。体现在教材结构设计中,即每个项目之下分解为若干任务,任务部分又按认知规律序化为学习任务(侧重理论知识)→岗位任务(工作守则)→考核任务(工作页)。教学效

果评价采取过程评价与结果评价相结合、教师评价和学生互评相结合的方式,综合评价学生的职业能力。

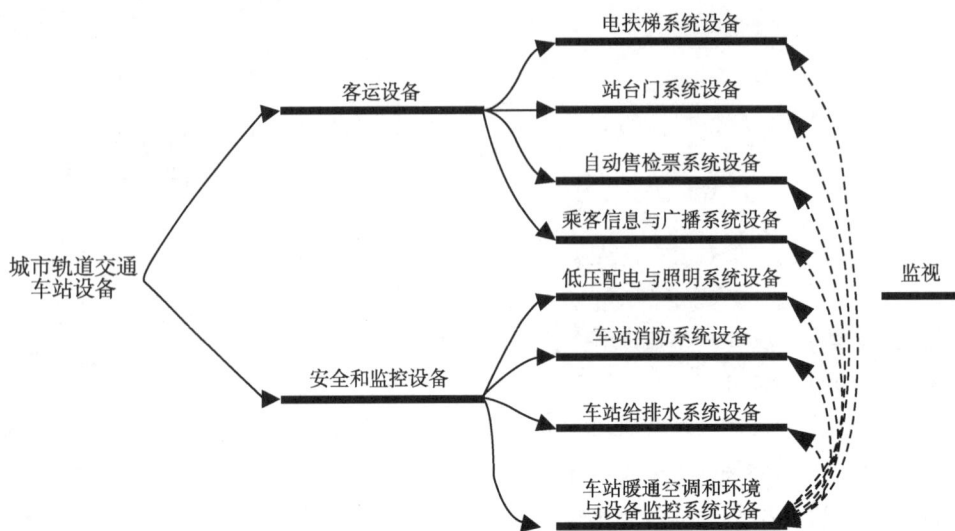

车站设备关系图

三、课程目标

1. 知识目标

(1)了解站台门、电扶梯、自动售检票系统、消防系统、环境与设备监控系统、给排水系统、低压配电与照明系统的功能及工作原理。

(2)了解各系统的组成及其在车站的布局。

(3)了解各系统设备运行管理的任务。

(4)了解各系统设备正常工作的状态及技术标准。

(5)掌握电扶梯、站台门及消防等系统设备正常使用的操作方法。

(6)掌握电扶梯、站台门及消防等系统设备的基本故障处理流程。

2. 能力目标

(1)通过掌握站台门的系统级、车站级和手动级的控制原理,能分析站台门的常见故障,依照处理流程采用恰当的控制方法完成站台门故障处理。

(2)能够根据注意事项正确完成电梯的开启和关闭;掌握电梯、自动扶梯发生故障时的现场处理方法和对被困人员的救援。

(3)能够识别自动售检票系统相关设备,完成更换票箱、模式状态识别与切换,能够处理各种票务异常情况。

(4)掌握低压配电与照明系统日常管理的内容及要求,能在突发事件时对低压配电与照明系统进行管理。

（5）会利用火灾自动报警系统对车站火灾的预防和初期火灾的控制；会气体灭火系统的控制；会正确使用车站常用灭火设备（灭火器和消火栓）；掌握车站站台、站厅等公共区域火灾应急处理程序。

（6）掌握给排水系统日常维护及巡查要求；能在火灾、水淹等情况下，对给排水系统进行合理利用。

（7）掌握通风空调系统日常使用和管理要求；能在火灾等情况下，对通风空调系统进行合理利用。

（8）能够根据工作流程完成日常的监控管理工作，了解其对车站机电设备的自动监控模式；会辨识设备故障及监控系统预警信号的含义；掌握操作界面的使用。

3. 素质目标

（1）通过对各系统设备故障进行案例分析，培养学生及时发现问题、解决问题的能力。

（2）通过规章制度及工作流程的学习，培养学生安全、准确、高效的职业素养，树立规范操作的意识。

（3）通过故障处理方案的设计，培养学生查阅资料自主学习，加强学生自我管理的能力。

（4）通过小组合作，培养学生团队合作精神，锻炼其沟通、合作及组织协调能力。

（5）在对各系统设备的基本故障处理过程中，培养学生严谨、认真、细致的职业素质。

参 考 文 献

[1] 曲秋蒔,沈丽琴. 城市轨道交通站台门系统运行与维护[M]. 北京:人民交通出版社股份有限公司,2020.

[2] 颜月霞. 城市轨道交通综合监控系统[M]. 2 版. 北京:人民交通出版社股份有限公司,2020.

[3] 中华人民共和国住房和城乡建设部,中华人民共和国国家质量监督检验检疫总局. 地铁设计规范:GB 50157—2013[S]. 北京:中国建筑工业出版社,2014.

[4] 中华人民共和国住房和城乡建设部. 建筑设计防火规范:GB 50016—2014[S]. 北京:中国计划出版社,2015.

"十四五"职业教育国家规划教材

城市轨道交通车站设备
（第4版）

实训考核单

曲秋莳　许　波　主　编
李俊辉　张　磊　副主编
　　　　赵静秋　主　审

专业：＿＿＿＿＿＿＿＿＿＿

班级：＿＿＿＿＿＿＿＿＿＿

学号：＿＿＿＿＿＿＿＿＿＿

姓名：＿＿＿＿＿＿＿＿＿＿

人民交通出版社
北京

目 录

CONTENTS

项目2 实训　电扶梯实操考核

考核单2-1　自动扶梯认知与操作

实训内容
利用实训室自动扶梯设备,学生协作完成下述三项工作内容。 　(1)学生2人一组,利用实训室自动扶梯设备,一人指认自动扶梯的组成部分,另一人复述其名称,或一人告知其名称另一人指认设备,互相检查和纠正。 　(2)每位同学各自完成上述实训内容,教师可结合具体任务再次分组进行难度提升考核。 　(3)能识别自动扶梯各组成部件名称;能按要求巡检自动扶梯;能按规定操作自动扶梯;能处理自动扶梯常见故障;能对自动扶梯使用中出现的情况进行应急处理。
预备知识过关
(1)案例分析。 　【案例一】2011年9月22日11时55分,北京地铁西单站带班值班站长在站台巡视时发现西单站站台3号扶梯故障,有异响,立即停梯,关闭扶梯上下围栏,并挂故障牌;同时报机电人员维修,写报修记录。12时机电第二项目部电梯维修中心主任唐某、维修员南某接到西单站客运人员报修电话,于12时20分到达西单站。机电维修人员到达现场后,根据车站工作人员的描述,对扶梯故障情况进行检查,发现在扶梯头部梳齿板处有3个小螺钉,进行了清除处理,开启扶梯试运转,看到扶梯运转正常,便向车站工作人员报告修复完成。此时机电工作人员在未打开该电梯上方护栏门的情况下,打开了该电梯下方的护栏门,且该电梯处于运行状态。恰好此时有列车进站,乘客乘坐3号扶梯出站。由于该扶梯上方护栏门未完全打开,形成拥堵,发生乘客挤伤。 　【案例二】2011年1月29日12时30分,一名9岁男孩独自乘坐北京西单新一代商场自动扶梯时,将头伸出电梯外,被夹在五六层扶梯夹角中,当场死亡。事故现场扶梯示意如下图。 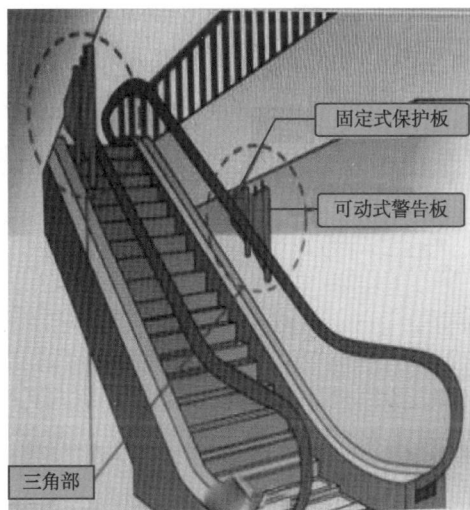 北京扶梯夹角事故现场示意

分析上述事故的原因,总结应吸取的教训。

(2)请结合课上所学,并通过网络、书籍查找自动扶梯相关知识,简述自动扶梯启动前应做好哪些准备工作。

自动扶梯操作	
作业项目	操作步骤
开启扶梯	
正常关闭扶梯	
紧急停梯	
转换运行方向	

自动扶梯故障应急处理	
故障现象	处理方法
不能启动	
突然停梯	
夹入异物	
运行异常	

自动扶梯事故（事件)应急处理	
事故(事件)	处理步骤
车站火灾、地震	
紧急情况下的应对	
自动扶梯机舱火灾	

实操考核			
项目	考核内容	满分	得分
素质目标评价	安全规范执行情况	10	
	团队协作表现	10	
日常检查	项目选取正确	5	
	检验标准合格	5	
正常操作	操作步骤正确	30	
	动作规范标准	10	
故障处理	故障判断正确	5	
	处理方法正确	10	
应急处理	事故判断正确	5	
	操作步骤正确	10	
合计		100	

说明:实操考核的总评成绩由授课教师根据实操内容的选取设定总分,并建议增加预备知识完成、安全作业等内容的分值。

考核单2-2　电梯认知与操作

实训内容
利用实训室电梯设备,学生协作完成下述三项工作内容。 　学生2人一组,利用实训室电梯设备,一人指认电梯的组成部分,另一人复述其名称,或一人告知其名称另一人指认设备,互相检查和纠正。 　每位同学各自完成上述实训内容,再4人一组,根据具体情况完成具体任务。教师可结合具体任务进行难度提升考核。
实操目的
能识别电梯各组成部件名称;能按要求巡检电梯;能按规定操作电梯;能处理电梯常见故障;能对电梯使用中出现的应急情况进行处理。
预备知识过关
（1）案例分析。 2014年9月14日17:47左右,华侨大学厦门校区一名男生被卡在综合教学楼的电梯内,不幸的是,当救援人员赶到现场时,该学生已肺部破裂,窒息死亡。 　分析上述事故的原因,总结应吸取的教训。   （2）请结合课上所学,并通过网络、书籍查找电梯相关知识,简述电梯开放使用前应做好哪些准备工作。

电梯操作		
作业项目	准备与注意事项	操作步骤
开启电梯		
关闭电梯		
电梯故障应急处理		
故障现象	处理方法	
不能运行		

电梯事故(事件)应急处理	
事故(事件)	处理步骤
车站火灾、地震	
电梯井道进水	
电梯困人	

电梯事故(事件)应急处理	
事故(事件)	处理步骤
电梯火灾	

实操考核			
项目	考核内容	满分	得分
素质目标评价	安全规范执行情况	10	
	团队协作表现	10	
启动后检查	项目选取正确	5	
	检查内容合格	5	
正常操作	使用前准备	10	
	关停电梯注意事项	5	
	开、关梯操作正确	10	
	动作规范标准	5	
故障处理	故障判断正确	10	
	处理方法得当	10	
应急处理	事故判断正确	10	
	处理措施得当	10	
合计		100	

说明:实操考核的总评成绩由授课教师根据实操内容的选取设定总分,并建议增加预备知识完成、安全作业等内容的分值。

考核单 2-3 轮椅升降机认知与操作

实训内容
利用实训室轮椅升降机设备,学生协作完成下述两项工作内容。 学生 2 人一组,利用实训室轮椅升降机设备,一人指认轮椅升降机的组成部分,另一人复述其名称,或一人告知其名称另一人指认设备,互相检查和纠正。 每位同学各自完成上述实训内容,再 4 人一组,根据具体情况完成具体任务。教师可结合具体任务进行难度提升考核。

实操目的
能识别轮椅升降机各部分组成部件名称;能按规定操作轮椅升降机;能处理轮椅升降机常见故障。

预备知识过关
请通过网络、书籍查找轮椅升降机的照片并能够正确指认实体设备。

轮椅升降机操作		
作业项目		操作步骤
正常操作		
特殊操作	碰撞障碍物	
	运行中故障	

轮椅升降机故障应急处理	
故障现象	处理方法
平台无反应	
平台底板展开但不能启动	

轮椅升降机故障应急处理	
故障现象	处理方法
平台底板及护栏 不能自动折叠 和展开	

实操考核			
项目	考核内容	满分	得分
素质目标评价	安全规范执行情况	10	
	团队协作表现	10	
正常操作	操作步骤正确	30	
	动作规范标准	10	
特殊操作	故障判断正确	10	
	操作步骤正确	10	
故障处理	故障判断正确	10	
	处理方法正确	10	
合计		100	

说明:实操考核的总评成绩由授课教师根据实操内容的选取设定总分,并建议增加预备知识完成、安全作业等内容的分值。

考核单2-4　电梯系统事故应急处理

实操目的
能够掌握电梯系统常见事故(故障)的处理程序,按规定程序完成操作。
预备知识过关

请同学们掌握以下内容然后开始实训操作。

(1)自动扶梯客伤处理流程。

【案例一】2018年10月24日,意大利罗马一地铁站下行扶梯突然失控,扶梯上的多名乘客跌下扶梯。事故致24人受伤,其中1人截肢。现场多块踏板翻卷,有很多血迹,还有掉落的啤酒瓶。

【案例二】2010年12月14日,深圳地铁1号线的一部自动扶梯发生倒行事故,造成25人受伤。事故原因为:驱动主机的固定支座螺栓松脱,1根螺栓断裂,致使主机支座移位,造成驱动链条脱离链轮,上行扶梯下滑。

罗马案例现场　　　　　　　　　　　　　　　深圳案例现场

【案例三】2007年12月21日,上海轨道交通4号线世纪大道站一部上行自动扶梯突然倒行,导致乘客往后跌倒,发生挤压,事故造成5人重伤。

【案例四】2011年7月5日,北京地铁4号线动物园站A口扶梯发生溜梯故障,上行扶梯突然失控变为下行,导致扶梯上数十名乘客从高处摔下。事故造成一名13岁男童死亡,3人重伤,另有27人轻伤。

北京扶梯倒行事故案例现场

针对上面所列自动扶梯事故案例,请思考:我们从案例中能吸取哪些教训?作为专业人员,你遇到上述案例情况如何处理能把损失降到最小,并给予乘客帮助?请同学们先分析各案例原因,再结合教材所讲找到处理办法,完成后面的实训。

---

(2)电梯困人处理流程。

【案例】2011年7月7日晚7时20分左右,南京地铁2号线汉中门站电梯出现故障,将4名乘客困达半小时之久。

针对上述电梯事故案例,请思考:我们从案例中能吸取哪些教训?作为专业人员,你遇到上述案例如何处理能把损失降到最小,并给予乘客帮助?处理过程中如何体现良好的服务意识与服务风貌?请同学们先分析案例原因再结合教材所讲找到处理办法,完成本部分实训。

实训内容

每位同学各自完成上述工作内容,再5~6人一组,根据突发事件设置情境,同学自行确定各自的工作人员角色,利用实训室设备完成相应突发事件处理,交换角色反复练习。

完成后,由教师按组随机选取一种情境来进行验收考核,要求每位同学掌握电梯系统异常处理。

模拟情境												
小组成员												
扮演角色												
考核项目	语言规范	操作正确	语言规范	操作正确	语言规范	操作正确	语言规范	操作正确	语言规范	操作正确	语言规范	操作正确
满分	50	50	50	50	50	50	50	50	50	50	50	50
得分												
总分												

项目3 实训 | 站台门实操考核

考核单 3-1 站台门结构认知

实操目的
能识别站台门系统的机械部分组成部件名称;能叙述各组成部分的功能。
预备知识过关

请通过网络、书籍查找下列相关设备的照片并能够正确指认实体设备。然后实地调研某地铁线路某站,完成下表。

(1)站台门门体(滑动门、应急门、端门、固定门)。

门本体名称					
数量					
英文缩写					
手动开门站台侧					
手动开门轨道侧					

(2)门状态指示灯。

请记录不同情况下的门状态指示灯状态。

①开门时门状态指示灯状态。

....

....

....

....

②关门时门状态指示灯状态。

....

....

....

....

③故障或突发情况时门状态指示灯状态。

----

(3)结合具体设备绘制两种不同类型的门机结构图。

实训内容

2 人一组,利用实训室站台门设备,一人指认站台门的组成部分,另一人复述其名称,或一人告知其名称另一人指认设备,互相检查和纠正。

完成后由教师逐一考核指认情况。

实操考核

项目	站台门门体(滑动门、应急门、端门、固定门) 注:一种门体5分	站台门滑动门、应急门、端门手动开门,每个10分	门本体其他部分认知	门机系统设备指认	合计
满分	20	30	20	30	100
得分					

说明:实操考核的总评成绩由授课教师根据实操内容的选取设定总分,并建议增加预备知识完成、安全作业等内容的分值。

考核单 3-2　站台门控制系统操作

实操目的
掌握站台门控制系统的相关操作内容。
预备知识过关

请同学们掌握以下内容才能开始实训操作。

叙述控制系统各部分的功能。

①中央控制盘 PSC：

②就地控制盘 PSL：

③紧急控制盘 IBP：

预备知识过关

④就地控制盒LCB：

实训内容

2人一组,利用实训室站台门设备,针对每种门体的开启和关闭方式,根据控制级别正确选择设备完成各门体开启关闭,互相检查和纠正。

每位同学各自完成上述内容,再4人一组,完成教师下发的具体任务。

教师可结合编制的具体案例对门体的不同级别开关门方式进行考核难度提升。

实操考核

项目		考核内容	满分	得分
滑动门	系统级	操作规范	10	
		设备选取正确	10	
	紧急级	操作规范	10	
		设备选取正确	10	
	站台级	操作规范	10	
		设备选取正确	10	
	就地级	操作规范	10	
		设备选取正确	10	
应急门、端门	就地级	操作规范	10	
		设备选取正确	10	
合计			100	

考核单 3-3　站台门应急处理

实操目的
能够完成站台门常见故障(单扇滑动门无法正常关闭或者打开,多扇滑动门无法正常关闭或者打开)的操作处理。

预备知识过关
请同学们掌握以下内容才能开始实训操作。 (1)单对站台门不能正常开启处理流程。

(2)多对站台门不能正常开启处理流程。

(3)单对站台门不能正常关闭处理流程。

(4)多对站台门不能正常关闭处理流程。

实训内容

　　每位同学各自完成上述内容,再5~6人一组,设置突发事件情境,同学自行确定各岗位人员角色,利用实训室设备完成相应突发事件处理,然后交换角色反复练习。

　　完成后,由教师按组随机选取一种情境进行验收考核,要求每位同学均掌握滑动门开关异常处理。

实操考核

模拟情境												
小组成员												
扮演角色												
考核项目	语言规范	操作正确	语言规范	操作正确	语言规范	操作正确	语言规范	操作正确	语言规范	操作正确	语言规范	操作正确
满分	50	50	50	50	50	50	50	50	50	50	50	50
得分												
总分												

　　说明:建议设置1~3个案例,结合实操与应急处理:①站台门夹人夹物(站台车门夹人,站台门夹物);②站台门卡异物(硬币、高跟鞋跟);③人为阻挡站台门关闭(某地铁案例等)。

项目4 实训 | AFC 系统实操考核

考核单 4-1　自动检票机（AG）结构认知

实操目的
认识自动检票机（AG）外部结构、内部结构。
预备知识过关
（1）自动检票机（AG）外部结构、各组成部分名称及功能。

(2)自动检票机(AG)内部结构、各组成部分名称及功能。

_____

_____

_____

_____

_____

_____

_____

_____

_____

实训内容

2 人一组,利用实训室 AFC 设备,一人指认 AG 组成部分,另一人复述其名称,或一人告知其名称另一人指认设备,互相检查和纠正。

完成后由教师逐一考核,请学生指认各种 AG 组件。

实操考核

项目	满分	得分
AG 外部功能组件认知(刷卡指示灯、乘客显示器、方向指示灯、通行传感器、扇门、回收票入口) 注:一种组件 5 分	30	
AG 传感器位置认知(高度传感器、通行传感器、安全区、进站区、出站区) 注:一种组件 6 分	30	
AG 内部功能组件认知(主控单元、读写器、储票箱、扇门、扇门控制模块) 注:一种组件 8 分	40	
合计	100	

考核单 4-2　更换自动检票机(AG)票箱

实操目的
掌握自动检票机(AG)票箱的拆卸和安装操作。

预备知识过关

请同学们掌握以下内容的学习再开始实训操作。

(1)自动检票机(AG)票箱结构组成。

(2)自动检票机(AG)票箱拆卸和安装标准流程。

实训内容			
2人一组,利用实训室AFC设备,对自动检票机(AG)票箱进行拆卸和安装,互相检查和纠正。			
实操考核			
操作步骤	操作内容	满分	得分
1	用AFC设备专属钥匙打开维修侧门	10	
2	在维修面板上输入员工号和密码,并选择拆卸票箱	10	
3	拆卸票箱: (1)双手把票箱顶盖推回; (2)用钥匙将机械锁扳至"关"位; (3)向下按拨片; (4)向下按拨动开关,使得托盘位置降到最低至停止; (5)双手拉出票箱	25	
4	在维修面板上选择安装票箱	10	
5	安装票箱: (1)用钥匙将机械锁扳至"开"位; (2)双手把空票箱推回; (3)向上扳拨片; (4)向上抬拨动开关,使得托盘位置升到最高至停止; (5)双手把票箱顶盖拉下	25	
6	在维修面板上选择注销本员工号和密码	10	
7	用设备专属钥匙关好维修侧门	5	
8	团队协作表现	5	
总得分			

考核单 4-3　自动售票机(TVM)结构认知

实操目的
自动售票机(TVM)外部结构、内部结构认知。

预备知识过关

(1)自动售票机(TVM)外部结构、各组成部分名称及功能。

(2)自动售票机(TVM)内部结构、各组成部分名称及功能。

实训内容
2 人一组,利用实训室 AFC 设备,一人指认自动售票机(TVM)组成部分,另一人复述其名称,或一人告知其名称另一人指认设备,互相检查和纠正。   完成后由教师逐一考核,请学生指认各种自动售票机(TVM)组件。

实操考核			
项目	自动售票机(TVM)外部功能组件认知(状态显示器、乘客触摸显示屏、召援按钮、储值票插卡口、红外传感器、凭条出口、出票及找零、硬币模块)	自动售票机(TVM)内部功能组件认知(主控单元、储值票处理模块、车票处理模块、硬币模块、纸币模块、单据打印模块、维修面板、电源模块、不间断电源)	合计
满分	50	50	100
得分			

考核单4-4 自动售票机(TVM)票箱更换

实操目的
掌握自动售票机(TVM)票箱的拆卸和安装操作。

预备知识过关

请同学们掌握以下内容的学习再开始实训操作。

(1)自动售票机(TVM)票箱结构组成。

_____

_____

_____

_____

_____

_____

_____

_____

_____

_____

(2)自动售票机(TVM)票箱拆卸和安装标准流程。

_____

_____

_____

_____

_____

_____

_____

_____

_____

_____

	实训内容		

2人一组,利用实训室 AFC 设备,对自动售票机(TVM)票箱进行拆卸和安装,互相检查和纠正。

实操考核

操作步骤	操作内容	满分	得分
1	用 AFC 设备专属钥匙打开维修侧门	10	
2	在维修面板上输入员工号和密码,并选择"更换钱箱"	10	
3	拉出凭条打印机,翻转放平后推回	10	
4	拆卸硬币钱箱: (1)将待更换钱箱的前盖板手动推回箱体; (2)用钥匙将机械锁扳至"关"位; (3)双手取下钱箱	20	
5	安装硬币钱箱: (1)将新钱箱推入; (2)用钥匙将机械锁扳至"开"位; (3)拉出钱箱盖	20	
6	在维护面板上输入新钱箱内钱币数量,之后退出登录	10	
7	取回打印机打印的凭条,翻转至立位,推回模块	10	
8	关闭并锁好维修门	5	
9	团队协作表现	5	
总得分			

项目5实训 广播系统实操考核

考核单5-1 完成车站广播

实操目的
熟悉车站广播设备,能运用正确且规范的广播用语完成车站广播。 锻炼良好的语言表达能力,通过简洁明确的语言表述,保障上下级、部门之间以及对乘客的信息沟通效果。

预备知识过关
请同学们掌握以下内容的学习,然后再进行实训操作。 (1)常规广播用语(离站、到站):

(2)特殊广播用语(运营延误、列车故障慢行、故障延误、退出服务到站清客、区段运行、紧急停车):

(3)紧急广播用语(区间清客、疏散乘客、紧急撤离):

(4)人工广播用语(乘客报警、列车通过、车门故障、封站):

(5)列车服务广播用语:

---

(6)推广信息广播用语:

实训内容

会操作广播设备,并完成以上任意三种情况相应的广播。

实操考核

项目		考核内容	满分	得分
控制台操作		车站广播控制台各按键功能	10	
		正确操作控制台按键,向指定区域进行广播	15	
用正确规范的广播语进行广播	车门故障广播	广播词恰当、简洁	15	
		广播流利、设备操作正确	10	
	退出服务到站清客	广播词恰当、简洁	15	
		广播流利、设备操作正确	10	
	疏散乘客(区间)	广播词恰当、简洁	15	
		广播流利、设备操作正确	10	
合计			100	

项目6 实训　低压配电实操考核

考核单6-1　UPS 电源巡检

实操目的			
熟悉车站低压配电设备,能正确指认设备,判断明显的故障。			
实训内容			
照明系统巡视:能够发现地铁中照明系统的问题,并进行基本检查。			
操作项目	操作内容	操作步骤	完成情况记录
照明设备	日常巡视项目	(1)巡视设备外观,即污染、机械损伤等情况。 (2)巡查设备运行状态,听、看、嗅,查抄电压电流表,有无故障报警指示。 (3)检测设备运行温度和设备房温度。 (4)巡查线路外观,即污染、机械损伤、外皮温度、过载老化、接头温度等情况。 (5)巡查灯具外壳防护、光源,如发现灯具灯头两端变黑,须进行更换。 (6)建立设备巡视记录,对比分析各次检查数据	
	问题查找	结合去过的地铁站,查找照明系统中存在的问题,并进行记录	
	应急灯的使用	学生自行查找网络资源,说明应急灯的使用方法	
低压配电——UPS 电源巡检			
操作项目	操作内容	操作步骤	完成情况记录
工作前准备	工作前准备	开始工作前确认个人防护用品(绝缘鞋、线手套、长袖工作服)、施工工具(工具包、试电笔、手电)已经齐备并穿戴整齐	
检查项目	设备房间环境检查	检查房间环境温度、湿度是否正常,房间内部是否有异味。观察机房卫生情况,是否有其他异物等。如果有不利于安全运行的因素应及时排除。雨季注意观察设备室墙壁是否潮湿,有无渗漏现象	
	确认 UPS 主机上 LED 指示正常	确认 UPS 主机上 LED 指示正常,面板上有无报警,在液晶显示屏上翻阅报警记录 UPS 报警显示屏	

项目7 实训 消防系统实操考核

考核单7-1 FAS系统实操

实操目的
能按要求对FAS系统进行日常检查;能按规定对FAS报火警进行处理;能处理FAS系统简单故障。在操作过程中体现良好的职业道德与责任意识。

预备知识过关
请通过网络、书籍查找下列相关资料,并能够正确指认实体设备。

(1)FAS系统日常检查包括哪些内容?

(2)FAS主机面板按钮功能、指示灯含义。

(3)FAS系统报火警确认。

(4)FAS 系统报故障确认。

----

(5)FAS 系统故障处理。

实训内容

2 人一组,利用实训设备,完成 FAS 系统日常检查及主机操作盘按钮功能、指示灯含义的确认,互相检查和纠正。

每位同学各自完成上述内容,再 4 人一组,完成教师安排的其他任务。教师可结合编制的具体案例对 FAS 系统报火警、故障处理进行难度提升考核。

实操考核

项目	考核内容	满分	得分
日常检查	设备检查正确	10	
	检查内容全面	10	
主机面板功能	设备指认正确	10	
	功能含义准确	10	
FAS 系统报火警	设备操作正确	10	
	处理符合规范	10	
FAS 系统报故障	设备操作正确	10	
	处理符合规范	10	
FAS 系统故障	故障确认正确	10	
	操作规范	10	
合计		100	

考核单7-2　气灭系统实操

实操目的
能按要求对气灭系统进行日常检查;能按规定对气灭主机报火警进行确认;能操作气灭系统三种控制方式。
预备知识过关
请通过网络、书籍查找下列相关资料,并能够正确指认实体设备。 (1)对气灭系统进行日常检查包括哪些内容?

(2)气灭系统控制盘面板按钮功能、指示灯含义。

(3)气灭系统操作控制方式。

实训内容

　　2人一组,利用实训设备,完成气灭系统日常检查及气灭控制盘按钮功能、指示灯含义的确认,互相检查和纠正。

　　每位同学各自完成上述内容,再4人一组,完成教师安排的其他任务。教师可结合编制的具体案例对气灭系统操作进行难度提升考核。

实操考核

项目		考核内容	满分	得分
日常检查		设备检查内容全面准确	15	
控制盘面板功能		设备功能、含义准确	15	
自动联动模式	气灭主机自动控制	设备操作正确规范	15	
	气灭控制盘手动控制	设备操作正确规范	15	
手动联动模式	气灭主机手动控制	设备操作正确规范	15	
	气灭控制盘手动控制	设备操作正确规范	15	
机械应急操作		操作安全规范	10	
合计			100	

考核单7-3 消防软管卷盘及消火栓的使用

实操目的
能识别火灾种类;能按火灾情况确定选用消火栓灭火;能按规定检查消火栓;能正确使用消火栓灭火。

预备知识过关
请通过网络、书籍查找下列相关知识并完成以下题目。

(1)请填写以下表格中火灾分类对应物质。

火灾种类	A类火灾	B类火灾	C类火灾	D类火灾	E类火灾
对应物质					

(2)消火栓箱内的设备有哪些?

(3)消火栓检查内容有哪些?

(4)消火栓的使用方法。

实训内容

2 人一组,利用实训室设备,针对消火栓完成上述内容,互相检查和纠正。

每位同学在完成上述内容后,再 4 人一组,根据具体火灾场景完成教师布置的其他任务。教师可结合编制的具体火灾场景进行难度提升考核。

实操考核

项目	考核内容	满分	得分
消火栓检查	内容完整	10	
	标准合格	10	
消防软管卷盘使用	操作方法正确	20	
	动作安全规范	10	
消火栓使用	操作方法正确	30	
	动作安全规范	20	
合计		100	

考核单7-4 灭火器的使用

实操目的
能识别火灾种类;能按火灾种类选用合适的灭火器;能按规定检查灭火器;能正确使用灭火器灭火。
预备知识过关

请通过网络、书籍查找下列相关知识并完成以下题目。

(1)灭火器适用火灾种类。

①干粉灭火器适用于_____的初起火灾(_____类火灾)。

②二氧化碳灭火器适用于_____的初起火灾(_____类火灾)。

③泡沫灭火器适用于_____的初起火灾(_____类火灾)。

④清水灭火器适用于_____的初起火灾(_____类火灾)。

(2)灭火器检查内容。

_____

_____

_____

_____

_____

_____

_____

_____

(3)灭火器的使用。

_____

_____

_____

_____

_____

_____

_____

_____

实训内容

2 人一组,利用实训室设备,针对每种火灾种类正确选择灭火器,完成上述内容,互相检查和纠正。

每位同学在完成上述内容后,再 4 人一组,根据具体火灾场景完成其他任务。教师可结合编制的具体火灾场景进行难度提升考核。

实操考核			
项目	考核内容	满分	得分
灭火器适用火灾种类	干粉灭火器	10	
	二氧化碳灭火器	10	
	泡沫灭火器	10	
	清水灭火器	10	
灭火器使用	型号识别	10	
	灭火器检查	10	
	使用方法	40	
合计		100	

考核单 7-5　车站火灾应急处置

实操目的
能够按规定处理车站设备房(有、无气体保护)、站厅、站台公共区及列车火灾。
预备知识过关
请同学们掌握以下内容的学习再开始实训操作。 (1)分析任务一中所列地铁火灾,分析事故原因、吸取教训、总结经验。

(2)车站设备区(包括无气体保护房间)火灾应急处理程序。

(3)车站设备房(有气体保护)火灾应急处理程序。

(4)车站站厅公共区火灾应急处理程序。

(5)车站站台公共区火灾应急处理程序。

----

(6)列车在站台火灾(包括列车区间火灾后运行到车站的情形)应急处理程序。

实训内容

　　每位同学各自完成上述内容,再5~6人一组,根据突发事件设置情境,自行确定各自的工作角色,利用实训室设备完成相应突发事件处理,交换角色反复练习。

　　完成后,由教师按组随机选取一种情境进行验收考核,要求每位同学掌握全部消防系统应急处置程序。

实操考核

模拟情境												
小组成员												
扮演角色												
考核项目	语言规范	操作正确	语言规范	操作正确	语言规范	操作正确	语言规范	操作正确	语言规范	操作正确	语言规范	操作正确
满分	50	50	50	50	50	50	50	50	50	50	50	50
得分												
总分												

项目 8 实训 给排水系统实操考核

考核单 8-1 给排水系统构成及功能认知

实操目的
通过实操能够识别给排水管路的各种管道用途，能够在监控系统中准确判断给排水的各类设备。
预备知识过关
请同学们完成以下内容的学习才能开始实训操作。 （1）常用阀门的种类、结构、功能。   （2）能够识别综合监控界面上的主要给排水设备。

（1）○／—— 水表　（2）┬ —— 三通管道　（3）⊘⊤ —— 地漏

（4）▷◁ —— 蝶阀　（5）┬● —— 截止阀　（6）▷ —— 水泵

实操考核			
序号	项目	满分	得分
1	正确识别蝶阀实物	15	
2	正确识别截止阀实物	15	
3	正确识别闸板阀实物	15	
4	正确识别单向阀实物	15	
5	正确识别管路的连接形式	20	
6	正确识别监控系统中给排水的图形符号(参考知识准备)	20	
	总得分	100	

项目9实训 暖通空调系统实操考核

考核单9-1 冷水机组内外部结构认知

实操目的
能够识别冷水机组的外部组件、内部组件的部件名称;能复述各组成部分的功能。
预备知识过关

请同学们完成以下内容的学习再开始实训操作。

(1)蒸发器的基本构成(外部)。

(2)冷凝器的基本构成(内部)。

实训内容

请指认冷水机组的基本构成(外部)。

项目	压缩机	冷凝器	膨胀阀	蒸发器	合计
满分	25	25	25	25	100
得分					

请指认蒸发器的基本构成。

项目	保温层	外部壳体	内部冷冻水管路	安全阀	合计
满分	25	25	25	25	100
得分					

实操考核

项目	满分	得分
冷水机组的基本构成(外部)	40	
蒸发器的基本构成	30	
冷凝器的基本构成	30	
总得分	100	

考核单9-2　冷水机组正确的开关机顺序及技术要领

实操目的
能够掌握冷水机组的正确开关机要领及技术要点,提高实际操作能力。
预备知识过关
请同学们完成以下内容的学习再开始实训操作。 (1)熟知冷水机组冷冻水、冷却水管路的循环方向,经过的设备和阀门有哪些。

(2)明确冷冻泵、冷却泵及空调机组的启动操作按钮的安装位置和冷冻水、冷却水管路阀门的位置。

（下略横线若干）

(3)安全注意事项：

①冷却水系统在初次补水时要注意观察冷却塔的水位,防止由于浮球阀失灵造成跑水事故。

②冷水机组在启动前要认真观察吸排气压力,在正常工艺值内时方可启动冷水机组。

(4)设备安全：

①按照规定的操作流程执行,禁止野蛮操作。

②按下启动和停止按钮时要迅速准确,注意用力适中。

(5)人员安全：

①采用正确的姿势转动阀门,避免伤到自己。

②启动空调机组是带电作业,注意不要触电。

实操考核		
项目	满分	得分
正确启动冷水机组总电源	20	
正确启动冷却塔风机	20	
正确启动冷冻泵	20	
正确启动冷却泵	20	
正确启动冷水机组	20	
总得分	100	

说明:要求顺序正确,顺序混乱不得分。

考核单9-3 空调系统组成设备认知

实操目的
能够识别空调系统的主要组成设备;能复述各组成部分的功能。

预备知识过关
请同学们完成以下内容的学习再开始实训操作。 (1)中央空调系统的组成。   (2)各组成部分的主要设备。

实操考核

(1)请指认空调系统的基本构成。

组成	主要设备名称	数量及型号	满分	得分
冷热源系统			20	
空气热湿处理系统			20	
空调水循环系统			20	
冷却塔			10	
空气输送与分配系统			10	
控制系统			20	
总得分			100	

(2)简述中央空调系统制冷工作过程的四个循环原理。

实操考核		
项目	满分	得分
指认空调系统的基本构成	50	
中央空调系统制冷工作过程的四个循环原理	50	
总得分	100	

考核单9-4 空调机组及送排风系统的启停操作

实操目的
掌握空调机组的结构、工作原理及正确的启停操作方法。

预备知识过关
请同学们完成以下内容的学习再开始实训操作。 空调机组的结构、主要部件、风阀的工作原理及功能。

实操考核		
项目	满分	得分
空调机组的正确启停操作	50	
送排风系统的启停操作	50	
总得分	100	